KOI

KOI

300 Fotos
165 Zeichnungen

Steve Hickling • *Mick Martin* • *Bernice Brewster* • *Nick Fletcher*

Für die deutsche Ausgabe:
Übersetzung sowie Lektorat und Satz
des deutschen Textes: Michael Kokoscha

Die Deutsche Bibliothek – CIP-Einheitsaufnahme

Ein Titeldatensatz für diese Publikation ist bei der
Deutschen Bibliothek erhältlich

ISBN 3–8001–3852–2

© 2002 Eugen Ulmer GmbH & Co.
Wollgrasweg 41, 70599 Stuttgart (Hohenheim)
Internet: www.ulmer.de
E-Mail: info@ulmer.de

First published in 2002 by Interpet
Publishing, Vincent Lane, Dorking, Surrey,
RH4 3YX, United Kingdom.
Original title: Koi – A colourful and comprehensive
celebration of these beautiful ornamental fish

© 2002 Interpet Publishing
All rights reserved.

Herstellung und Layout: Ideas into Print,
New Ash Green, Kent DA3 8JD, UK.
Computer-Grafiken: Phil Holmes and
Stuart Watkinson
Fotos der Koi-Formen: Nishikigoi International (Nigel
Caddock); Andrew McGill; Kinsai Publisher Co. Ltd.,
Tokyo (Shunzo Baba)
Textberatung im Formen-Teil: Kate McGill
Produktions-Management: Consortium, Poslingford,
Suffolk CO10 8RA, UK.
Druck: Sino Publishing House Ltd., Hong Kong.
Printed and bound in China.

*Unten: Um Ihnen beim Lernen der bei
Koi üblichen Begriffe für Formen und
Farben behilflich zu sein, finden Sie im
entsprechenden Teil des Buches Kästen
wie den unten stehenden.*

KOI-DEFINITIONEN

Hi: rot

Kohaku: weiß mit roter Zeichnung

Kuchibeni: rote Lippen (Lippenstift)

Magoi: ursprünglicher schwarzer Koi

Maruten: unabhängige Kopfmarkierung
und rote Zeichen auf dem Körper

Tancho: runder roter Fleck auf dem
Kopf; kein anderes Rot auf dem Körper

Yondan: Vier-Fleck-Muster

Inhalt

Erster Teil

Zweiter Teil

Einleitung

Die Koi-Liebhaberei ist ein Hobby, das besessen machen kann. Am Anfang sieht es noch harmlos aus, aber wenn Sie über Jahre hinweg Ihr Wissen und Ihre Kenntnisse vertiefen, werden Sie immer mehr in seinen Bann gezogen. Dann ist es zu spät.

Die Koi-Pflege hat weltweit an Beliebtheit gewonnen, so dass die Zahl neuer Vereine, Ausstellungen, Zeitschriften und in der Folge der Koi-Liebhaber immer mehr zunimmt. Folglich investieren auch die Hersteller Zeit und Geld in die Entwicklung neuer Futter, Medikamente, Pumpen, Filtersysteme und allen möglichen technischen Zubehörs, das für Sie als Koi-Liebhaber nur von Nutzen sein kann.

Das Hobby hat sich in den letzten 20 Jahren sehr verändert, und dieses Buch repräsentiert den aktuellen Stand und die neuesten technischen Fortschritte. Im ersten Teil erfahren Sie alles über die praktischen Aspekte der Koi-Pflege, vom Verständnis der Wasserqualität und der Filterung bis hin zu den Entscheidungen, Problemen und Erfolgen der Errichtung des Koi-Teiches in Ihrem eigenen Garten. Computer-Grafiken zeigen Ihnen die Funktionsweise der neuesten technischen Geräte in überzeugender Klarheit. Dieser Teil des Buches enthält auch ein Kapitel über die Physiologie und Gesundheit der Koi, wie man sie richtig füttert und wie man überhaupt einen gute Gruppe von Tieren bekommt. Der Teil endet mit einem Einblick in die Ausstellung und die Zucht von Koi – eine Einführung in eins der spannendsten Kapitel des Hobbys.

Woher stammt der Name „Koi"? Wo kommen die Tiere her? Wie konnte ein internationales Hobby aus einigen bei Speisekarpfen aufgetretenen Mutationen entstehen? Das sind die Themen des ersten Kapitels dieses Buches, mit dem unsere faszinierende Reise beginnt.

Koi-Pflege – ein lohnendes Hobby

Wer hätte gedacht, dass der einfache, in Europa seit Jahrhunderten bekannte Speisekarpfen (*Cyprinus carpio*) auf der anderen Seite der Welt eine derartig tief greifende Veränderung erfahren würde? In gerade zwei Jahrhunderten ist die Zucht von Koi sowohl für den Profi als auch für den Liebhaber zu einem internationalen Geschäft geworden. Die Beschäftigung mit den Koi ist in Japan über alle Grenzen gewachsen. Dies ist die Geschichte, wie alles begann und zum Teil der Nishikigoi-Folklore wurde.

Wo kamen die Koi her?

Es wird angenommen, dass der Karpfen vor über 2000 Jahren aus Europa in den Fernen Osten und über China und Korea nach Japan gelangt ist, wo er als Speisefisch vermehrt wurde. Der Karpfen ist ein recht robuster Fisch und konnte den Transport auf dem Land- und Seeweg gut überstehen. Es gibt Hinweise, dass *Cyprinus carpio* vor etwa 1000 Jahren Japan erreicht hat.

Aber wo wurden die Karpfen in den Anfangsjahren gehalten? Es scheint, dass japanische Bauern die Fische als Ergänzung ihres aus Reis und Gemüse bestehenden Speisezettels in schlammigen Teichen pflegten. Man sagt, dass sie die Tiere auch in die Reisfelder selbst setzten, aber es ist wahrscheinlicher, dass die Wasserreservoire und die Felder herum der Karpfenhaltung dienten. Wenn nun eine Gruppe von Tieren in einem isolierten Bereich vermehrt wird, werden früher oder später die ersten Mutationen auftauchen. Im Fall des Karpfens machten sich diese Mutationen in

seinem äußeren Erscheinungsbild bemerkbar, insbesondere in einer deutlichen Veränderung der Färbung. Die mutierten Fische wurden von den Bauern sehr geschätzt und als Zierfische gepflegt, anstatt in der Küche zu landen. So begannen die Bauern, „Farbkarpfen" als Hobby zu züchten. Offensichtlich geschah dies zwischen 1840 und 1844, lange nachdem die Tiere sich als Speisekarpfen etabliert hatten. Aus diesen einfachen Anfängen heraus entstand die Pflege der Nishikigoi (Brokatkarpfen). Obwohl Koi heute in allen Teilen der Welt gezüchtet werden, stammen echte Nishikigoi ausschließlich aus Japan.

Die Geschichte der Koi-Zucht

Zwei Zeitabschnitte lassen sich in der Geschichte der Koi-Pflege gut voneinander unterscheiden. Der erste davon reichte bis 1800. Über diese Zeit weiß man wenig, denn viele Literarturhinweise be-

Rechts: Ein stilisiertes, von Sadatora im 19. Jahrhundert geschaffenes Bild eines Karpfens. Koi wurden oft dargestellt, was ihre Bedeutung in der japanischen Kultur unterstreicht.

Oben: Dieser Ai Goromo war der Sieger der Koromo-Klasse in der „All Japan Show 2000". Koromo bedeutet „mit einer Robe bekleidet" oder „bemantelt". Matsunosuke züchtete diese Form um 1950 in Niigata.

Unten: Ein Blick auf die Berge in der Gegend von Niigata, mit einem Teich im Hintergrund. Ursprünglich wurden diese Teiche, in denen Speisekarpfen gehalten wurden, zur Bewässerung der Reisfelder angelegt.

Oben: Der Koi-Teich im Nishikigoi-Information-Center in Ojiya. Tafeln stellen die Geschichte der Koi-Haltung dar, während die Gärten traditionelle und moderne Teiche zeigen.

ziehen sich wohl eher auf Wildkarpfen. Alte chinesische und japanische Seidenmalereien zeigen bereits Koi, allerdings ohne leuchtende Farben. Tatsächlich gibt es vor den ersten Jahren des 19. Jahrhunderts wenige Hinweise auf farbige Tiere. Zu dieser Zeit wurden Nishikigoi als Statussymbole von Adligen gehalten – den Vorläufern der heutigen Liebhaber.

Es wird allgemein angenommen, dass die echten farbigen Koi in Japan im Niigata-Verwaltungsbezirk nach 1800 gezüchtet wurden. Nishikigoi hatten in den Ortschaften Takewara, Hi-gashiyama, Ota, Taneuhara und Kamagashima ihren Ursprung. Heute sind einige dieser Dörfer zu Vororten der Stadt Ojiya geworden, die als Mittelpunkt der Koi-Zucht gilt. Tatsächlich gibt es ein sehr schönes Nishikigoi-Informationszentrum in der Stadtmitte. Niigata liegt an der Westküste der Insel Honshu, von Tokio mit

Wo kommt der Name „Koi" her?

Der Name „Koi" wurde bereits im Jahre 500 v. Chr. erwähnt, um einen Wildkarpfen zu beschreiben, den der König Shoko von Ro Konfuzius anlässlich der Geburt seines ersten Sohnes schenkte.

Das japanische Wort für Karpfen ist „Koi"; es wurde später benutzt, um sowohl die Wild- als auch die farbigen Zuchtformen zu beschreiben. Es gibt wohl keine Überlieferung, wann dieses Wort zum ersten Mal benutzt worden ist, um den heutigen Farbkarpfen zu bezeichnen. Im Laufe der Jahre sind farbigen Karpfen die verschiedensten Namen gegeben worden. Anfangs waren sie als Blumenkarpfen (Hanagoi), Brokatkarpfen (Nishikigoi) und Kostüm-

karpfen (Moyoogoi) oder einfach als Farbkarpfen bekannt. Heute benutzen wir meistens den Ausdruck Koi-Karpfen.

In Japan wurden die Fische ursprünglich Hirogoi oder Irogoi genannt, was Farbkarpfen bedeutet. Später nannte man sie „Goi" oder „Koi". Der bevorzugte Name für alle farbigen Karpfen ist in Japan Nishikigoi, der sich vom Wort „Nishiki" ableitet, das einen aus Indien importierten teuren, vielfarbigen Stoff bezeichnet. Der Name „Nishikigoi" kann also als „Karpfen der vielen Farben" interpretiert werden. Nishikigoi stehen in derartig hohem Ansehen, dass sie als der Nationalfisch Japans betrachtet werden.

dem Schnellzug in etwa zwei Stunden zu erreichen. Niigata ist in der ganzen Welt als die beste Gegend zur Koi-Zucht anerkannt. Einerseits soll das an der Qualität des Gebirgs-Quellwassers liegen, andererseits an den Teichen, deren Schlamm Montmorillonot-Ton enthält, der reich an bestimmten Mineralien sein soll. Woran es auch liegt – die Gegend von Niigata konnte die berühmtesten Koi-Züchter hervorbringen.

Es gibt keine Hinweise darauf, was die erste Koi-Mutation war, aber wahrscheinlich handelte es sich um einen roten, „Hookazuki" genannten Fisch, vermutlich eine Mutation eines schwarzen Karpfens. Von dieser Mutation stammt der erste weiße Koi ab. Die beiden Formen wurden miteinander gekreuzt, so dass der erste rot-weiße Karpfen, ursprünglich „Hara-aka" (roter Bauch) genannt, gezüchtet wurde. Der rot-weiße Koi ist die älteste und in Japan immer noch beliebteste Farbform. Nicht viel später, etwa um 1890, wurde diese Form offiziell anerkannt und erhielt den Namen „Kohaku". Es ist allgemein anerkannt, dass die Kohaku-Linie in Niigata um 1930 stabilisiert wurde.

Obwohl rot-weiße Koi die am meisten bekannte und beliebteste Mutation wurden, sind auch andere Formen entwickelt worden. Es dauerte nicht lang, bis der vollständig schwarze „Magoi" aus einer braunschwarzen und einer blauschwarzen Linie von Wildkarpfen herausgezüchtet wurde. Von dieser frühen Mutation stammen die ersten blauen Koi ab, die „Asagi", was „hellblau" bedeutet. Viel später hat man einen Asagi Sanke mit

Rechts: Ein wundervoller Nidan Kohaku. „Nidan" benennt dabei das zweifleckige rote Muster (Hi). Das dunkle Rot ist ausgewogen und hebt sich vom schneeweißen Körper perfekt ab. Der Kohaku ist die populärste und wahrscheinlich älteste Zuchtform. Er war bereits um 1890 herum bekannt.

Der Ursprung der Fischhaltung

Seit dem 19. Jahrhundert hat eine weltweite Verbreitung der Koi-Haltung stattgefunden. Im Westen führte die industrielle Revolution zu deutlich besseren Straßen, Transport- und Kommunikationsmöglichkeiten sowie einem erhöhten Interesse an anderen Ländern.

Nun wurden auch öffentliche Zoos und Aquarien, die Wildtiere aus allen Teilen der Erde zeigten, sehr populär. Man versuchte daraufhin auch, die fremden Lebensräume im eigenen Haus oder Garten nachzuahmen, und die ernsthafte Fischhaltung begann.

einem Doitsu-Spiegelkarpfen gekreuzt, und der erste „Shusui" (Herbstwasser) war entstanden. Man sagt, dass der Shusui die Spiegelung des roten Herbstlaubes vor einem strahlend blauen Himmel darstellt.

Bereits in der Anfangszeit, bevor die Wissenschaft der Genetik entwickelt worden war, eigneten sich die Züchter das Wissen an, diese ungewöhnlichen Farben zu erhalten und zu verbessern. Doch auch heute ist es trotz guter und lange bestehender Linien noch schwierig, das Ergebnis einer Kreuzung vorherzusagen.

Was nun folgte, ist die dritte Mutationsphase der frühen Nishikigoi. Es handelt sich um die Bekko-Formen, die drei Typen umfassen: Shiro-Bekko (weiße Fische mit schwarzen Flecken), Aka Bekko (rote Fische mit schwarzen Flecken) und Ki Bekko (gelbe Fische mit schwarzen Flecken). Die Bekko-Formen zeigen keine metallisch glänzenden Schuppen, mit Ausnahme der Zuchtformen mit Gin-Rin (reflektierendes Silber). Im Gegensatz dazu stehen die Utsurimono-Formen (schwarze Koi mit weißen, roten oder gelben

Zeichnungen). Diese Mutationen wurden die Vorfahren aller farbenfreudigen später gezüchteten Koi, mit Ausnahme der Ogon-Formen (einfarbige, metallisch glänzende Koi), die erst viele Jahre später entstanden.

Eine weitere Farbkombination spielte eine ausgesprochen wichtige Rolle in der Geschichte der Nishikigoi. Ein dreifarbiger Fisch (weiß mit roter und schwarzer Zeichnung), zuerst „Taisho Sanshoku" und später einfach „Sanke" genannt, trat während der Meji-Ära (1868–1912) auf. Es ist unbekannt, wer den ersten Taisho Sanke gezüchtet hat; ausgestellt wurde er jedoch im Jahre 1915, als das Tier ungefähr 15 Jahre alt war.

Weitere Entwicklungen

Zu Beginn des 20. Jahrhunderts wurde die Koi-Pflege in Japan ein sehr beliebtes Hobby. Ein weiteres Ereignis beeinflusste die Koi-Zucht noch erheblich mehr: Aus Deutschland wurden Spiegelkarpfen nach Japan exportiert. Ihre großen, einheitlich geformten Schuppen (fünf- bis sechsmal so groß wie die normalen) fielen schnell auf, und die Fische wurden als „Doitsu" (angelehnt an „deutsch") bekannt. Die Doitsu besitzen viel größere, höhere und kürzere Körper und wurden als robuster betrachtet als ihre japanischen Gegenstücke, die Magoi.

Als Ergebnis moderner Zuchtmethoden hat man zwei Formen aus ihnen entwickelt. Lederkarpfen (Kawagoi) besitzen keine oder nur wenige Schuppen, während Spiegelkarpfen (Kamamigoi) große symmetrische Schuppen auf dem Rücken zeigen, beidseitig der Rückenflosse. Einige Spiegelkarpfen besitzen auch entlang ihrer Seitenlinie Schuppen und werden manchmal als gestreifte Karpfen (Yoroigoi) bezeichnet. Andere Zuchtformen erinnern mit ihren unregelmäßigen Schuppenmustern an historische japanische Rüstungen.

Oben: Ein Asagi mit der typischen blaugrauen Beschuppung. Die daraus entstehende Netzzeichnung ist das Kennzeichen dieser Zuchtform. Der Asagi war einer der ersten Nishikigoi und ist als Mutation eines Magoi vor etwa 160 Jahren entstanden.

Rechts: Es heißt, dass ein guter Taisho Sanke ein perfektes Kohaku-Muster unter kleineren, gut platzierten Flecken von Sumi (Schwarz) trägt. Der Sanke ist eine weitere alte Zuchtform und wurde erstmalig 1915 ausgestellt.

Unten: Die Kategorie Hikarimoyo umfasst eine der populärsten Formen, den Ogon. Er stellt eine relativ junge Züchtung dar, die 1946 entstanden ist. Ursprünglich von goldener Farbe, werden heute Ogon von Gelb bis Rot oder Orange angeboten. Dieses zitronenfarbige Tier zeigt ein hervorragendes Verhältnis von Gewicht zu Größe und schöne, gleichmäßige Schuppen.

Die ersten Kreuzungen zwischen den deutschen und den japanischen Karpfen entstanden 1904. Alle diese Formen werden als „Doitsu Nishikigoi" bezeichnet. Sie trugen wesentlich zum weltweiten Siegeszug der Koi bei. Ihre Nachkommen bildeten das letzte Teil des Puzzles – den Ogon.

Auf den Taisho Sanke folgte der Showa Sanshoku Sanke (später kurz Showa genannt), und mit ihm endete die Taisho-Ära. Im Jahre 1927 erlebte der Showa Sanke sein Debut, ein überwiegend schwarzer Koi mit roten und weißen Flecken im Gegensatz zum rot und schwarz gefleckten weißen Taisho Sanke.

In den frühen 20er Jahren wurde ein golden beschuppter Wildkarpfen mit einem Koi gekreuzt, um einen möglichst großen Anteil an goldener Farbe zu erzielen. Im Jahre 1946 konnte der erste Ogon (goldener Koi) präsentiert werden. Der Name „Ogon" bezog sich ursprünglich nur auf die goldene Form; heute wird er jedoch auf alle einfarbigen metallisch glänzenden Koi angewandt. Der Ogon gehört zur Kategorie Hikarimoyo. Das ist die Abkürzung von Hikarimoyo-Mono, wobei „Hikari" glänzend und „Mono" einfarbig bedeutet. Der Matsuba Ogon bildet eine Ausnahme in dieser Kategorie. Obwohl diese Form weitgehend einfarbig ist, wird die Beschuppung durch schwarze Schuppenränder betont. So entsteht das sogenannte „Kiefernzapfen-Muster", das sich großer Beliebtheit erfreut.

Erst vor verhältnismäßig kurzer Zeit sind die modernen Formen entstanden, etwa der Matsuba Ogon in den 60er Jahren, Gin Matsuba (Platin-Ogon) und Purachina 1965, der Gin-Rin oder Dia (silbern reflektierende Schuppen) in den frühen 60ern und der Midorigori (ein hellgrüner Koi) 1965. Man teilt die Nishikigoi in 13 Farben und zahlreiche Formen ein. Sie werden ausführlich auf den Seiten 124–197 vorgestellt.

Koi-Pflege heute

Die Koi-Zucht erlebte in den 60er Jahren in Japan eine Blüte, als fast jeder Japaner Koi zu pflegen schien. Zu dieser Zeit gab es mehr als 3000 Koi-Züchter, heute dagegen gerade etwas mehr als 1000. Obwohl Koi hauptsächlich aus Japan stammen, werden sie heute in der ganzen Welt gezüchtet, unter anderem in Thailand, China, Korea, Israel, Südafrika, den USA und Europa. Daher hat man in Japan versucht, die Qualität der Fische zu steigern und sich auf die hochwertigen Formen zu spezialisieren. Japanische Liebhaber werden von der Zen Nippon Airinkai oder ZNA unterstützt, der größten Koi-

Liebhaber-Vereinigung der Welt, die nun auch über einen Internet-Auftritt verfügt. Auch in vielen anderen Ländern findet man entsprechende Vereinigungen, die gern bereit sind, ihr Wissen mit Neulingen zu teilen. Ein großes Literaturangebot ist in Form von monatlich oder vierteljährlich erscheinenden Magazinen erhältlich.

Koi im Internet

Heute können Koi-Liebhaber ihre Erfahrungen über das Internet austauschen. Wer in einer beliebigen Suchmaschine die Worte „Koi" oder „Karpfen" eingibt, wird auf zahlreiche Einträge stoßen. Von diesen Seiten aus gelangt man über Links wieder zu anderen, die von Firmen oder Liebhabern veröffentlicht worden sind. Hier findet man Bilder und Informationen, die in Bezug zum ursprünglichen Suchprofil stehen. Man kann nun die interessantesten Seiten auf seinem Computer abspeichern oder ausdrucken; oft werden auch ganze Dateien zum Download

Oben: Ein traditioneller Koi-Teich in Japan. Die großen, mit Moos und Flechten bedeckten Steine und die Pinien und Wacholderbüsche im Hintergrund sind typische Gestaltungselemente. Auffällig ist das vollkommen klare Wasser.

Neue Zuchtformen

Japanische Züchter bringen immer wieder neue Koi-Formen auf den Markt. Die heutigen Kenntnisse der Genetik und verbesserte Zuchtprogramme tragen ihren Teil dazu bei. Natürlich dauert es viele Jahre, eine neue Zuchtlinie zu etablieren; erst dann kann sie als neue Form vermarktet werden. Der Perlschuppen-Asagi ist ein gutes Beispiel einer neuen Züchtung. Er zeigt eine Netzzeichnung, die dadurch entsteht, dass jede seiner hellblauen Schuppen dunkelblau gerandet ist. Eine andere Entwicklung ist der Kohaku/Goshiki. Dabei handelt es um einen Doitsu, der bis zum Alter von sechs Monaten das klassische Kohaku-Muster (rot auf weißem Untergrund) zeigt. Danach entwickeln die Tiere langsam Goshiki-Farben, die sie wiederum für ein halbes Jahr behalten, um dann wieder zum Kohaku zu werden.

Eine bizarre Mutation stellt ein Karpfen dar, dessen Augen nach oben anstatt zur Seite gerichtet sind. Ursprünglich ernähren sich Karpfen vom Boden, aber irgendjemand ist wohl auf die Idee gekommen, dass die neue Form das auf dem Wasser schwimmende Futter besser sehen könne. Die meisten Koi-Liebhaber stehen solchen Züchtungen eher skeptisch gegenüber – bei den Goldfischen stellen sie dagegen nichts Ungewöhnliches mehr dar.

Auf jeden Fall ist es schön, dass in Japan nicht nur die klassischen Formen vermehrt werden, sondern dass ständig nach neuen Farben und Formen gesucht wird, die dem Liebhaber auf Dauer zugute kommen.

angeboten. Die Website des ZNA bietet beispielsweise eine Fülle an interessanten Informationen.

Wenn Sie bereits Zeitschriften über Koi-Haltung lesen, werden Sie sehen, dass viele dieser Magazine bereits eine eigene Website besitzen. Oft lassen sich hier ganze Artikel zu bestimmten Themen herunterladen. Vielfach wird auch die Möglichkeit des „Chattens" angeboten. Hier können sich Liebhaber aus allen Teilen der Welt zu einer virtuellen Konferenz zusammenfinden. Außerdem gibt es oft die Option, selber Fragen auf der Website zu veröffentlichen. Wenn der Betreiber der Website selber nicht helfen kann, so gibt es meistens doch jemanden, der eine Antwort auf Ihre Fragen zu geben vermag.

Kontakt zu anderen Liebhabern

Interaktive Websites erlauben dem Interessenten anhand von Computer-Grafiken, seine gesamte Teichanlage einschließlich der technischen Geräte zu planen. Mit Hilfe des Computers und eines Fotos des Platzes, an dem der Teich entstehen soll, ist es möglich, eine digital erstellte Teichsimulation auf den zukünftigen Ort zu projizieren. Das erlaubt Ihnen, das gesamte Teichbauprojekt schon vor seiner Erstellung zu überprüfen.

Außerdem findet man im Internet eine Web-Chronik, ein regelmäßig aktualisiertes Magazin für Koi-Liebhaber. Es bietet dem Nutzer reichhaltige Informationen zur Fischgesundheit, zu Produkten für Koi, Veranstaltungen, Sonderangeboten und sogar Koi selber an! Das Layout orientiert sich dabei sehr an dem eines regulären Printmediums.

Einige Surfer halten sogar Internet-Konversationen mit Hilfe eines Mikrofons und einer Webkamera ab. Die Teilnahme kann dazu führen, dass sich die entsprechenden Liebhaber treffen, eine eigene Vereinigung gründen oder gelegentliche Koi-Ausstellungen veranstalten. Neben dem Wettbewerbs-Aspekt (siehe auch Seiten 108–115) wird

Eine Familientradition

Es ist bekannt, dass Winzer, die guten Wein aus einer einzigen Lage produzieren, gute und schlechte Jahre haben. Das gleiche Prinzip scheint auch bei Koi zu gelten. Die Brut eines Jahres kann erheblich besser ausfallen als die des vorherigen. Und ebenso wie bei den Winzern handelt es sich bei den Koi-Züchtern oft um Familienbetriebe. Wissen und Erfahrung werden von einer Generation an die nächste weitergegeben und streng in der Familie bewahrt. Die Kinder und ihre Mütter helfen bei der jährlichen Auswahl und Geschlechtsbestimmung. Vor Jahrzehnten haben diese Familien neue Formen herausgezüchtet, und ihre Erben beschäftigen sich noch heute mit ihrer Verfeinerung.

__Unten:__ Als Gegensatz zum typischen japanischen Teich sind erhöht gebaute Becken im Westen sehr beliebt. In Japan ist der Koi-Teich Teil eines traditionellen Gartens; in westlichen Ländern stellt er dagegen oft die Haupt-Attraktion dar.

An die eigentlichen E-Mails können Sie Bilder oder Textdateien als Attachment anhängen, die Sie Ihren Freunden zukommen lassen möchten. E-Mails stellen nicht nur eine preiswerte Form der Kommunikation dar – sie bieten auch die Möglichkeit, die gleichen Informationen mit geringem Aufwand an eine große Zahl von Empfängern zu schicken.

Die Antwort auf Ihre Fragen

Gerade das Thema der Fischgesundheit wird im Internet auf interaktiven Seiten regelmäßig dargestellt. Einige Websites bieten die Möglichkeit, auf eine bestimmte Frage per Multi-Choice Antworten auszuwählen. Mit weiteren Auswahlmöglichkeiten gelangen Sie zur endgültigen Antwort. Das ist besonders hilfreich, wenn ein Notfall vorliegt und Händler oder Tierärzte nicht erreichbar sind. Oft ist es ja nur eine Bestätigung, die Sie benötigen, wenn Sie ein Problem lösen wollen.

Auf einigen Websites können Sie Video-Aufnahmen oder digitale Fotos von erkrankten Fischen veröffentlichen, oder Sie schicken die Dateien an einen Experten, der das Problem möglicherweise sofort lösen kann. (Anm. d. Übers.: Es darf dabei jedoch nicht übersehen werden, dass viele Erkrankungen von Fischen nicht dem Augenschein nach zu diagnostizieren sind. Oft sind sogar Resistenztests notwendig. Hier kann man nicht auf die Hilfe eines spezialisierten Tierarztes verzichten. Zu bedenken ist auch, dass die meisten Medikamente verschreibungspflichtig sind.)

Oben: *Szene in einer japanischen Züchterei, wo Ausstellungstiere von Händlern aus der ganzen Welt begutachtet werden. Zwischen den Händlern kommt es während der Frühjahrs- und Herbst- „Ernten" zu großem Wettbewerb für die Käufer zu Hause.*

Unten: *Eine typische Szene bei einer Koi-Ausstellung in Frankreich. Die Ausstellungsbehälter sind der Mittelpunkt des Interesses der Liebhaber eines internationalen Hobbys.*

jedem Interessenten etwas geboten. Es ist ein hervorragender Weg, Ideen auszutauschen und sich über neue Trends und Produkte zu informieren. Von prominenten Koi-Experten gehaltene Vorträge oder Workshops gehören oft zum Programm.

E-Mails stellen den einfachsten Weg dar, mit anderen Liebhabern in Kontakt zu treten. Es macht Spaß, auf diese Weise einfach und ungezwungen Informationen auszutauschen. Sie werden bald eine Fülle von Kontakten auf Ihrem Computer gespeichert haben, so dass Sie eine neue Information auf Knopfdruck weit verbreiten können.

Wasserqualität

Wasser – eine besondere Substanz mit außergewöhnlichen Eigenschaften – ist die Grundlage allen Lebens. Verglichen mit anderen Flüssigkeiten, verhält sich Wasser recht ungewöhnlich. Beispielsweise ziehen sich die meisten Stoffe bei Kälte zusammen; Wasser erreicht jedoch bei 3,94 °C (gewöhnlich auf 4 °C aufgerundet) seine größte Dichte. Für den Teich bedeutet das, dass das 4 °C warme, dichtere Wasser zum Boden sinkt, während kälteres Wasser aufsteigt. Daher schwimmt Eis auch auf dem Wasser.

Der natürliche Kreislauf des Wassers

Die Gesamtmenge des Wassers auf der Welt bleibt annähernd gleich. Durch Verdunstung und Niederschläge in Form von Regen oder Schnee entsteht dabei ein ständiger Kreislauf. Das Salzwasser der Meere sorgt auf diese Weise in Form von Regenwasser oder geschmolzenem Schnee und Eis für die Versorgung der Welt mit Süßwasser. Die Atmosphäre enthält das Treibhausgas Kohlendi-

oxid, das sich gut in den Niederschlägen löst und dafür sorgt, dass der Regen leicht sauer ist. Die Luft enthält ebenso eine Reihe von Schadstoffen, etwa Schwefeldioxid aus industriellen Prozessen sowie zunehmend Stickstoffoxide, die vor allem von Verbrennungsmotoren ausgestoßen werden. Diese Gase tragen ebenfalls zu einer Versauerung des Regens bei.

Beim Erreichen des Bodens verdunstet ein Teil des Regens sofort wieder. Der Rest versickert und nimmt seinen Weg durch Erde und Gestein, wobei er mit Mineralen und Salzen reagiert. Durch diese Reaktionen erhält das Wasser seine charakteristische chemische Zusammensetzung, die sich abhängig vom Boden unterscheidet. Der Mineralgehalt des entstandenen Grundwassers beinhaltet durch die verschiedenen Salze auch Metalle. Granitgestein wird durch Wasser kaum angegriffen, so dass sich aus ihm auch wenige Salze im Wasser lösen. Das Wasser bleibt daher sauer und weich. Wo das Wasser dagegen durch Kreide, Kalkgestein oder Gips sickert,

Der Kreislauf des Wassers

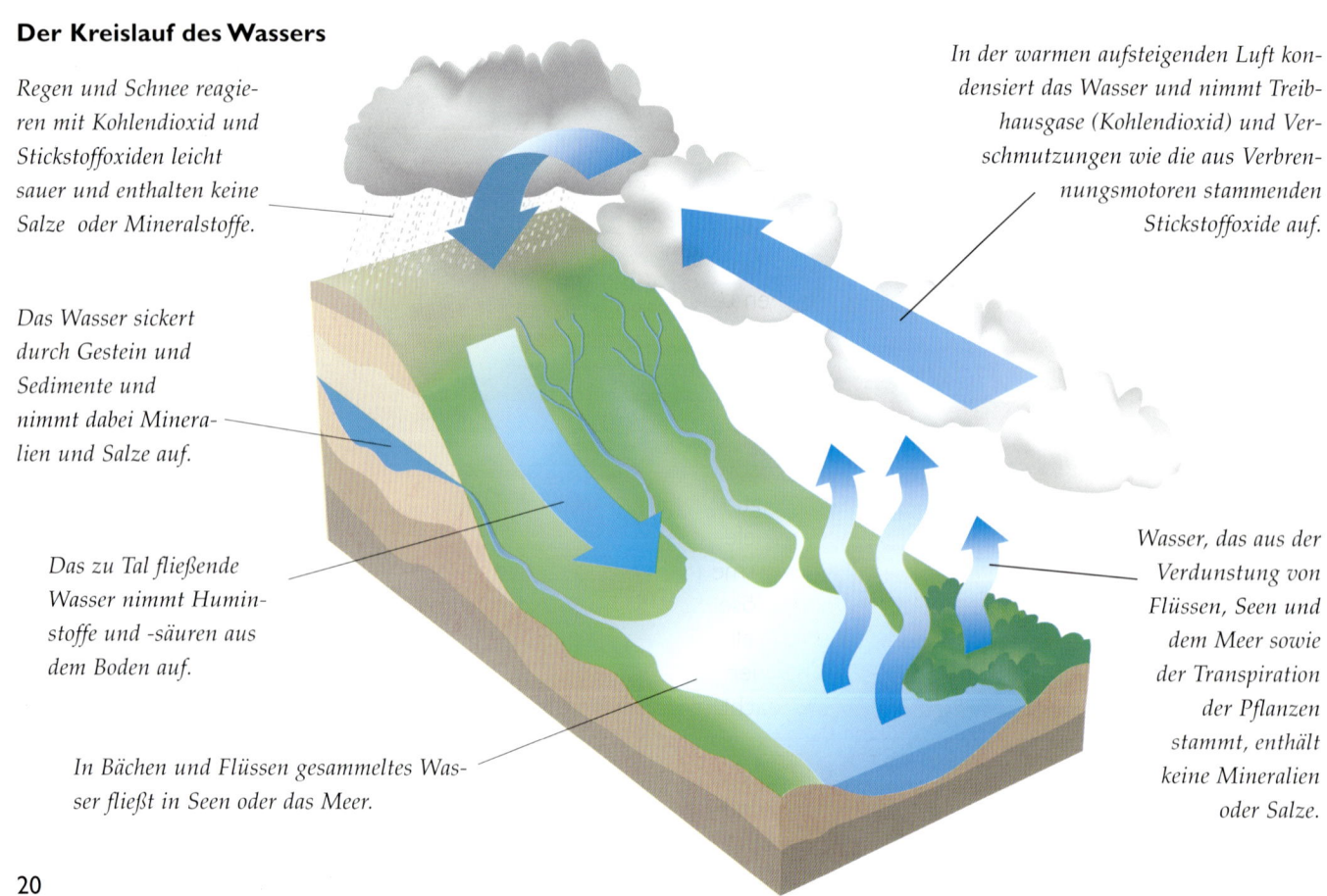

Regen und Schnee reagieren mit Kohlendioxid und Stickstoffoxiden leicht sauer und enthalten keine Salze oder Mineralstoffe.

Das Wasser sickert durch Gestein und Sedimente und nimmt dabei Mineralien und Salze auf.

Das zu Tal fließende Wasser nimmt Huminstoffe und -säuren aus dem Boden auf.

In Bächen und Flüssen gesammeltes Wasser fließt in Seen oder das Meer.

In der warmen aufsteigenden Luft kondensiert das Wasser und nimmt Treibhausgase (Kohlendioxid) und Verschmutzungen wie die aus Verbrennungsmotoren stammenden Stickstoffoxide auf.

Wasser, das aus der Verdunstung von Flüssen, Seen und dem Meer sowie der Transpiration der Pflanzen stammt, enthält keine Mineralien oder Salze.

Links: *Unabhängig von seiner eventuellen Verschmutzung ist das Wasser aus Regen und Schneeschmelze leicht sauer und löst Mineralien und Salze, während es durch Sedimente und Gestein sickert. Daher enthalten natürliche Wasserkörper meistens ein weites Spektrum von Salzen und Mineralien.*

Oben: *Gute Wasserqualität ist eine Grundvoraussetzung für die Koipflege. Es reicht allerdings nicht, dass das Wasser klar erscheint. Viele gelöste Schadstoffe wie Metallverbindungen, Chloride, Ammoniak und Nitrit sind unsichtbar.*

nimmt es Calcium-Salze auf und wird dadurch alkalisch und hart. Die Härte des Wassers macht sich im Haushalt durch Kalkablagerungen in Kesseln, Wasserleitungen und Heizungssystemen bemerkbar.

Das Wasser kann auch auf seinem Weg durch das Gestein auch Spuren der Metalle Aluminium, Eisen, Blei, Quecksilber, Cadmium, Zink und Bismuth aufnehmen. Das Grundwasser wird außerdem durch den Bergbau sowie Land- und Forstwirtschaft mit Metallen verunreinigt. Einige Metalle wie Eisen oder Zink sind als Spurenelemente in sehr geringen Dosen für lebende Organismen unverzichtbar. Viele dagegen stellen Gifte dar und lösen sich besonders gut in weichem Wasser. In hartem, alkalischem Wasser stehen die Metall-Ionen nicht in freier Form zur Verfügung, was sie weniger gefährlich macht. Im weichen, sauren Wasser liegen sie dagegen in ihrer gefährlichsten Form vor und sind daher für Koi giftig. Die hervorgerufenen Symptome sind unterschiedlich und

können entweder nur einzelne Organe betreffen oder den gesamten Organismus und damit alle Organe schädigen.

Die Landwirtschaft nimmt auch auf andere Weise Einfluss auf die Wasserqualität. So ist der Nitratgehalt unbelasteten Wassers sehr gering, wohingegen er durch den Gebrauch von Kunstdüngern in manchen Gegenden die für Trinkwasser festgelegten Grenzwerte übersteigen kann. Außerdem können durch die Landwirtschaft verschiedene Pestizide und Herbizide ins Grundwasser gelangen.

Natürliche Gewässer sind reich an organischem Material, von mikroskopisch kleinen Organismen bis hin zu Pflanzen und Tieren, einschließlich der Fische. Die Anwesenheit von Pflanzen und Tieren führt natürlich auch zum Auftreten von Abbauprodukten aus dem Stoffwechsel oder dem Abbau toten organischen Materials. Diese Abbauprodukte umfassen Huminsäuren, Öle, Wachse, verschiedene Kohlenwasserstoffe und Fettsäuren – unsichtbare Inhaltsstoffe, die die Wasserqualität beeinflussen.

Trinkwasseraufbereitung

Das mikroskopisch kleine Leben im Wasser umfasst Bakterien, Algen und einzellige Organismen, die als Protozoen bezeichnet werden. Die Mehrzahl der Organismen, die man in natürlichem Wasser findet, ist harmlos. Einige jedoch, wie die Cholera- und Typhus-Erreger, können bei Menschen ernsthafte Erkrankungen hervorrufen. Anfang des 20. Jahrhunderts stellte man fest, dass die Zugabe von Chlor zum Trinkwasser das Auftreten von durch das Wasser bedingten Erkrankungen bei Menschen deutlich verringert. Chlor wird auch heute noch als Desinfektionsmit-

tel des Trinkwassers benutzt, und Koi-Liebhaber sollten sich seiner potenziellen schädlichen Effekte bewusst sein. Aus der Reaktion mit Ammoniak entsteht außerdem eine Reihe schädlicher Stoffe, die als Chloramine bezeichnet werden. Es handelt sich vor allem um Monochloramine (NH_2Cl), Dichloramine ($NHCl_2$) und Trichloramine ($NHCl_3$). Ihr jeweiliger Anteil beruht auf der Konzentration der Ausgangsstoffe und dem pH-Wert des Wassers. (Anm. d. Übers.: In manchen Ländern wird zur Trinkwasserdesinfektion bewusst eine Kombination aus Chlor und Ammoniak eingesetzt. Die entstehenden Chloramine haben zwar keine so starke desinfizierende

Unten: Chlorverbindungen, die dem Trinkwasser zur Desinfektion beigegeben werden, sind für Koi giftig. Weiches Wasser kann außerdem schnell Metallverbindungen aufnehmen. Da es meistens leicht sauer reagiert, liegen diese Verbindungen in ihrer giftigsten Form vor.

Links: Umkehrosmoseanlagen können die meisten Schadstoffe aus dem Wasser entfernen. Ein vorgeschalteter Aktivkohlefilter wirkt als Katalysator zur Neutralisation des für Fisch und Membran schädlichen Chlors. Das entnommene Wasser enthält praktisch keine Salze und Mineralien mehr und ist in dieser Form für die Koipflege nicht geeignet.

Umkehrosmose

Bei normaler Osmose (rechts) passieren Wassermoleküle eine halbdurchlässige Membran von einer salzarmen Lösung in Richtung der salzreichen. Bei der Umkehrosmose dient der Wasserdruck der Umkehrung dieses Prozesses.

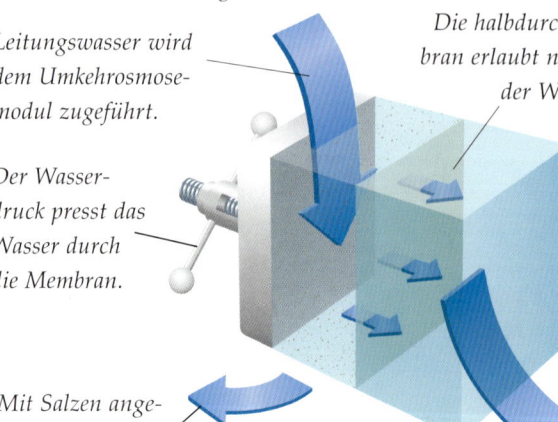

Die halbdurchlässige Membran erlaubt nur die Passage der Wassermoleküle.

Leitungswasser wird dem Umkehrosmosemodul zugeführt.

Der Wasserdruck presst das Wasser durch die Membran.

Mit Salzen angereichertes Wasser für Garten oder Haushalt.

Reinstwasser ohne gelöste Salze.

Wasseraufbereiter können Chlor und Schadstoffe entfernen oder binden. Viele Gebinde enthalten Messbecher, mit denen die Menge bestimmt werden kann. Sie sollten den Wasseraufbereiter mit Teichwasser vermischt mit einer Gießkanne über die Teichoberfläche verteilen oder in den Skimmer geben.

Wirkung wie gasförmiges Chlor, sind aber beständiger. In Deutschland ist die Desinfektion von Trinkwasser mit Chloraminen jedoch verboten.) Sowohl Mono- als auch Dichloramine sind für Fische giftig. Der Gesamtgehalt an Chlor und Chlorverbindungen sollte für Koi bei dauerhafter Einwirkung 0,002 mg/l nicht übersteigen, und selbst diese Konzentration schädigt vermutlich bereits das Kiemengewebe. Eine Konzentration von 4 mg/l führt dazu, dass Koi innerhalb einer Einwirkungsdauer von acht Stunden sterben. In neuen Teichen sollte man daher ein Wasseraufbereitungsmittel oder eine Umkehrosmoseanlage einsetzen. (Anm. d. Übers.: In Deutschland wird Chlor eigentlich nur noch bei akuten Problemen und nicht auf Dauer eingesetzt. Meistens wird man keine Schwierigkeiten mit Chlor bekommen. Das flüchtige und reaktionsfreudige Gas ist außerdem bereits nach kurzer Zeit nicht mehr nachzuweisen.)

Es ist nicht notwendig, das Wasser zu entchloren, wenn man nur bis zu 30 % des Teichwassers wechselt, weil der Verdünnungsfaktor dann groß genug ist. Wenn Sie allerdings vermuten, dass der Wasserversorger gerade eine Stoßchlorung vornimmt, sollten Sie einen Wasserwechsel vermeiden oder ein Aufbereitungsmittel einsetzen.

Wie sieht das ideale „Koi-Wasser" aus?

„Wenn man sich ums Wasser kümmert, kümmern sich die Fische um sich selber", ist der Wahlspruch vieler Koi-

Liebhaber. Diese Aussage ist durchaus begründet. Die Wasserqualität ändert sich abhängig vom Verwendungszweck. Viele Faktoren haben einen Einfluss auf das Wasser und stehen außerdem untereinander in Wechselwirkung. Im Hinblick auf die Koi-Haltung lässt sich Wasserqualität mit chemischen und physikalischen Parametern beschreiben, wie Temperatur, gelöstem Sauerstoff, pH-Wert, organischen Teilchen und Abbauprodukten, Phosphaten und Nitraten. Im Folgenden sehen wir uns diese Werte genauer an.

Wassertemperatur

Die Wassertemperatur hängt natürlich von den Wetterbedingungen ab. Da sie alle physikalischen, chemischen und biologischen Prozesse sowohl im Teichsystem als auch im Fisch selber beeinflusst, ist sie von sehr großer Wichtigkeit. So beeinflusst die Temperatur zum Beispiel sowohl die Löslichkeit von Sauerstoff im Wasser als auch die Giftigkeit von Eiweißabbauprodukten (siehe Seite 24).

Die Wassertemperatur beeinflusst Kondition und Gesundheit der Koi maßgeblich. Ihre Erhöhung regt die Koi an, lässt sie mehr fressen, wachsen und Abbauprodukte erzeugen und natürlich auch mehr Nachkommen. Obwohl sich eine Temperaturerhöhung also postiv auszuwirken scheint, werden auch im Wasser gelöste Schadzustoffe oder sogar Medikamente zunehmend giftig.

Fallende Temperaturen verringern da-

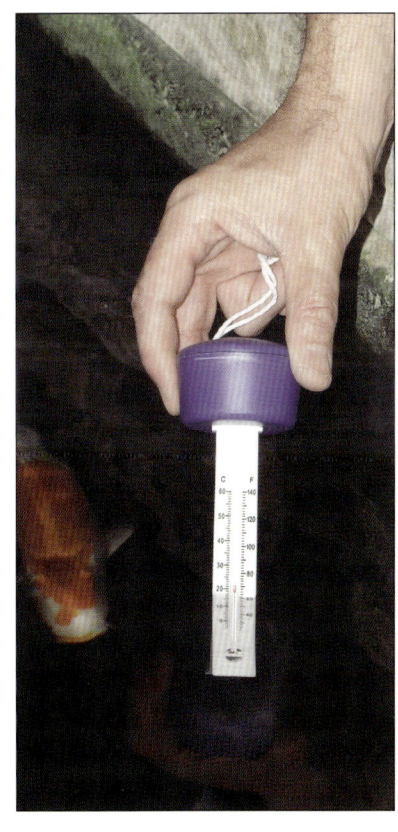

Denken Sie daran, die Wassertemperatur regelmäßig zu überprüfen. Es werden im Handel verschiedene Thermometertypen vom hier gezeigten schwimmenden Modell bis hin zu sehr genauen elektronischen Geräten angeboten.

gegen die Aktivität der Fische, und ihr Appetit und die Effektivität ihres Immunsytems sinkt. Trotz der damit verbundenen Nachteile heizen daher viele Koi-Liebhaber ihre Teiche während der kalten Jahreszeit.

Während der letzten zehn Jahre haben die meisten japanischen Koi-Liebhaber Fischhäuser gebaut, in denen ein- und zweijährige Koi in Teichen überwintern werden, die eine Mindesttemperatur von 16 °C aufweisen. Wenn man jedoch junge Koi im warmen Wasser hält, sind sie noch nie mit kaltem Wasser konfrontiert worden. Von daher sollte man diese Koi in Gegenden mit kalten Wintern entweder in geheizten Teichen halten oder sie im Sommer einsetzen, wenn das Wasser warm ist. Nach der Wachstumsperiode des Sommers sollten die meisten der jungen Tiere erfolgreich überwintern.

Im Wasser gelöster Sauerstoff

Der Sauerstoffgehalt des Wassers sollte bei der Koi-Pflege als wichtigster Wasserwert betrachtet werden. Es gibt verschiedene Faktoren, die die Löslichkeit des Sauerstoffs im Wasser beeinflussen. Die Temperatur ist sicher der wichtigste davon. Sauerstoff ist in kaltem Wasser, wenn die Koi ihre geringste Aktivität zeigen, am besten löslich. Wenn die Temperatur im Frühjahr und Sommer ansteigt, sinkt seine Löslichkeit dagegen. Die Erwärmung des Wassers von 9 auf 15 °C reduziert die Löslichkeit des Sauer-

Temperatur und Ammoniak/Ammonium
Anteil des giftigen Ammoniak in Prozent

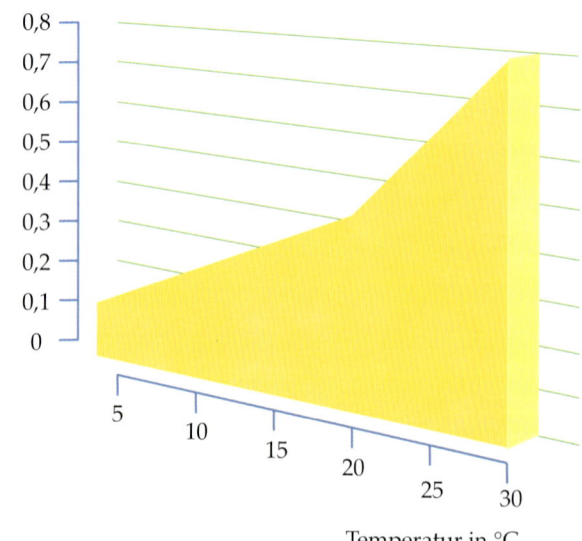

Temperatur in °C

Temperatur und Sauerstoffgehalt
Sauerstoffgehalt in mg/l

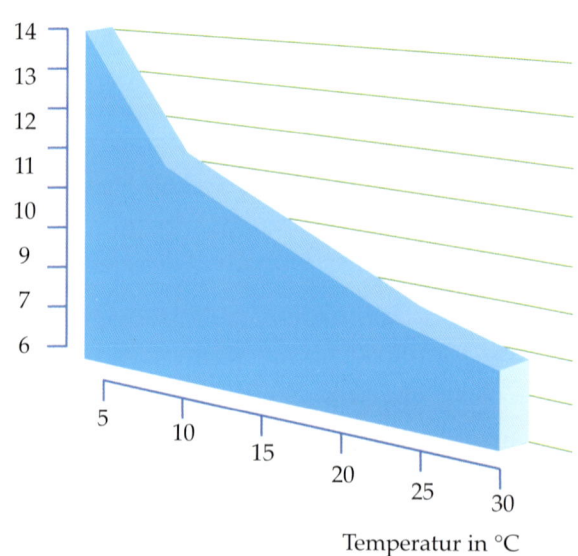

Temperatur in °C

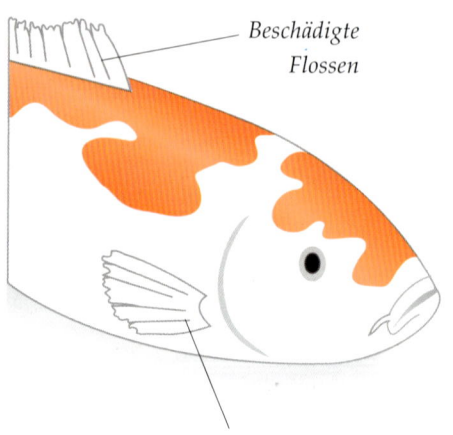

Beschädigte Flossen

Fest an die Körperseiten gepresste Flossen

Oben: *Mit Anstieg der Temperatur ändert sich das Verhältnis von Ammoniak und Ammonium zu Gunsten des giftigen Ammoniak.*

Luftschnappen an der Wasseroberfläche

Oben: *Die Löslichkeit des Sauerstoffs nimmt mit steigender Temperatur ab. Die anfangs lethargischen Koi schnappen bald an der Wasseroberfläche nach Luft.*

Mit abgespreizten Kiemendeckeln versuchen die Koi, soviel Sauerstoff als möglich aus dem Wasser zu entnehmen.

Wärmetauscher für die Gasheizung

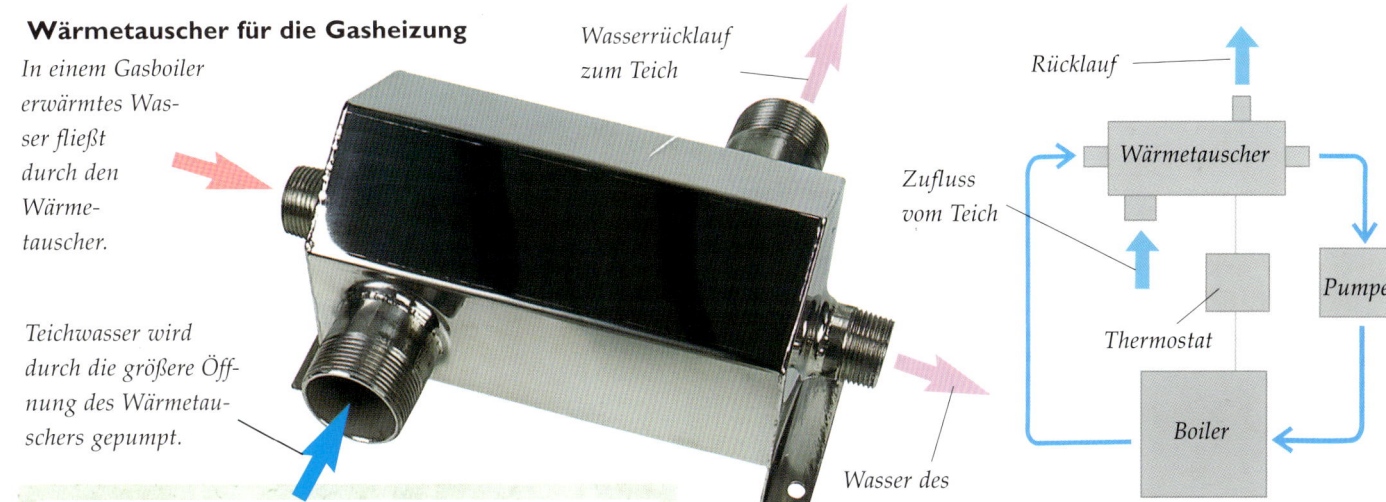

In einem Gasboiler erwärmtes Wasser fließt durch den Wärmetauscher.

Teichwasser wird durch die größere Öffnung des Wärmetauschers gepumpt.

Wasserrücklauf zum Teich

Zufluss vom Teich

Rücklauf

Wärmetauscher

Pumpe

Thermostat

Boiler

Wasser des Heizungs-kreislaufes fließt zurück zum Boiler.

Oben: *Anschluss des Wärmetauschers an den Gasboiler. Sicherheitsventile und Druckkessel nicht gezeigt.*

Die Teichheizung

Obwohl die Beheizung des Teiches nicht unbedingt hotwendig ist, ermöglicht sie eine bessere Kontrolle der Pflegebedingungen. Bei der Einstellung der Temperatur sollte man die klimatischen Bedingungen des Herkunftslandes der Fische berücksichtigen.

Ein bewährter Ansatz ist es, das Wasser 40 Wochen lang auf mindestens 13 °C zu erwärmen und die Temperatur dann jeden Tag um ein Grad abzusenken, bis die Wassertemperatur der Umgebungstemperatur entspricht. Nun kann man die Heizung abschalten und die Fische für sechs Wochen einem Ruhezustand überlassen.

Nach Ablauf dieser Zeit sollte der Thermostat auf die vorliegende Wassertemperatur eingestellt werden. Nun kann die Temperatur pro Tag um ein Grad erhöht werden, bis sie wieder 13 °C erreicht hat. In Japan folgt auf einen langen, heißen Sommer ein kurzer, harter Winter. Diese Gegebenheiten werden damit gut imitiert.

Einige Koipfleger halten ihre Teiche das ganze Jahr über bei einer konstanten Temperatur. Die Erfahrung hat jedoch gezeigt, dass die Fische ohne Ruheperiode nicht bereitwillig laichen und eine Laichverhärtung mit bakterieller Infektion die Folge sein kann.

Elektrische Durchflussheizung

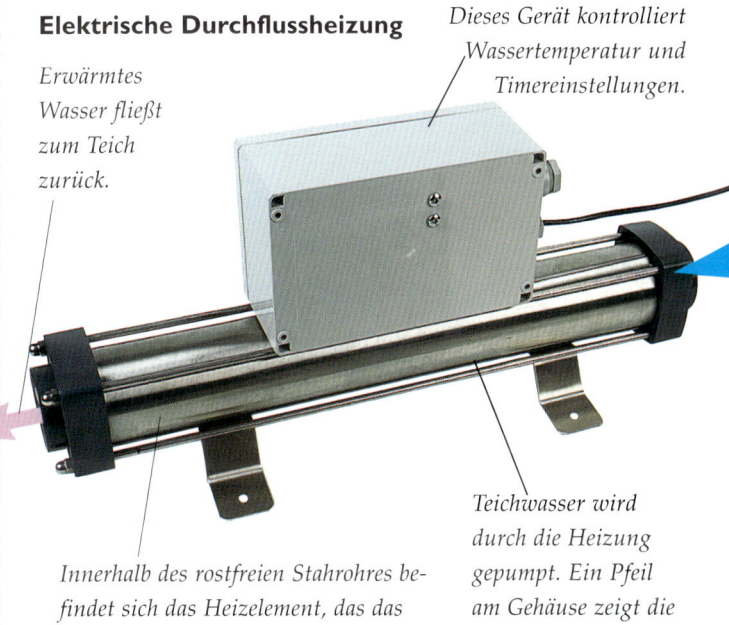

Dieses Gerät kontrolliert Wassertemperatur und Timereinstellungen.

Erwärmtes Wasser fließt zum Teich zurück.

Innerhalb des rostfreien Stahrohres befindet sich das Heizelement, das das Teichwasser beim Durchfluss erwärmt.

Teichwasser wird durch die Heizung gepumpt. Ein Pfeil am Gehäuse zeigt die Fließrichtung an.

stoffs um 13 %. Aus der Tabelle auf Seite 24 lässt sich ablesen, dass der Sauerstoffgehalt des Wassers im Sommer, wenn die Fische besonders aktiv sind und ihr Sauerstoffbedarf am größten ist, am geringsten ist. Die Mindestkonzentration, die Koi für gesundes Wachstum, Flossenregeneration und Fortpflanzung benötigen, beträgt 6 mg/l. Ideal wäre jedoch eine höhere Konzentration. Je mehr Koi sich in einem Teich befinden, desto größer ist der Bedarf an gelöstem Sauerstoff. Wie viele Koi man in einem Teich halten kann, hängt also vor allen Dingen vom Sauerstoffgehalt des Wassers ab.

In einem Koi-Teich beeinflussen aber neben der Temperatur noch andere Faktoren den Sauerstoffgehalt des Wassers. Fadealgen vermehren sich im Sommer oft stark, und wie alle Pflanzen produzieren diese Algen im Tageslicht mit Hilfe von Kohlendioxid und Sonnenenergie Zucker (Photosynthese) und geben mehr Sauerstoff an das Wasser ab, als sie selber zur Atmung benötigen. In

Sauerstoffgehalt im winterlichen Teich

Sauerstoff wird im kalten Wasser gut gelöst.

Die Fische produzieren weniger Stoffwechselprodukte und die niedrigere Temperatur verringert die bakterielle Aktivität.

Der Stoffwechsel der Koi ist herabgesetzt, so dass ihr Sauerstoffbedarf minimal ist.

Sauerstoffgehalt im Sommer

Algen und Pflanzen produzieren Sauerstoff am Tag, verbrauchen ihn aber nachts.

Bei steigender Temperatur sinkt der Sauerstoffgehalt im Wasser.

Bei höheren Temperaturen werden die Fische aktiver, so dass ihr Sauerstoffbedarf steigt.

Im Filter sammelt sich eine größere Menge an Detritus. Der Sauerstoffbedarf der Bakterien steigt dadurch.

---

der Nacht überwiegt dagegen die Atmung, so dass die Algen Sauerstoff verbrauchen und Kohlendioxid an das Wasser abgeben.

Zusätzlich zum Algenwachstum verbrauchen auch die Bakterien, die Teich und Filtersubstrat besiedeln, Sauerstoff. Sie benötigen nämlich größere Sauerstoffmengen, um Ammonium und Ammoniak zu Nitrit und Nitrat zu oxidieren, wie es im Diagramm des Stickstoffkreislaufes auf Seite 30 gezeigt wird. Tatsächlich werden für die Oxidation von 1 g Ammoniak zu Nitrat 4 mg Sauerstoff benötigt. Die von den Bakterien benötigte Sauerstoffmenge wird als „Biologischer Sauerstoffbedarf" bezeichnet. Jeder Teich enthält eine große Menge organischen

Materials, das von den Fischen, den Algen und Wasserpflanzen sowie von der Bakterienflora stammt. Bei der Ansammlung und dem Abbau in einem mechanischen Filtersystem wird Sauerstoff verbraucht, so dass der Sauerstoffverbrauch ansteigt. Daher ist es wichtig, diesen Teil des Filters regelmäßig zu reinigen. Der Filter ist also der größte Sauerstoff-Verbraucher in einem Teichsystem. Die Filterbakterien sind bei der Sauerstoffentnahme sehr effizient, gefolgt von den Algen – die Koi müssen nehmen, was übrig bleibt.

Viele der Medikamente, die in einem Koi-Teich zum Einsatz kommen, wie Malachitgrün, Formaldehyd und Leteux-Meyer (ein Gemisch aus Formaldehyd und Malachitgrün), verringern ebenfalls den Sauerstoffgehalt des Wassers. Wenden Sie sie nie an, wenn das Wasser bereits wenig Sauerstoff enthält! Wenn doch Medikamente eingesetzt werden sollen, sollte man das Wasser vorher belüften und die Belüftung während der Behandlung fortführen.

Bei sehr kaltem Wetter löst sich Luft sehr gut im Wasser, und unter bestimmten Umständen kann es zur Gasblasenkrankheit (siehe Seite 81) kommen, die durch eine Übersättigung des Wassers mit Gasen hervorgerufen wird. Obwohl in kaltem Wasser auch der Sauerstoffgehalt ansteigt, ist es der Stickstoff, der für dafür verantwortlich ist. Die Übersättigung findet vor allen Dingen dann statt, wenn Luft unter Druck in kaltes Wasser gelangt. Das geschieht hauptsächlich auf folgende Weise:

- Ein Rohr oder ein Schlauch mit einem kleinen Loch saugt Luft an.

- Luftausströmer an der tiefsten Stelle des Teiches können Übersättigung hervorrufen. Der mit der Tiefe zunehmende Wasserdruck komprimiert die Luft, die sich daraufhin besser im Wasser löst. In wärmerem Wasser stellt das kein Problem dar, doch in kaltem Wasser geht ein Teil der Luft unmittelbar in Lösung über. Das Problem lässt sich leicht dadurch beheben, dass man den Ausströmer nicht tiefer als etwa 30 cm unterhalb des Wasserspiegels installiert.

- Bereits mit Luft gesättigtes kaltes Wasser wird in einem geschlossenen System erwärmt, so dass bei der Erwärmung eine Übersättigung entsteht.

Es gibt noch andere Ursachen für erhöhte Gaslösung im Wasser. Beispielsweise kann durch die Photosynthese während einer Algenblüte das Wasser mit Sauerstoff gesättigt werden, und Brunnenwasser ist oft reich an gelöstem Stickstoff. Sogar der Transport der Fische per Flugzeug kann in Folge der Luftdruckunterschiede eine Gasblasenkrankheit auslösen.

Eine Sauerstoffübersättigung kann mit einem entsprechenden

Links: In sehr warmem Wasser kann der Sauerstoffgehalt stark absinken, so dass eine zusätzliche Belüftung, etwa durch eine Pumpe mit Ausströmersteinen, notwendig ist. Belüftete Abflüsse sorgen für einen guten Wasserablauf. Zu starke Belüftung kann jedoch auch problematisch sein.

Oben: Venturi-Düsen am Wassereinlauf können für eine sehr effiziente Belüftung sorgen. Ihre Wirkung wird durch starkes Algenwachstum jedoch stark eingeschränkt oder sogar aufgehoben.

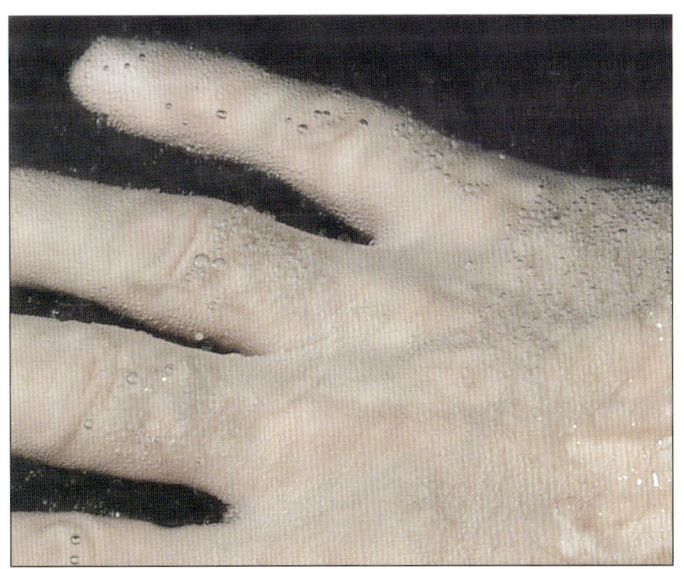

Links: Wenn man die Hand in mit Gasen übersättigtes Wasser hält, überzieht sie sich mit feinen Blasen. Übersättigung tritt meistens bei niedrigen Temperaturen auf, wenn sich Gase gut im Wasser lösen.

Sauerstoff-Test

1 Stabilisieren Sie den Sauerstoffgehalt mit dem ersten Reagenz; geben Sie acht Tropfen des zweiten hinzu. Ein wolkiger Niederschlag entsteht.

4 Schütten Sie die 10 ml in das kleine Becherglas, um den nächsten Schritt durchzuführen.

2 Geben Sie fünf Tropfen des dritten Reagenz hinzu und schütteln Sie. Die Lösung wird klar gelblich.

3 Benutzen Sie die Spritze, um die Flüssigkeit bis auf 10 ml abzusaugen.

5 Geben Sie fünf Tropfen des vierten Reagenz in das Becherglas. Die Lösung wird schwarz.

6–8 Schwenken Sie die schwarze Lösung vorsichtig, bis sie gleichmäßig gefärbt ist. Geben Sie einen Tropfen des letzten Reagenz hinzu, bis die Lösung farblos wird. Jeder verbrauchte Tropfen entspricht 0,5 mg/l Sauerstoffgehalt.

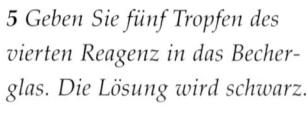

Test nachgewiesen werden. Werte von über 12 mg/l sind als hoch einzustufen. Die Gasbläschen können an der Teichoberfläche beobachtet werden, wie sie aufsteigen und platzen, so dass man an ein Erfrischungsgetränk erinnert wird. Wenn Sie Ihre Hand in übersättigtes Wasser tauchen, ist sie bald von kleinen Bläschen bedeckt.

Es ist wichtig, die Ursache für eine Übersättigung mit Gasen zu erkennen und zu beseitigen. Das Wasser sollte stark bewegt werden, um die überschüssigen Gase auszutreiben. Der Sauerstoffgehalt kann mit Tropftests oder elektronischen Geräten gemessen werden. Die meisten dieser Geräte müssen jedoch regelmäßig kalibriert werden, um exakte Werte anzuzeigen.

Der pH-Wert des Wassers

Der pH-Wert des Wassers gibt, vereinfacht gesagt, seinen Gehalt an Säuren oder Basen (Laugen) an. Die Skala enthält Werte zwischen 0 und 14. Ein pH-Wert von pH 7 bezeichnet neutrales Wasser, wohingegen Werte darunter auf saures und Werte darüber auf alkalisches Wasser hinweisen. Batteriesäure weist beispielsweise einen pH-Wert von 0–1 auf, Zitronensaft pH 2, Orangensaft pH 4 und Milch etwa pH 6. Destilliertes oder entmineralisiertes Wasser weist einen pH-Wert von pH 7 auf und ist neutral, da keine Stoffe in ihm gelöst sind. Bekannte alkalische Substanzen sind Eiweiß mit pH 8, Mittel gegen Sodbrennen mit pH 10, in der Landwirtschaft gebrauchter Kalk (Calciumoxid) mit pH 13 und Ätznatron (Natronlauge) mit pH 14. Die jeweils extremen Werte (pH 0–1 und 13–14) ätzen stark.

Im Prinzip nennt der pH-Wert die Konzentration der Wasserstoffionen in einer Flüssigkeit. Er beruht auf einer logarithmischen Skala, so dass die Änderung um einen Wert jeweils eine zehnfache Zunahme oder Abnahme der Wasserstoffionen-Konzentration zur Folge hat. Daher ist es sehr wichtig, Änderungen des pH-Wertes langsam vorzunehmen, da sie ansonsten gravierende Auswirkungen auf die Physiologie der Fische haben können. Im Koi-Teich hängt der pH-Wert besonders von den darin gelösten alkalischen Substanzen ab (siehe Seite 32). Für die Gesundheit der Fische ist ein pH-

Test des pH-Wertes

pH 4 *Zu sauer – Koi fressen nicht, fühlen sich unwohl. Hartes Wasser: pH-Wert durch Wasserwechsel erhöhen. Weiches Wasser: Teilwasserwechsel, Muschelkalk oder Ähnliches zugeben.*

pH 5 *pH-Wert immer noch zu niedrig, Koi lethargisch. Maßnahmen siehe oben.*

pH 6,5 *Kann noch etwas erhöht werden. Bester Bereich ist pH 6,5–8,5.*

pH 7 *Neutrales Wasser, das vom pH-Wert entmineralisiertem Wasser entspricht. Für Koipflege geeignet.*

pH 8,5 *Ideales Wasser für die Pflege von Koi. Keine größeren Probleme.*

pH 9 *In bepflanzten Teichen und bei großem Algenaufkommen kann der pH-Wert tagsüber den Wert 11 erreichen; keine größeren gesundheitlichen Probleme.*

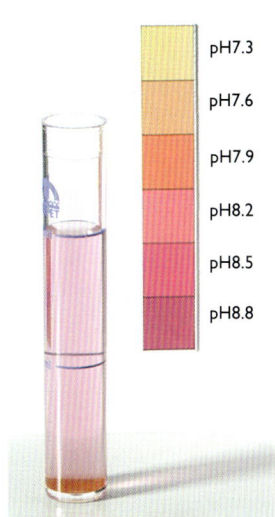

pH7.3
pH7.6
pH7.9
pH8.2
pH8.5
pH8.8

Oben: Der pH-Wert des Wassers sollte regelmäßig überprüft werden, da von ihm der Gehalt an giftigem Ammoniak abhängt. Der ideale Wert liegt zwischen pH 6,5 und pH 8,5. Bei diesem Test wird eine kleine Tablette in 10 ml Teichwasser gelöst. Die resultierende Farbe zeigt den pH-Wert an.

Oben: Um größere Genauigkeit zu erreichen, gibt es Testkits für den oberen und den unteren pH-Wert-Bereich. Hier der Wert 8,2.

Wert zwischen pH 6,5 und 8,5 am günstigsten. Der in einem Teich vorherrschende pH-Wert ist jedoch nicht konstant, sondern ändert sich innerhalb einer 24-Stunden-Periode.

Einer der wichtigsten Gründe für die ständige Kontrolle des pH-Wertes ist, dass das Gleichgewicht zwischen Ammonium und Ammoniak bei höherem pH-Wert mehr zum giftigeren Ammoniak tendiert.

Ammonium, Ammoniak, Nitrit und Nitrat

Koi produzieren stickstoffhaltige Abbauprodukte hauptsächlich als Ammoniak und als Harnsäure. Ammoniak – NH_3 – wird hauptsächlich durch die Kiemen ausgeschieden. Harnsäure – $CO(NH_2)_2$ – wird mit dem Urin abgegeben und durch Bakterien wiederum in Ammoniak umgewandelt. Ammoniak wird von Sauerstoff benötigenden Bakterien zu Nitrit – NO_2 – und weiter zu Nitrat (NO_3) oxidiert. Diese Umwandlungen sind wichtige Schritte des „Stickstoffkreislaufes".

Ammoniak ist für Koi sehr giftig, schädigt die Kiemen un verursacht Veränderungen der Blutzusammensetzung (siehe Seite 82). In Wasser gelöst, liegt Ammoniak in zwei Formen vor: NH_3, im Deutschen allgemein als Ammoniak bezeichnet, und NH_4^+, im Deutschen als Ammo-

Ammoniak und Ammonium

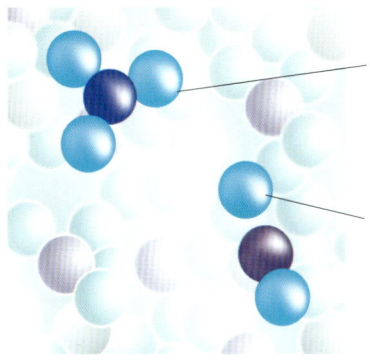

Ein Ammoniak-Molekül (NH_3) besteht aus einem Atom Stickstoff und drei Atomen Wasserstoff.

Das Stickstoff-Atom bindet ein Wasserstoff-Atom, das von einem Wassermolekül (H_2O) abgegeben wurde.

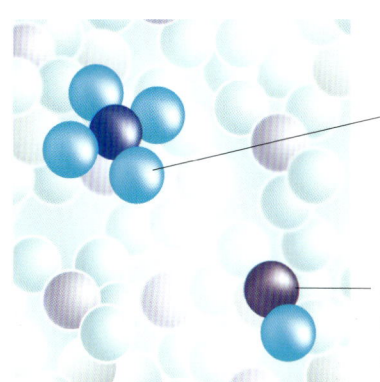

Ein zusätzliches Wasserstoff-Atom wird an das Ammoniak-Molekül gebunden, das dadurch eine positive Ladung erhält und zum Ammonium (NH_4^+) wird.

Aus dem Wassermolekül wird nach Abgabe des Wasserstoffatoms ein negativ geladenes Hydroxyl-Ion (OH^-).

Wie der Stickstoff-Kreislauf funktioniert

Das Wasser, das aus dem Filter in den Teich zurück fließt, kann immer noch Nitrat enthalten. Nitrat ist einer der Stoffe, die das Algenwachstum fördern.

Wasserwechsel sind ein wesentlicher Bestandteil der Teichpflege, insbesondere wenn das Wasser mit Ammoniak und Nitrit belastet ist. Regelmäßige Wasserwechsel vermindern auch die Nitratkonzentration.

Durch Oxidation verwandeln aerobe Bakterien wie Nitrobacter spp. Nitrit in Nitrat (NO_3). Nitrat ist das aus Ammoniak entstehende Endprodukt im Stickstoffkreislauf und erheblich weniger giftig als Ammoniak oder Nitrit.

Im Futter enthaltene Eiweiße werden von den Koi für die Gewebeerneuerung, das Wachstum und die Vermehrung benötigt. Überschüssige Eiweiße werden als Ammoniak ausgeschieden. Aus dem nicht gefressenen Futter entsteht ebenfalls Ammoniak.

Durch Entfernung der Wasserstoff- und Addition von Sauerstoffatomen verwandeln aerobe Bakterien wie Nitrosomonas spp. Ammoniak in Nitrit (NO_2). Nitrit ist nicht so giftig wie Ammoniak, aber immer noch sehr schädlich.

Ammoniak (NH_3) wird über die Kiemen in das Wasser abgegeben. Der im Urin enthaltene Harnstoff zerfällt ebenfalls zu Ammoniak. Ammoniak ist für Koi sehr giftig.

nium bezeichnet. Ammoniak ist eine hochgiftige Form; ihr Anteil steigt in alkalischem Wasser und bei steigender Wassertemperatur. In leicht saurem Wasser wird dagegen die Bildung von Ammonium begünstigt. Der maximale empfohlene Gehalt an Ammoniak bei ständiger Einwirkung liegt bei 0,02 mg/l Wasser. Testsets messen die Gesamtkonzentration beider Formen.

Ionenaustauscher wie Zeolith können benutzt werden, um die Konzentration von Ammoniak/Ammonium im Wasser zu verringern. Ionenaustauscher binden die Stoffe und entfernen sie so aus der Lösung. Es ist jedoch wichtig zu wissen, dass Stoffe wie Kochsalz für die Ionentauscher attraktiver sind, so dass sie Ammoniak wieder freisetzen. Von daher ersetzen Ionentauscher den Wasserwechsel keineswegs.

Ammoniak wird zu Nitrit oxidiert, das für Koi ebenfalls sehr giftig ist. Das Maximum, das bei ständiger Einwirkung für Koi noch erträglich ist, liegt bei 0,1 mg/l in weichem

und 0,2 mg/l in hartem Wasser. Nitrit kann sich ebenfalls im Teich anreichern, entweder weil die Bakterien Ammoniak zu Nitrit schneller abbauen als Nitrit zu Nitrat (das geschieht gerade bei Neueinrichtungen), oder weil eine andere Gruppe von Bakterien Nitrat wieder zurück zu Nitrit und gasförmigem Stickstoff reduziert. Das geschieht oft, wenn durch ein Problem mit dem Filtersystem nicht genügend Sauerstoff zur Nitritoxidation zur Verfügung steht.

Es ist wichtig, regelmäßig den Ammoniak- und Nitritgehalt des Wassers zu überprüfen. Wenn nennenswerte Konzentrationen zu messen sind, sollte man regelmäßige Wasserwechsel unternehmen. Wenn die Ammoniak- und Nitritkonzentrationen übermäßig hoch sind, kann man sie kurzfristig durch Zugabe von Kochsalz herabsetzen.

Nitrat ist das letzte und harmloseste Abbauprodukt des Ammoniaks. Das empfohlene Maximum bei ständiger Einwirkung liegt bei 50 mg/l über der Konzentration im

Ammoniak-Test

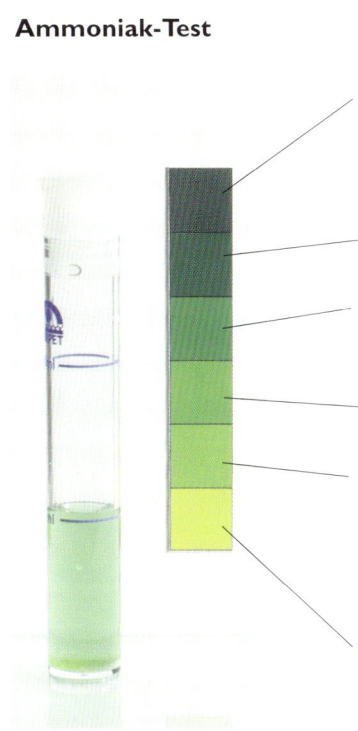

4 mg/l *Ein ernstes Problem. Die Koi sterben innerhalb weniger Tage. Man sollte bis zu dreimal täglich das Wasser wechseln.*

2 mg/l *Die Koi fühlen sich unwohl und schwimmen oft durch den Wassereinlass. Die Atmung ist durch Kiemenschäden und physiologische Veränderungen beschleunigt.*

1,2 mg/l *Ammoniak reichert sich in Blut und Gewebe an. Die Koi hören wahrscheinlich auf zu fressen. Teilwasserwechsel sind dringend notwendig.*

0,8 mg/l *Es kommt zu Kiemenschwellungen und zur sogenannten Keulenbildung der Kiemenlamellen. Das Wasser sollte laufend kontrolliert und zum Teil gewechselt werden.*

0,4 mg/l *Die Koi reagieren mit vermehrter Schleimbildung. Ständige Wasserkontrollen und Teilwasserwechsel sind empfehlenswert. Man sollte den Filter reinigen und weniger füttern.*

0,1 mg/l *Einige Tage lang nicht schädlich. Auf Dauer und bei hohen Temperaturen in alkalischem Wasser liegt der Wert jedoch über der maximal zulässigen Konzentration.*

Unten: *Ammoniak und Nitrit wirken auf Koi sehr giftig. Das Wasser kann kristallklar und trotzdem tödlich sein. Regelmäßige Wassertests sind daher sehr wichtig.*

Nitrit-Test

Weniger als 0,3 mg/l *Relativ wenig; für Koi kein Problem. Falls die Konzentration ansteigt, sollte sie regelmäßig überprüft werden. Im Sommer kann ein plötzlicher Anstieg auf zu geringe Sauerstoffwerte hinweisen.*

0,3 mg/l *In weichem Wasser kann diese Konzentration bereits schädlich sein. Teilwasserwechsel sind nötig. In hartem Wasser sollten die Werte ständig überprüft werden.*

0,8 mg/l *Schädlich sowohl in weichem als auch in hartem Wasser. Regelmäßige Teilwasserwechsel müssen vorgenommen werden. Die Koi sind unruhig und reiben sich an Gegenständen.*

1,6 mg/l *Nitrit reagiert mit dem roten Blutpigment und verursacht Sauerstoffmangel. Die Koi werden lethargisch und produzieren mehr Schleim. Tägliche Wasserwechsel sind nötig.*

Über 3 mg/l *Die Nitritkonzentration kann für Koi tödlich sein. Es kommt zu Blutungen im Kiemengewebe. Sofortige Wasserwechsel sind dringend vorzunehmen.*

Wo das Wasser weich und die Alkalinität niedrig ist, kann die Pufferkapazität des Wassers durch Zugabe von Muschelkalk in das Filtersystem verbessert werden, wie es hier in einer japanischen Koi-Züchterei geschieht.

Trinkwasser der jeweiligen Gegend (Anm. d. Übers.: in Deutschland sind 50 mg/l Nitrat im Trinkwasser erlaubt). Obwohl Nitrat für Koi harmlos ist, ist es ein Pflanzennährstoff und fördert daher das Algenwachstum. In natürlichen Teichen und Seen liegt Nitrat kaum in messbaren Konzentrationen vor, so dass die Konzentration durch regelmäßige Wasserwechsel begrenzt werden sollte.

Die Härte des Wassers

Die Wasserhärte wird im Wesentlichen durch die Konzentration von Calcium- und Magnesiumsalzen im Wasser bestimmt, obwohl Spuren anderer Metalle auch dazu beitragen können. Gemeinsam mit den vorhandenen Säuren und Basen bilden diese Salze ein Puffersystem. Meistens reagiert hartes Wasser eher alkalisch und weiches Wasser eher sauer. Weiches Wasser geht mit einem geringeren Gehalt an Calciumverbindungen und anderen für die Koigesundheit wichtigen Mineralien einher. Verunreinigungen, giftige Substanzen einschließlich einiger Medikamente und Metalle wirken in weichem Wasser toxischer. In Japan ist das Wasser meistens weich, so dass die Züchter Muschel- und Korallenkalk zur Aufhärtung benutzen. Die in hartem Wasser enthaltenen Mineralien und Salze verringern den osmotischen Druck, dem die Fische ausgesetzt sind (siehe Seite 79) und binden Schadstoffe in Form von Chelaten, so dass sie ausgefällt werden und von daher weniger schädlich sind.

Alkalinität

Die Alkalinität des Wassers bezeichnet seinen Gehalt an alkalischen Verbindungen. Sie hängt daher vor allem von den im Wasser gelösten Hydrogenkarbonaten (Bikarbonate, HCO_3^-), Karbonaten (CO_3^{2-}) und Hydroxiden (OH^-) ab. Wo das Wasser sehr weich ist, reagiert es dagegen eher sauer. Die Alkalinität des Wassers ist sehr wichtig, da sie als Puffer größere Schwankungen des pH-Wertes verhindert, die als Folgen der Atmung der Koi und der im Filtersystem befindlichen Bakterien auftreten können. Auch starker Pflanzen- oder Algenwuchs kann den pH-Wert des Wassers beeinflussen. Durch die Reaktionen wird die Alkalinität des Wassers vermindert, so dass das Wasser ohne Wasserwechsel mit der Zeit immer saurer wird und größere pH-Wert-Schwankungen auftreten können. Wo das Wasser weich und sauer ist, können Alkalinität und pH-Wert durch Marmorbruch, Muschelkalk oder andere kalkhaltige Fitermedien erhöht werden. Das leicht saure Wasser löst diese Mineralien, so dass Karbonate und Hydrogenkarbonate ins Wasser gelangen und die Alkalinität erhöhen. Natriumkarbonate

Karbonathärte-Test (KH)

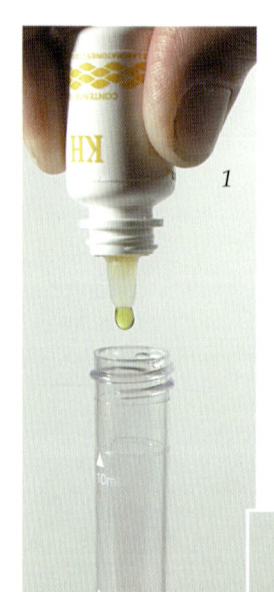

1 Geben Sie das KH-Reagenz tropfenweise einer 5-ml-Wasserprobe zu und schütteln Sie vorsichtig. Zählen Sie jeden Tropfen.
2 Die Probe färbt sich blau.
3 Nach Zugabe weiterer Tropfen erfolgt ein Farbumschlag nach Gelb. Fügen Sie weitere Tropfen zu, bis die gelbe Farbe stabil bleibt. Die Anzahl der insgesamt verbrauchten Tropfen gibt die Karbonathärte in °dH an. Ein Grad entspricht 17,5 mg/l Karbonat.

Phosphat-Test

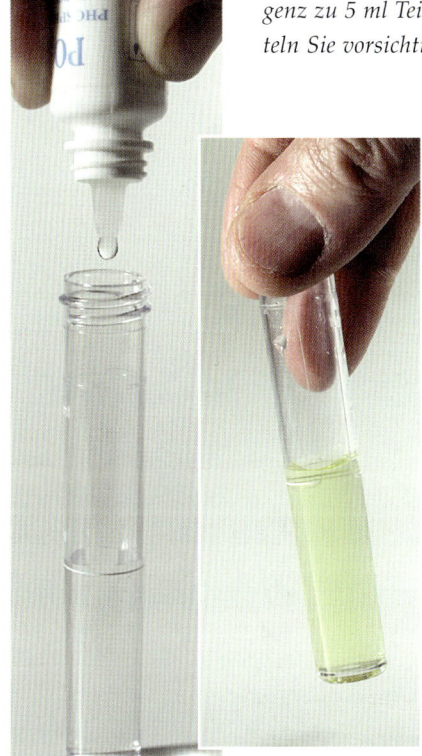

1 Geben Sie 5 ml des Phosphat-Reagenz zu 5 ml Teichwasser und schütteln Sie vorsichtig.

2 Warte Sie ab, bis sich die gelbe Farbe vollständig ausgebildet hat und vergleichen Sie sie mit der Farbskala. Stellen Sie dazu das Röhrchen auf die Skala und schauen Sie von oben hinein.

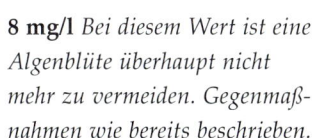

0 mg/l *Ideal: kein Phosphat. Diese Konzentration liegt aber auch vor, wenn starkes Algenwachstum das Phosphat verzehrt.*

0,25 mg/l *Auch geringe Mengen fördern den Algenwuchs.*

0,5 mg/l *Niedrig, aber hoch genug, um den Algenwuchs zu fördern. Teilwasserwechsel und Wassertests sind ratsam.*

1 mg/l *Dieser und höhere Werte fördern das Algenwachstum außerordentlich.*

2 mg/l *Sehr starkes Wachstum der fädigen Algen.*

4 mg/l *Sehr hoher Phosphatwert. Regelmäßige Teilwasserwechsel und ein Pflanzenfilter sind zu empfehlen.*

8 mg/l *Bei diesem Wert ist eine Algenblüte überhaupt nicht mehr zu vermeiden. Gegenmaßnahmen wie bereits beschrieben.*

(Natriumbikarbonat) können in extremen Fällen zur Anhebung der Alkalinität benutzt werden. Sie sollten jedoch mit Vorsicht angewendet werden, da sie bei Karpfen und damit auch Koi eine betäubende Wirkung haben können. Ideal für die Pufferung des Wassers ist es, wenn die Alkalinität zwischen 100 und 150 mg/l liegt.

Phosphate

Phosphate werden von den Koi als Stoffwechselendprodukte in das Wasser abgegeben. Sie stellen einen limitierenden Faktor für das Pflanzenwachstum dar und liegen unter natürlichen Bedingungen in geringen Konzentrationen vor. Wenn jedoch die Besatzdichte groß ist, werden derart große Mengen an Phosphaten in das Wasser abgegeben, dass das Algenwachstum sehr gefördert wird. Ein Pflanzenfilter (etwa ein Feld von Wasserkresse, durch das das Wasser geleitet wird) nimmt überschüssige Phosphate auf und reduziert damit das Algenwachstum. Mit einem Farbtest (wie oben abgebildet) können Sie den Phosphatgehalt des Wassers leicht bestimmen.

Fadenalgen

Algen der Gattung *Oedogonium* gedeihen in warmem, nährstoffreichem Wasser herhorragend und können dem Teichinhaber schnell Kopfschmerzen bereiten. Rasch verstopfen sie Bodenabflüsse, Pumpen, Filter und Rohre. Wie viele andere Algen durchlaufen Fadenalgen in regelmäßigen Abständen Phasen der sexuellen Vermehrung. Dabei werden Sporen gebildet, die wahrscheinlich die ursprüngliche Quelle der Algenbesiedlung in einem neuen Teich sind. Obwohl sich mit UV-Licht einzellige Algen gut bekämpfen lassen, eignet sich diese Methode nicht zur Eindämmung der Fadenalgen. Verschiedene chemische Mittel in Form von Flüssigkeiten, Körnchen oder Kristallen stellen keine langfristige Lösung dar, da sich die Fadenalgen rasch wieder vermehren, sobald die Konzentration der Mittel abnimmt.

Roggenstroh ist dagegen als natürliche Methode der Algenbekämpfung sehr populär geworden. Es zersetzt sich im Wasser durch die Tätigkeit mikroskopisch kleiner Bakterien und Pilze, die Wasserstoffperoxid freisetzen,

Oben: Sauerstoffbläschen sind zwischen den Fadenalgen gut zu erkennen. Das Gas – ein Nebenprodukt der Photosynthese – lässt die Algenpolster zur Wasseroberfläche steigen.

Rechts: Fadenalgen wachsen im Sommer sehr schnell und blockieren Abflüsse, Pumpen und Filter. Geringe Sauerstoff- und hohe Ammoni-akkonzentrationen sind die Folge.

Mittel gegen Fadenalgen

In den Filter eingebrachte spezielle Matten geben langsam Chemikalien gegen das Algenwachstum ab.

Zu den natürlichen Methoden der Algenbekämpfung gehört Roggenstroh, das wie hier in Form von Netzpackungen in den Teich gegeben werden kann. 50 mg/l sind als Dosis zu empfehlen.

das wiederum das Algenwachstum behindert. Da diese Bakterien und Pilze für ihre Tätigkeit Sauerstoff benötigen, funktioniert diese Methode nur in gut belüftetem Wasser. Es dauert mehrere Wochen, bis die Bakterien das Roggenstroh in genügender Dichte besiedelt haben, so dass sich diese Methode nicht für den kurzfristigen Einsatz eignet. Da die Freisetzung von Wasserstoffperoxid hier auf Fäulnisprozessen beruht, sollte man die Wasserbelastung regelmäßig überprüfen, insbesondere im Hinblick auf Ammoniak und Nitrit. Gelegentlich wird Roggenstroh auch mit Fungiziden behandelt, die es für den Koiteich unbrauchbar machen. Sie sollten eine Qualität benutzen, wie sie für Pferde angeboten wird. Fadenalgen wachsen bereits gegen Ende des Winters und Anfang des Frühjahrs, wenn die Tage wieder etwas länger werden. Ihre Bekämpfung sollte man auch bereits um diese Zeit beginnen.

In den letzten Jahren werden regelmäßig magnetische oder elektrische Geräte zur Kontrolle des Algenwachstums angeboten. Der Erfolg dieser Geräte ist sehr unterschiedlich. Möglicherweise arbeiten die Geräte besser, wenn sie bereits am neuen Teich vor dem Beginn des Algenwachstums installiert werden. Wenn Sie ein Gerät benutzen, das magnetische Impulse ausstrahlt, schalten Sie es am besten im

Winter ab, da die Algen sonst gegen die spezifische Form der Wellen resistent werden können. Manche Geräte generieren auch sich verändernde magnetische Wellen, um diesem Effekt entgegenzuwirken.

Die von den Algen in ihrer Wachstumsphase aufgenommenen Phosphate werden beim Absterben im späten Sommer und im Herbst wieder freigesetzt und gelangen dann ins Sediment. Vieles von diesem Material findet sich später im Filter wieder. Im Frühjahr werden die Phosphate durch die beginnende Bakterienaktivität wieder freigesetzt, so dass sie in Lösung gehen und nun eine hervorragende Nährstoffquelle für die Fadenalgen darstellen. Besonders schnell schreitet dieser Prozess unter sauerstoffarmen Bedingungen fort. In sauerstoff-

Ein elektronischer Algenwächter

Das in wasserdichtem Gehäuse eingebaute Netzgerät gibt unregelmäßige elektrische Impulse ab.

Netzkabel

Das um das Rohr gewickelte Kabel überträgt magnetische Impulse in das fließende Wasser.

Das aus dem Hauptfiltersystem kommende Teichwasser.

reichem Wasser bleiben die Phosphate zum großen Teil im Sediment gebunden. Die regelmäßige Reinigung und die Wartung des Filtersystems wirken jedoch auch hier Wunder.

Fadenalgen wachsen in brackigem Wasser nicht so gut. In extremen Fällen kann man daher 1,6 g/l Koch- oder Meersalz in das Wasser geben.

Organische Teilchen

Die mikroskopisch kleinen Lebewesen in einem Teichsystem, zusätzlich von den Koi abgegebene Stoffe, wie abgestorbene Hautzellen, Schleim und Kot, sowie verfaulendes Pflanzenmaterial wie Blätter und abgetötete Algen bilden den partikulären organischen Anteil im Wasser des Teiches. Sie sind oft die Ursache für Verstopfungen des Filtersystems.

Organische Teilchen können ebenfalls ein Nahrungsreservoir für den Fischparasiten *Trichodina* (siehe Seite 86) darstellen, der sich von in der Schleimschicht der Fische verfangenem Material ernährt. *Trichodina* irritieren die Koi, die wiederum mit verstärkter Schleimproduktion auf den Befall reagieren, so dass ein Kreislauf bis hin zur bedrohlichen Infektion in Gang gesetzt wird. Wird *Trichodina* in Proben des Koi-Schleimes gefunden, ist das ein Indikator für organisches Material in Teich, Filter oder Rohrleitungssystem. Die Reinigung des Filters und die Entfernung organischen Materials ist daher die beste Vorbeugung gegen eine *Trichodina*-Infektion.

Im Labor werden partikuläre organische Substanzen als „Particular Organic Matter" (POM) gemessen. Eine Teichwasserprobe wird gefiltert, das Material getrocknet und mit Hilfe einer Methode verbrannt, die sicher stellt, dass die organischen Bestandteile restlos zu Kohlendioxid oxidiert werden. Anhand der Menge des Gases können die organischen partikulären Anteile bestimmt werden.

Gelöste organische Substanzen

Das von Koi, Mikroben und Pflanzenteilen in das Wasser abgegebene organische Material ist der Ursprung der gelösten organischen Substanzen. Viele dieser Stoffe lösen sich im Wasser nicht sehr gut und können daher mit einer Methode entfernt werden, die als Eiweißabschäumung bezeichnet wird. Der entstehende feste Schaum kann gesammelt und entfernt werden (siehe Seite 48). Durchlüfter und Sprudelsteine oder sogar Venturi-Düsen können eingesetzt werden, um diesen Effekt zu imitieren und einen stabilen Schaum an der Wasseroberfläche zu erzeugen.

Filterung

Koi fressen nahezu alles und wandeln ihre Nahrung schnell in Kot und Urin um. Zusammen mit den durch die Kiemen ausgeschiedenen Stoffen sind diese Abbauprodukte der Ursprung toxischer Substanzen, die sich im Teichwasser auflösen und durch mechanische Filterung nicht entfernt werden können. Bei diesen Stoffen handelt es sich vor allem um Ammoniak und Nitrit, Stressfaktoren für den Fisch, die Bakterien den Zugang zu weichem Gewebe wie dem der Flossen erlauben. Diese Gifte stören außerdem den Prozess der Osmoregulation (siehe Seite 79) und beschädigen so das empfindliche Kiemengewebe. Ohne ein geeignetes Filtersystem schwimmen die Fische sehr bald in ihren eigenen Exkrementen und sterben.

In natürlichen Lebensräumen wird das Wasser gefiltert, während es über den Kies und die Steine des Substrates fließt. Die Bakterien auf der Substratoberfläche wandeln dabei die durch Fäulnis und Stoffwechsel entstandenen Giftstoffe in harmlosere Substanzen um. Um Fische in einem geschlossenen System zu pflegen, ahmen wir nun die natürlichen Prozesse nach, indem wir Wasser durch ein für die Bakterienbesiedlung geeignetes Filtermedium fließen lassen. In diesem Kapitel betrachten wir die Arbeitsweise des Filters und sehen uns die Möglichkeiten

an, die der Koipfleger zur Erhaltung der Wasserqualität in seinem Teich hat.

Externe Filter

Nachdem frühe Experimente, den aus Kies bestehenden Bodengrund als Filter zu nutzen, unbefriedigend verliefen, wurde es klar, das der Filter außerhalb des Teiches angebracht werden muss, nicht zuletzt aus Wartungsgründen. Daher mussten Behälter konstruiert werden, die genügend Filtermaterial mit entsprechend großer Oberfläche aufnehmen und gleichzeitig einen guten Wasserdurchfluss gewährleisten können.

Das Wasser kann entweder durch eine Pumpe oder mit Hilfe der Schwerkraft zugeführt werden. Die Filter werden in verschiedenen Größen und Formen angebo-

Oben: Teich und Filter wirken wie ein Ökosystem, in dem die Filterbakterien von den Stoffwechselprodukten der Koi und die Fische von dem Schadstoffabbau der Bakterien abhängig sind. Würden die Koi aus dem Teich entfernt, könnten die Bakterien nicht mehr leben, und umgekehrt.

Externe Filter – unter- oder oberirdisch?

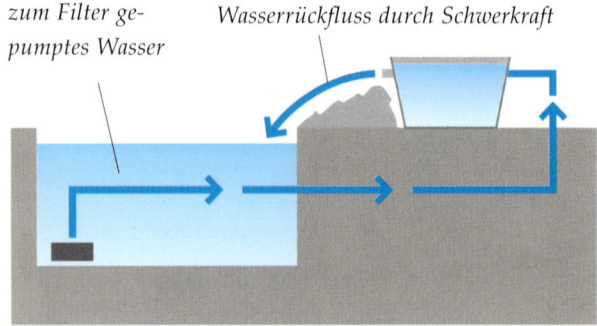

zum Filter gepumptes Wasser

Wasserrückfluss durch Schwerkraft

Oben: Ein oberirdisches Filtersystem. Das aus dem Teich gepumpte Wasser fließt durch den Biofilter über den Wasserfall zurück.

Rechts: Ein durch Schwerkraft beschickter in den Boden eingelassener Filter. Die Pumpe in der letzten Filterkammer sorgt für den Rücklauf.

Bodenabfluss

Das Wasser wird mit einer Venturi-Düse in den Teich zurückgeführt.

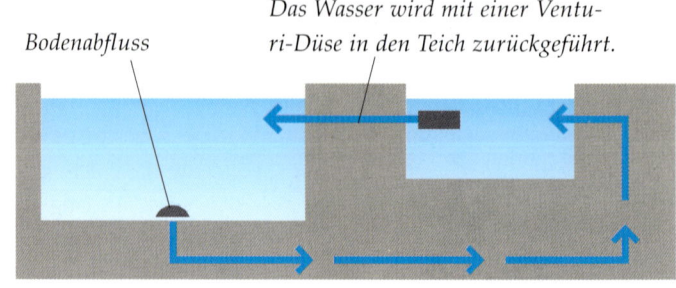

ten, wobei die Zahl ihrer Abteile von der Größe des Teiches und der Dichte des Fischbesatzes abhängig ist. Die Behälter müssen mit einer Ablaufeinrichtung ausgestattet sein, die es erlaubt, den sich neben dem Filtermedium absetzenden Schmutz zu entfernen. Wenn nötig, kann das pumpenbetriebene System einfach durch Abschalten der Pumpe vom Teich getrennt werden. Wird das Wasser durch die Schwerkraft zugeführt, lässt sich einfach ein Schieber schließen.

Wenn ein derartiges System unterirdisch installiert wird, kann es mit einem dekorativen hölzernen Deckel verschlossen werden, der stabil genug ist, um ihn zu betreten. Alternativ kann man darüber auch eine Sitzbank aufstellen. Oberirdisch aufgestellte Filter sind schwer zu verstecken, müssen jedoch auch nicht unmittelbar neben dem Teich stehen. Wenn ihr Wasserauslauf höher als der Wasserspiegel des Teiches liegt, läuft das Wasser auch problemlos 15 m bis zum Teich zurück. Wichtig ist, dass sich unterhalb des Filtermediums ein separater Auslass mit mindestens 4 cm Durchmesser befindet, durch den angesammelter Schmutz abgelassen werden kann, ohne das Filtermaterial herauszunehmen.

Die Auswahl des richtigen Filters

Besonders wenn das Budget begrenzt ist, kann die Auswahl des richtigen Filtersystems eine schwere Entscheidung werden. Denken Sie daran, dass diese Entscheidung vermutlich die wichtigste bei der Planung Ihres Teiches sein wird und jeder Fehler an dieser Stelle auf Dauer recht teuer werden kann. Überlegen Sie noch einmal, ob Sie das Prinzip der biologischen Filterung richtig verstanden haben und ob Ihr Filter für die geplante Teichgröße und den vorgesehenen Fischbesatz wirklich ausreicht.

Bei knappem Geldbeutel mag man versucht sein, einen Filter aus Beton oder unter Verwendung eines alten Trinkwasserbehälters zu konstruieren. Die Erfahrung lehrt jedoch, dass beide Methoden nicht sonderlich zu empfehlen sind und dass beide Materialien schnell an ihre Grenzen kommen. Wasserbehälter verformen sich oft im Laufe der Zeit und besitzen einen flachen Boden, von dem der sich ansammelnde Schmutz kaum zu entfernen ist. Ohne Erfahrung im Betonbau sind Betonfilter sehr schwer herzustellen. Insbesondere im Bereich der Rohrleitungen werden sie oft undicht. Weiterhin ist es nur schwer möglich, mit diesem Material die zylindrischen oder achteckigen Formen zu erstellen, die nötig sind, um einen maximalen Wasserdurchfluss ohne tote Winkel zu erreichen.

Wenn Filtersystem und Wasserqualität stimmen, kommen die Koi schon selber zurecht. Denken Sie daran, die Wasserwerte regelmäßig zu überprüfen und die Ergebnisse zu notieren.

Der Vortex-Filter

Ein Vortex-Filter ist ein zylindrisch geformter mechanischer Vorfilter, der vor dem biologisch arbeitenden Filter installiert wird. Er wird von einem 10 cm durchmessenden Rohr gespeist, das vom Bodenablauf des Teiches kommt. Das Wasser wird tangential in den Filterbehälter eingespeist, so dass sich das Wasser darin in einer langsamen Rotation befindet. Feste Bestandteile lagern sich am Boden ab, während das reine Wasser aus dem oberen Teil des Filters in die nächste Filterkammer überläuft.

Da das Wasser vom Bodenablauf bis zum Vortex-Filter relativ langsam läuft, können Feststoffe das Rohr in relativ kurzer Zeit verstopfen und ein Brutsubstrat für schädliche Bakterien bilden. Daher sollte man das Rohr regelmäßig durchspülen, abhängig von Fischbesatz und Fütterungsintensität. Es ist daher sinnvoll, vor den Einlass des

Vortex-Filters einen etwa 10 cm durchmessenden Absperrhahn anzubringen, so dass der Filter durch seinen Bodenablauf vollständig geleert werden kann. Ist er leer, kann das Einlassventil wieder geöffnet werden, so dass das Wasser aus dem Teich unter Druck einströmt und den in der Rohrleitung angesammelten Schmutz mitreißt. Ist der Filter gefüllt, sollte man noch einmal seinen Bodenablauf öffnen, um den angesammelten Detritus zu entfernen. Man kann auch am Zulauf ein T-Stück mit zwei Absperrhähnen anbringen, das einerseits direkt zum Filter und andererseits direkt zu einem Schmutzwasserablauf führt. Um das Rohr zu reinigen, schließt man den zum Filter führenden Hahn und öffnet den in den Ablauf.

Mehrkammerfilter

Die verschiedenen Kammern eines Mehrkammerfilters dienen unterschiedlichen Zwecken, vor allem aber der Trennung der Filtermaterialien. Die erste Kammer soll den groben Schmutz aus dem Teichwasser filtern und enthält daher ein vorwiegend mechanisch wirkendes Filtermedium. Es muss jedoch sichergestellt werden, dass das Material nicht zu schnell verstopft, da das Wasser sonst nicht in die nächste Kammer gelangen kann. Diese enthält vor allem biologisch wirkende Medien wie Japan-

Arbeitsweise des Vortex-Filters

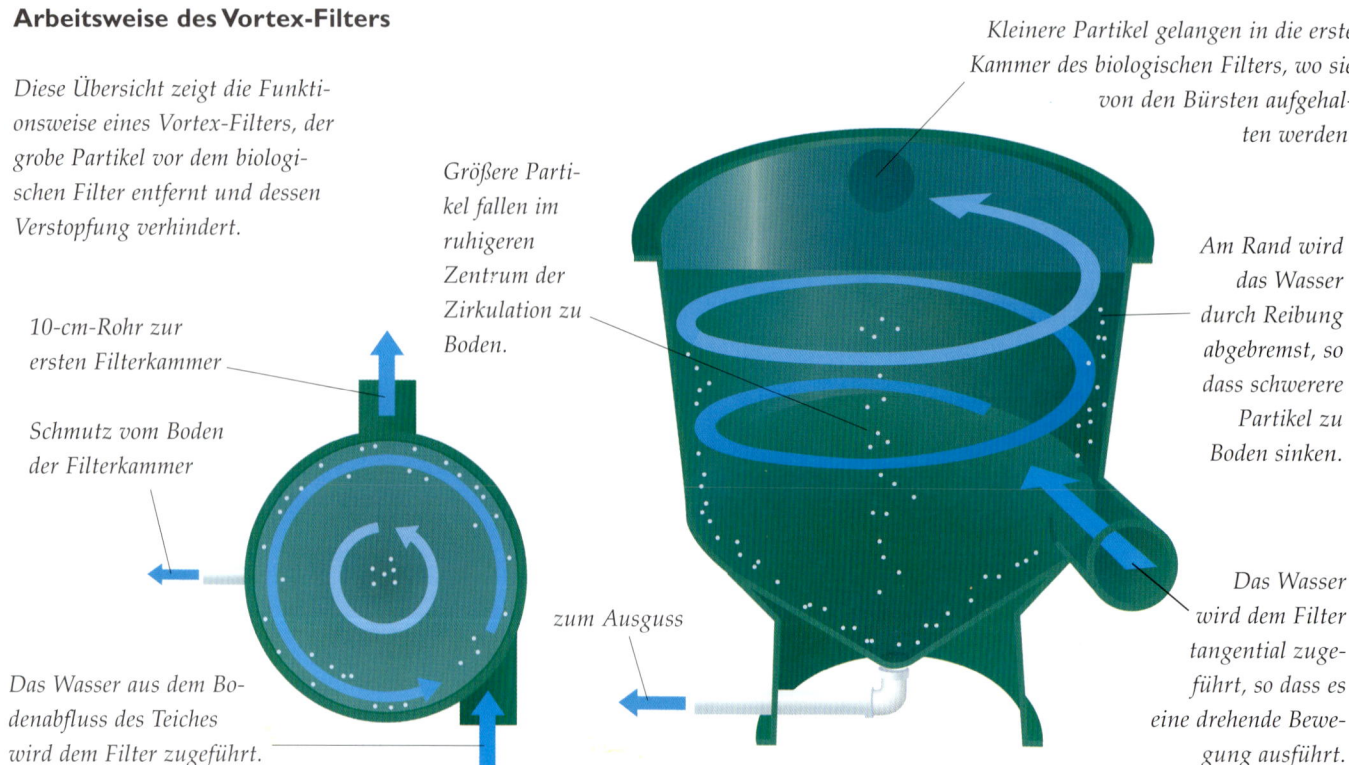

Diese Übersicht zeigt die Funktionsweise eines Vortex-Filters, der grobe Partikel vor dem biologischen Filter entfernt und dessen Verstopfung verhindert.

10-cm-Rohr zur ersten Filterkammer

Schmutz vom Boden der Filterkammer

Das Wasser aus dem Bodenabfluss des Teiches wird dem Filter zugeführt.

Größere Partikel fallen im ruhigeren Zentrum der Zirkulation zu Boden.

zum Ausguss

Kleinere Partikel gelangen in die erste Kammer des biologischen Filters, wo sie von den Bürsten aufgehalten werden.

Am Rand wird das Wasser durch Reibung abgebremst, so dass schwerere Partikel zu Boden sinken.

Das Wasser wird dem Filter tangential zugeführt, so dass es eine drehende Bewegung ausführt.

Aufbau des Mehrkammerfilters

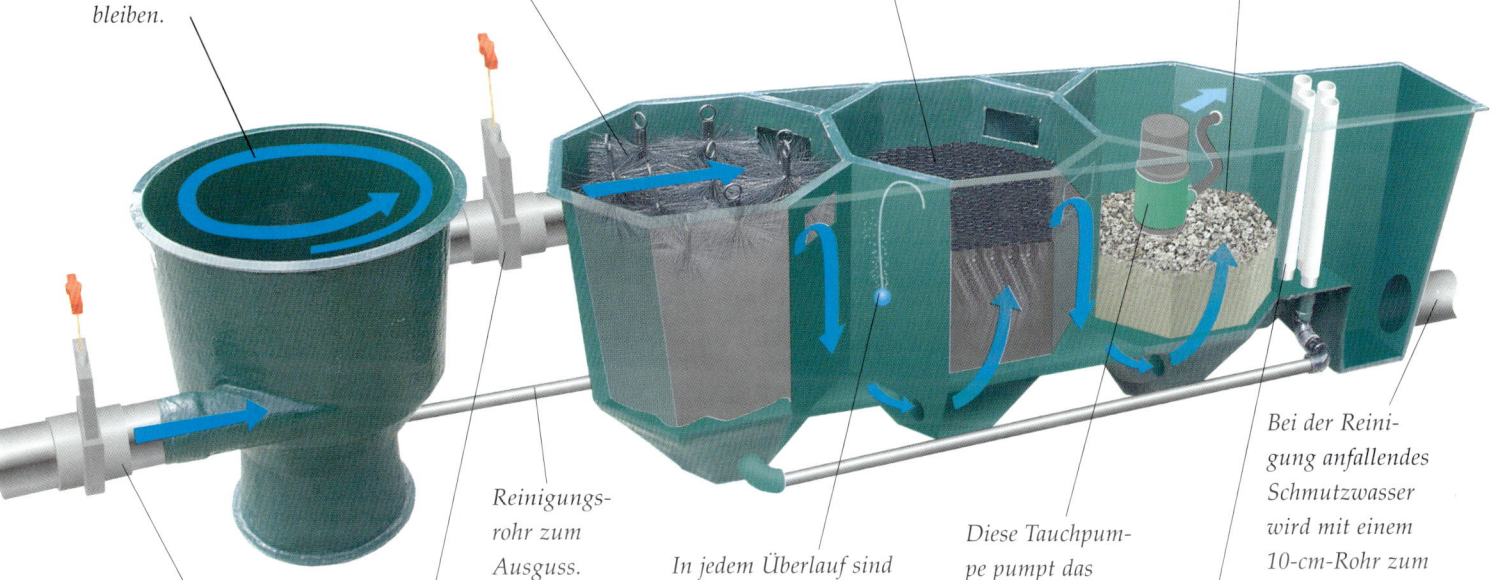

Vortex-Filter, in dem größere Partikel wie Fischkot, Blätter, Algenfäden und Detritus verbleiben.

Erste biologisch und mechanisch wirkende Kammer mit Bürsten, die feinere Partikel entfernen.

Aus Kunststoff bestehendes Filterwaben-Geflecht, das den Bakterien eine große Besiedlungsfläche bietet.

Poröses Keramik-Medium, das als biologischer Filter wirkt und zusätzlich kleine Partikel aufnimmt.

Reinigungsrohr zum Ausguss.

In jedem Überlauf sind Ausströmersteine angebracht, um die Sauerstoffversorgung der Bakterien zu gewährleisten. Die Ausströmer sind nicht so tief angebracht, dass Luftbläschen in die nächste Kammer gelangen können.

Diese Tauchpumpe pumpt das Wasser wieder in den Teich und sorgt für den Fluss des Wassers durch den Filter.

Bei der Reinigung anfallendes Schmutzwasser wird mit einem 10-cm-Rohr zum Ausguss geleitet.

Ein 10 cm durchmessendes Schieberventil ist jeweils an Ein- und Auslass des Vortex-Filters angebracht. Wenn der Filter gereinigt wird, werden diese Schieber geschlossen, damit kein Schmutzwasser in die Rohre gelangt.

Abwasserkammer mit vier Standrohren, um den Schmutz vom Boden jeder Kammer entfernen zu können.

matten, Filterwaben und Matala. Zuletzt sollten feinere Filtermaterialien verwendet werden, um feine Schwebstoffe zu entfernen, bevor das Wasser in den Teich zurückgelangt.

Sehen Sie sich den Wasserdurchfluss innerhalb des Filters gut an und überprüfen Sie, ob das gesamte Teichvolumen innerhalb von zwei Stunden umgewälzt werden kann. Wenn die Verbindung zwischen zwei Kammern zu klein ist, kann das Wasser nicht schnell genug fließen, um die Pumpe in der letzten Kammer zu versorgen, so dass sie trockenlaufen und zerstört werden kann. Die Durchflüsse zwischen zwei Kammern sind außerdem der ideale Ort, um Ausströmersteine zu installieren und so das Wasser wieder mit Sauerstoff anzureichern, ohne die das Filtermaterial besiedelnden nützlichen Bakterien zu stören.

Pumpen für Filter und Teiche

Eine hochwertige und zuverlässige Pumpe ist ein zentraler Baustein der Filter- und Teichanlage. Sie muss im Dauerbetrieb 24 Stunden am Tag und 365 Tage im Jahr laufen können. Alle Pumpen werden von einem elektrischen Motor angetrieben, der ein Pumpenrad in einem Gehäuse bewegt. Das sich drehende Pumpenrad saugt Wasser durch den Einlass an und gibt es durch den Auslass ab. Allgemein ist die geförderte Wassermenge von der Größe des Pumpenrades und der Leistung des Motors abhängig, obwohl die Hersteller in den letzten Jahren das Verhältnis von Förderleistung zu Stromverbrauch verbessert haben. Die richtige Pumpe auszuwählen ist schwierig, da es viele verschiedene Modelle gibt.

Im Prinzip gibt es zwei Pumpentypen: außerhalb des Wassers und untergetaucht arbeitende. Den externen

Filtermedien-Überblick

Poröses keramisches Material

(Alfagrog)

Durch das Sintern ausgesuchter Tone bei sehr hohen Temperaturen entsteht ein poröses keramisches Material. Die zahlreichen Poren erzeugen eine große, raue Oberfläche, die ideal für die Ansiedlung nützlicher Bakterien ist. Die Eigenschaften des Materials sorgen für die Stabilität des Filterbette bei der Rückspülung. Die maximale Füllhöhe sollte 30 cm betragen.

Vorteile

Relativ geringes Gewicht und gute mechanische Filterwirkung. Leicht zu säubern. Zersetzt sich nicht.

Nachteile

Muss gelegentlich ersetzt werden. Setzt sich nach einer gewissen Zeit zu.

Filterwaben

Das Material ist für Koipfleger relativ neu, wird aber in der Wasseraufbereitung schon längere Zeit eingesetzt. Es besteht aus dreidimensional geformtem, leichtem Polypropylen und wird ähnlich wie die Japanmatten in der Filterkammer installiert. Die große Oberfläche ist für die Bakterienbesiedlung ideal, und die Struktur sorgt für eine gute Wasserverteilung. Das von unten in das Material eindringende Wasser wird in einem 15°-Winkel zuerst in die eine, dann in die andere Richtung geleitet., bevor es oben austritt. Das Wasser bleibt daher in ständigem Kontakt mit dem Material, so dass die Bakterien die Schadstoffe sehr effektiv verarbeiten können. Die Beliebtheit dieses Filtermaterials wächst ständig.

Vorteile

Preiswertes Medium.
Geringes Gewicht.
Kein Einsatz zur Befüllung notwendig.
Leicht zu säubern.
Zersetzt sich nicht.
Große Oberfläche.

Nachteil

Nur für Mehrkammerfilter geeignet.

Canterbury-Spat

Das Medium besitzt eine große, unregelmäßige Oberfläche, auf der sich Bakterien ansiedeln können, und zusätzlich eine gute mechanische Filterwirkung. Füllen Sie die Filterkammer nicht vollständig mit dem Material, da es dann zum Zusetzen neigt. In diesem Fall findet das Wasser keinen Weg mehr durch das Medium und steigt an den Seiten der Kammer auf. Die Füllung sollte maximal 15–20 cm hoch sein und auf einer perforierten PVC-Platte ruhen. Unter der Platte sollte noch genügend Platz sein, dass sich Feststoffe absetzen und entsorgt werden können.

Vorteile

Preiswert.
Zersetzt sich nicht.

Nachteile

Schwer zu reinigen. Wasser kann das Medium umgehen. Dichtes Material, das sich schnell zusetzt.

Filterbürsten

Die Bürsten bestehen aus ungiftigem Polypropylen und einem rostfreien Stahlkern. Meistens als mechanischer Vorfilter benutzt, der gröbere Partikel wie Blätter, Fadenalgen und Fischkot auffängt, bevor sie in die weiteren Kammern gelangen können. Ungereinigte Bürsten haben auch eine biologische Wirkung. Spülen Sie sie regelmäßig in Teichwasser aus, um einerseits die Bakterienflora zu erhalten und andererseits das Zusetzen zu vermeiden. Bringen Sie die Bürsten so in den Filter ein, dass sie einander in oben beginnenden Reihen überlappen. Lassen Sie darunter Platz für gröbere Partikel.

40 cm lange Bürsten mit 15 cm Durchmesser.

Vorteile

Geringes Gewicht.
Gute mechanische Filterwirkung.
Sehr geringer Wartungsaufwand.
Leicht zu säubern.
In verschiedensten Gößen erhältlich.

Nachteile

Müssen gelegentlich aus dem Filter genommen werden.
Sind nur für Mehrkammerfilter geeignet.
Relativ teuer.
Die Filterkammer muss dicht gefüllt sein.

Plastikrohr-Stücke

Ein nicht verstopfendes Medium aus zylindrischen Plastikstücken mit gerippter Außen- und glatter oder mit Speichen versehener Innenseite. Die Oberfläche bietet Bakterien Besiedlungsfläche und die Struktur verhindert das Zusetzen.

Vorteile
Geringes Gewicht.
Zersetzt sich nicht.

Nachteile
Nur für Mehrkammerfilter geeignet.
Schwer zu säubern.
Tendiert zum Schwimmen.
Wasser fließt mit der Zeit am Medium vorbei.

Blähton

Gebrannte Tonkügelchen, die im letzten Abschnitt der Filterung verwendet werden. Dieses Material ist in der Vergangenheit oft benutzt worden. Heute verwendet man stattdessen meistens keramisches Material.

Nachteil
Setzt sich schnell zu.

Filterschaumstoffe

Der offenporige Schaumstoff wird oft in drei Schichten zur Abdeckung des keramischen Materials verwendet. Er verstopft sehr schnell und muss regelmäßig ausgewaschen werden. Leider werden dabei auch die Bakterien ausgewaschen, so dass die Wirkung hauptsächlich mechanisch ist.

Vorteile
Leichtes Material.

Nachteile
Wenig an biologischer Wirkung.
Regelmäßige Reinigung nötig.

Grobe, mittlere und feinporige Filterschaumstoffmatten.

Japanmatten

Das Material auf Polyester-Basis wird in 2 m × 1 m großen Platten angeboten. Sie werden in 23 cm lange Streifen mit 5 cm großen Abstandshaltern geschnitten und müssen genau in die Filterkammer passen. Ein Filtereinsatz stützt die Matten und gewährleistet den gleichmäßigen Wasserdurchfluss.. Die sich auf allen Oberflächen entwickelnden Bakterien vergrößern die Oberfläche um das Dreifache. Wegen der großen Oberflächen dauert es relativ lange, bis die Matten komplett mit Bakterien besiedelt sind. Um den Prozess zu beschleunigen, kann man ein im Handel erhältliches Starterpräparat verwenden, das Ansätze der notwendigen Bakterien in einer flüssigen Aufschwemmung enthält. Benutzen Sie das Präparat regelmäßig, bis der Filter eingefahren ist.

Vorteile
Leichtes Material.
Große Oberfläche zur Bakterienbesiedlung.
Nur wenig Wartung erforderlich.

Nachteile
Feststoffe werden nicht aufgehalten.
Nur in Mehrkammerfiltern zu benutzen.
Relativ teuer.

Matala

Ähnelt den Japanmatten, wird aber in 1,2 m × 1 m großen Platten angeboten, die vertikal oder horizontal installiert werden können. Das Wasser fließt ungehindert zwischen den Fasern hindurch. Da die Matten relativ steif sind, brauchen sie nicht durch eine perforierte Platte gehalten zu werden. Das Material ist in den Faserstärken 0,18 mm, 0,09 mm, 0,06 mm und 0,045 mm erhältlich und kann dementsprechend von der ersten bis zur letzten Kammer genutzt werden.

Drei verschiedene Faserstärken, die feinste oben.

Vorteile
Gleichmäßige Besiedlung durch Bakterien.
Geringes Gewicht.
Leicht zu reinigen.
Ungiftig.
Selbsttragend.

Nachteil
Benötigt lange, um von den Bakterien besiedelt zu werden.

Berechnung der Filtergröße

1. Schritt

In einem Teich von 16000 l Inhalt könnte ein typischer Besatz wie folgt aussehen (die Grafik auf Seite 106 hilft bei der Berechnung des Fischgewichtes anhand der Länge):

Sechs 50 cm lange Koi von je 2,4 kg

Sechs 40 cm lange Koi von je 1,8 kg

Sechs 30 cm lange Koi von je 0,5 kg

Sechs 20 cm lange Koi von je 0,1 kg

Gesamtgewicht der Fische 28,8 kg

Verdoppeln Sie das Gewicht, um Wachstum und Zukäufe zu berücksichtigen, auf insgesamt 57,6 kg.

3. Schritt

In einem Vierkammer-Filter, dessen Kammern 60 cm × 60 cm × 30 cm messen, beträgt das Volumen pro Kammer 0,108 m³. Die Tabelle unten zeigt die Oberfläche, die verschiedene Medien bei diesem Volumen aufweisen.

Keramisches Material
180 m² pro m³
0,108 × 180 = 19,44

Filterwaben
709 m² pro m³
0,108 × 709 = 76,57

Japanmatten
531 m² pro m³
0,108 × 531 = 57,35

Bürsten
160 m² pro m³
0,108 × 160 = 17,28

Gesamte Besiedlungsfläche 170,64 m²

Oben: *Dieser Filter wäre für den genannten Besatz ideal. Man könnte noch zusätzlich einen Fließbettfilter hinzufügen.*

3. Schritt

Finden Sie anhand dieses Diagramms die nötige bakterielle Besiedlungsfläche im Filter für Ihren Fischbesatz heraus. Der Besatz von 57,6 kg in unserem Beispiel benötigt daher rund 170 m² an bakterieller Besiedlungsfläche.

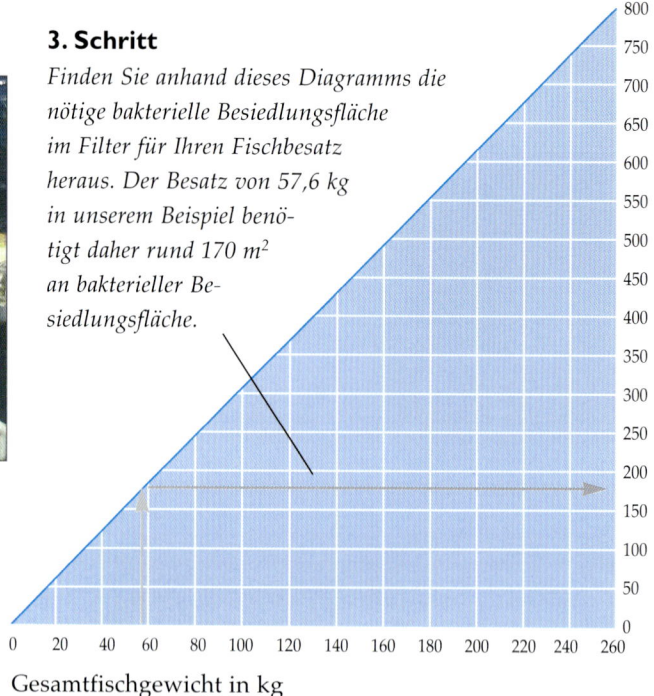

Pumpen wird das Wasser durch einen Oberflächenablauf zugeführt. Da der Skimmer nicht untergetaucht, sondern an der Seite des Teiches angebracht wird, ist es notwendig, ihn mit einer stabilen Verrohrung mit der Pumpe zu verbinden. Wenn die außerhalb des Teiches befindliche Pumpe unterhalb des Wasserspiegels angebracht ist, wird das Rohr mit Hilfe der Schwerkraft gefüllt, so dass die Pumpe unmittelbar arbeiten kann. Die meisten dieser Pumpen sind nicht in der Lage, das Wasser selbst anzusaugen und müssen daher vorher mit Wasser gefüllt werden.

Tauchpumpen sind für den Unterwasser-Einsatz konzipiert, sei es im Filter oder im Teich selber. Wird die Pumpe in der letzten Filterkammer eines Mehrkammerfilters installiert, bleibt sie weitgehend von Schmutz, Algen und Detritus verschont, so dass sie effektiver arbeitet und länger funktionsfähig bleibt. Außerdem werden die Wartungsarbeiten wie die Säuberung des Pumpenrades deutlich reduziert.

Die weit verbreiteten Sumpf- oder Kellerpumpen tragen ihren Namen, weil sie hauptsächlich für das Auspumpen überfluteter Keller konstruiert worden sind. Wegen ihrer hohen Pumpenleistung und ihres geringen Preises werden sie oft von Koiliebhabern eingesetzt. Da sie aufgrund ihres Haupteinsatzzweckes nicht für den kontinu-

Zehn Tipps zur Pumpe

1. Installieren Sie die Pumpe im letzten Abschnitt der Filterung, so dass der grobe Schmutz bereits vorher herausgefiltert wurde.

2. Reinigen Sie das Vorfiltergehäuse mit dem Schaumstoffinhalt regelmäßig, besonders im Sommer.

3. Wenn sich die Pumpe im Teich befindet, können Sie den Vorfilter durch einen größeren ersetzen, um die Wartungsintervalle zu verlängern.

4. Die Pumpe darf niemals an ihrem Anschlusskabel aus dem Teich gezogen werden. Benutzen Sie stattdessen ein Seil, das sie an der Pumpe befestigen.

5. Bringen Sie die Pumpe mindestens 15 cm über dem Teichboden an, da sie dann nicht so leicht mit größeren Objekten verstopft.

6. Wenn die Pumpe ihr Wasser aus einem Bodenablauf erhält, sollte man ihn regelmäßig reinigen, um die Pumpenleistung nicht durch angesammelten Schmutz zu beeinträchtigen.

7. Von Zeit zu Zeit kann es sinnvoll sein, das Pumpenrad auszubauen und über Nacht in einen handelsüblichen Entkalker zu legen.

8. Installieren Sie einen Fehlerstrom-Schutzschalter (FI-Schalter) im die Pumpe versorgenden Stromkreis.

9. Kaufen Sie eine preiswerte Ersatzpumpe für den Notfall. Es ist sinnvoller (und billiger) als seine Fische zu verlieren.

10. Begrenzen Sie nicht den Wasserdurchfluss der Pumpe, da dadurch der Motor durchbrennen kann, ohne dass Sie einen Garantieanspruch haben. Wenn Sie die Leistung regeln wollen, setzen Sie ein T-Stück ein und verwenden Sie das überschüssige Wasser zum Betreiben eines Wasserfalls oder einer Venturi-Düse.

Typische Außenpumpe

Der Vorfilter hält Blätter und Schmutz davon ab, in das Pumpenrad zu gelangen.

Wasser zum UV-Klärer oder zum biologischen Filter

Wasser vom Oberflächenablauf des Teiches.

Diese Pumpe sollte an einem trockenen, sicheren Ort untergebracht werden.

Unten: Eine typische Tauchpumpe mit Vorfiltergehäuse. Reinigen Sie den im Gehäuse befindlichen Schwamm regelmäßig mit Teichwasser.

ierlichen Gebrauch gedacht sind, ist ihre Lebensdauer jedoch beschränkt, insbesondere wenn sie direkt am Teich eingesetzt werden und mit Algen, Fischkot und Blättern zu kämpfen haben.

Pumpen-Förderleistung

Die Pumpe sollte dazu in der Lage sein, die gesamte Wassermenge des Teiches innerhalb von zwei Stunden umzuwälzen, um eine genügende Filterleistung und eine gesunde Bakterienflora zu gewährleisten. Wenn der Wasserdurchfluss durch eine Verstopfung der Pumpe reduziert wird, steigen der Ammoniak- und der Nitritgehalt des Wassers an. Der Sauerstoffgehalt kann unter die minimal nötige Konzentration von 6 mg/l fallen, so dass die Fische entsprechendem Stress ausgesetzt sind und möglicherweise sterben. Der später besprochene UV-Klärer benötigt ebenfalls eine konstante Durchflussrate. Wenn diese nicht gewährleistet ist, kann sich das Wasser durch eine Schwebealgenblüte grün färben.

Alle Hersteller von Pumpen geben die maximale Fördermenge ihrer Produkte in unbelastetem Zustand an, das heißt auf Höhe des Wasserspiegels ohne Reibungsverluste durch Rohre und Ventile. Es ist aber wichtig daran zu denken, dass die Fördermenge mit der Förderhöhe deutlich abnimmt. Die Förderhöhe wird vom Wasserspiegel (nicht von der tatsächlichen Position der Pumpe, auch wenn sie am Boden des Teiches installiert ist) bis zum höchsten Punkt des Rohrleitungssystems gemessen. Die Fördermenge wäre also die gleiche, ob die Pumpe sich nun 6 m oder 1,5 m tief befindet, da der Wasserdruck im Rohr hier gleich dem Umgebungsdruck ist. Zusätzlich zur Förderhöhe spielen die Durchflussöffnungen im Pumpenkopf, die Länge des Rohres zum Filter und zurück zum Teich, die Zahl der verwendeten Rohrbögen, der Rohrdurchmesser, der UV-Klärer, Heizer, Venturi-Düsen und andere Zubehörteile eine Rolle. Es hat daher keinen Sinn, für einen 20000 l fassenden Teich eine Pumpe mit einer Maximalleistung von 10000 l/h zu kaufen, wenn die Förderhöhe 2 m beträgt, ein langes Rohr mit mehreren Bögen sowie verschiedene Zubehörteile durchflossen werden müssen, da die Pumpenleistung deutlich unter dein minimalen Anforderungen sinken würde.

Verstopfte Pumpen

Die hauptsächliche Ursache für verstopfte Pumpen sind der Fluch eines jeden Koipflegers – Fadenalgen. Die langen Fäden werden von der Pumpe angesaugt und wickeln sich um das Pumpenrad, das sich nun langsamer dreht oder gar ganz stehen bleibt.

Tauchpumpe mit großem Vorfilterkorb, der bis zu 8 mm große Festkörper nicht durchlässt, da sie der Pumpe nicht schaden. Der Schlauchanschluss ist drehbar montiert.

Eine Sumpf- oder Kellerpumpe mit Schwimmerschalter, der die Pumpe je nach Wasserstand an- und abschaltet.

Universal-Schlauchanschluss für das zum Teich zurück fließende Wasser.

Sieb, das zu große Festkörper abhält.

Während der Hauptsaison, wenn das Algenproblem besonders groß ist, muss die Pumpe möglicherweise zwei Mal am Tag gereinigt werden, um die volle Leistung beizubehalten. Im Herbst sinken nicht abgefischte Blätter von der Teichoberfläche auf den Teichboden, werden von der Pumpe angesaugt und verstopfen das Sieb am Wassereinlauf. Fischkot, Schlamm, Molche und Frösche können Probleme bereiten, besonders bei einer im Teich untergebrachten Tauchpumpe. Die beste Lösung ist ein Filtersystem, dessen Wasserzulauf durch die Schwerkraft erfolgt und bei dem die Pumpe in der letzten Kammer des Mehrkammerfilters untergebracht ist. Auf diese Weise werden alle Fremdkörper entfernt, bevor sie zur Pumpe gelangen können.

Die Pumpen, die sich am schnellsten zusetzen, sind die mit einem relativ kleinen Schutzfiltergehäuse, das Schaumstoff enthält. Wegen des relativ feinporigen Schaumstoffes sind die Pumpen schnell verstopft. Auch wenn Kellerpumpen nicht prinzipiell einen Schaumstoffvorfilter enthalten, verstopfen sie doch schnell, wenn das Einlasssieb zu klein ist.

Wählen Sie am besten eine Pumpe, deren Pumpenrad Teilchen bis zu 8 mm Durchmesser durchlassen kann, so dass diese Stoffe in den Filter gelangen.

Es ist ein verbreitetes Vorurteil, dass Außenpumpen nicht so schnell verstopfen wie Tauchpumpen. Beide Pumpentypen nehmen das Wasser direkt aus dem Teich auf und müssen daher die gleichen Folgen tragen. Die außerhalb des Teiches installierten Pumpen müssen in der Regel in einer trockenen Kammer untergebracht und

Wie ein Fließbettfilter arbeitet

Das Wasser wird über ein Regulier- und ein Rückschlagventil in den Filter geleitet, so dass der Korallensand im Filter aufgewirbelt wird. Die Sandkörner bieten den Bakterien ein gutes Besiedlungssubstrat und zerkleinern Schwebestoffe durch ihre mechanische Wirkung.

Korallensand, der von dem in der Kammer wirbelnden Wasser in der Schwebe gehalten wird.

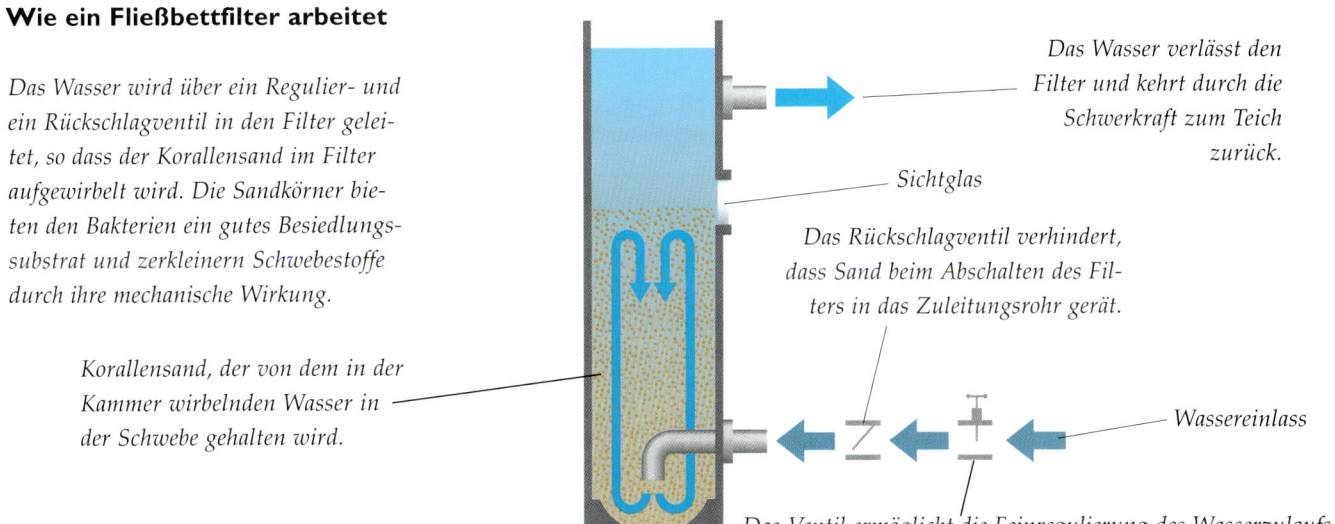

Das Wasser verlässt den Filter und kehrt durch die Schwerkraft zum Teich zurück.

Sichtglas

Das Rückschlagventil verhindert, dass Sand beim Abschalten des Filters in das Zuleitungsrohr gerät.

Wassereinlass

Das Ventil ermöglicht die Feinregulierung des Wasserzulaufs.

mit einem Rückschlagventil versehen werden, um ein Trockenlaufen zu verhindern.

Es ist eine gute Angewohnheit, die Pumpe regelmäßig zu reinigen, um zu verhindern, dass sich das Pumpenrad irgendwann festsetzt und der Wasserdurchfluss herabgesetzt oder gar unterbunden wird. Man vermeidet so einen frühzeitigen Pumpenverschleiß und spart damit das Geld für eine neue.

Falls die Pumpe nach der Reinigung von Einlasssieb und Pumpenrad immer noch nicht läuft, sollte man sie dem Händler zurückgeben, wenn die Garantie noch nicht abgelaufen ist. Außerhalb der Garantiezeit lohnt sich die Reparatur meistens nur bei Pumpen besserer Qualität.

Wenn die Pumpe bei einer Wassertemperatur von über 10 °C versagt, muss sie sofort ersetzt werden. Sobald die Pumpe nicht mehr in Betrieb ist, sterben die aeroben Bakterien im Filter ab, und der Sauerstoffgehalt des Wassers fällt auf kritische Werte. Falls Sie die Pumpe nicht unmittelbar ersetzen können, sollten Sie Ihre Fische in der Zwischenzeit nicht füttern und das im Filter stehende Wasser nicht wieder in den Teich gelangen lassen.

Der Fließbettfilter

Das Konzept des Fließbettfilters ist für Koi-Pfleger relativ neu. Da alle biologischen Filter mit Hilfe der gleichen Bakterien Ammoniak und Nitrit abbauen, wird die Effektivität der einzelnen Geräte nur durch die Bauweise bedingt. Die Bakterien leisten die eigentliche Arbeit; der Filter stellt nur einen Behälter für ihr Siedlungssubstrat dar.

Er enthält verschiedene Materialien, durch die Wasser laufen muss, damit die Besiedlungsoberfläche feucht bleibt. Beim Fließbettfilter handelt es sich dagegen um wassergefüllte Zylinder, die zum Teil mit speziellem körnigem Material gefüllt sind. Das Wasser fließt aufwärts durch das Substrat und schwemmt es dabei auf. Da das einströmende Wasser sauerstoffreich ist, werden die aeroben Bakterien auf dem Substrat optimal versorgt und können die Schadstoffe im Wasser entsprechend gut verarbeiten.

Das Resultat ist ein hocheffizientes Filtersubstrat, das nicht mehr fest gepackt, sondern in ständiger Bewegung ist – der Schlüssel zum Erfolg dieses Filtertyps. Das Wasser verteilt sich beim Durchfließen des Filters gleichmäßig, so dass keine sauerstoffarmen Bereiche entstehen können, in denen schädliche Bakterien gedeihen können. Da das Filtermedium sich in ständiger Bewegung befindet, kann es auch nicht verstopfen.

Durch die ständige leichte Bewegung des Filtersubstrats reinigt und erneuert es sich selbsttätig. Man beachte dabei, dass 0,1 m^3 Korallensand 1920 m^2 an für den Bakterienbewuchs geeigneter Oberfläche entspricht. Ein typischer Standardfilter von 90 cm × 90 cm × 90 cm Größe, der mit Japanmatten gefüllt ist, bietet den Bakterien dagegen eine Siedlungsfläche von nur 2,8 m^2. Es ist also verständlich, dass der Fließbettfilter nicht so groß wie ein konventioneller zu sein braucht. Ein Fließbettfilter kann leicht die Stoffwechselendprodukte von etwa 135 kg Fisch verarbeiten. Das entspricht ungefähr 70 Koi mit einer Länge von 50 cm. Ein derartiger Filter kann in ein bestehendes System integriert werden, um dem Koibesitzer eine Erhöhung der Besatzdichte zu ermöglichen oder ein bestehendes Ammoniak- oder Nitritproblem infolge eines zu klein dimensionierten Filters zu lösen.

Bubble-Bead-Filter

Diese Filter enthalten als Medium kleine (3 mm × 5 mm) schwimmende Plastikkügelchen. Im normalen Betrieb schwimmen diese Perlen im oberen Teil des Filterbehälters und bilden so ein Substrat, das sowohl die biologische Filterung ermöglicht als auch feste Partikel von 15 µm (Millionstel Meter) und mehr entfernt – ein kleines Sandkörnchen misst etwa 50 µm.

Abhängig von der Teichgröße werden verschiedene Modelle angeboten. Alle bieten die Möglichkeit, mit einer UV-Röhre zur Kontrolle von Schwebealgen bestückt zu werden. Eine eingebaute Rückspüleinrichtung ermöglicht das regelmäßige Entleeren des angesammelten Schmutzes.

Bubble-Bead-Filter können für eine akzeptable Wasserqualität sorgen, selbst wenn bis zu 2 kg Futter pro Viertelkubikmeter Filtersubstrat das Wasser belasten. Das entspricht 200 kg Fischgewicht, wenn man davon ausgeht, dass jeder Fisch am Tag 1 % seines Lebendgewichtes an Futter erhält. Um die bestmögliche Wasserqualität zu erzielen, sollte man den Wert auf 1 kg Futter pro Viertelkubikmeter Filtersubstrat reduzieren. Diese Berechnungen basieren auf dem Standardfiltermedium und einem typischen Pellet-Futter mit 35 % Eiweißanteil.

Bubble-Bead-Filter

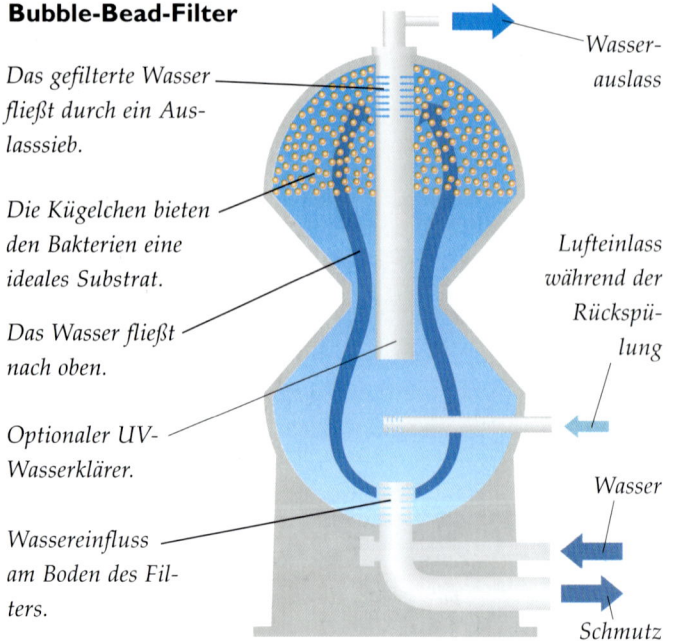

Das gefilterte Wasser fließt durch ein Auslasssieb.

Die Kügelchen bieten den Bakterien eine ideales Substrat.

Das Wasser fließt nach oben.

Optionaler UV-Wasserklärer.

Wassereinfluss am Boden des Filters.

Wasserauslass

Lufteinlass während der Rückspülung

Wasser

Schmutz

Optimale Belüftung des Filters

Der Sauerstoffbedarf eines biologisch arbeitenden Filters, insbesondere des Fließbettfilters und des Mehrkammersystems, ist recht hoch. Wenn die Konzentration des im Wasser gelösten Sauerstoffs zu gering ist, kann es schnell zu erhöhten Ammoniak- und Nitritwerten kommen. Um dies zu verhindern, sollten Mehrkammersysteme immer mit Luftausströmern ausgerüstet werden. Das ist so immens wichtig, weil beim Durchlaufen jeder Kammer ein gewisser Sauerstoffanteil von den Bakterien für die Konvertierung von Ammoniak und Nitrit zu Nitrat verbraucht wird (siehe Seite 30). Die Belüftung des Wassers in den Überläufen zwischen den Kammern verschafft den Bakterien optimale Lebensbedingungen.

Ein weiterer Faktor, der den Sauerstoffgehalt des Wassers beeinflusst, ist die Zahl der im Teich gepflegten Koi. Große Koi verbrauchen mehr Sauerstoff als kleine. Man darf den Sauerstoffbedarf vieler kleiner Fische jedoch auch nicht unterschätzen. Der Sauerstoffgehalt des Teichwassers sollte daher regelmäßig gemessen werden (siehe Seite 28).

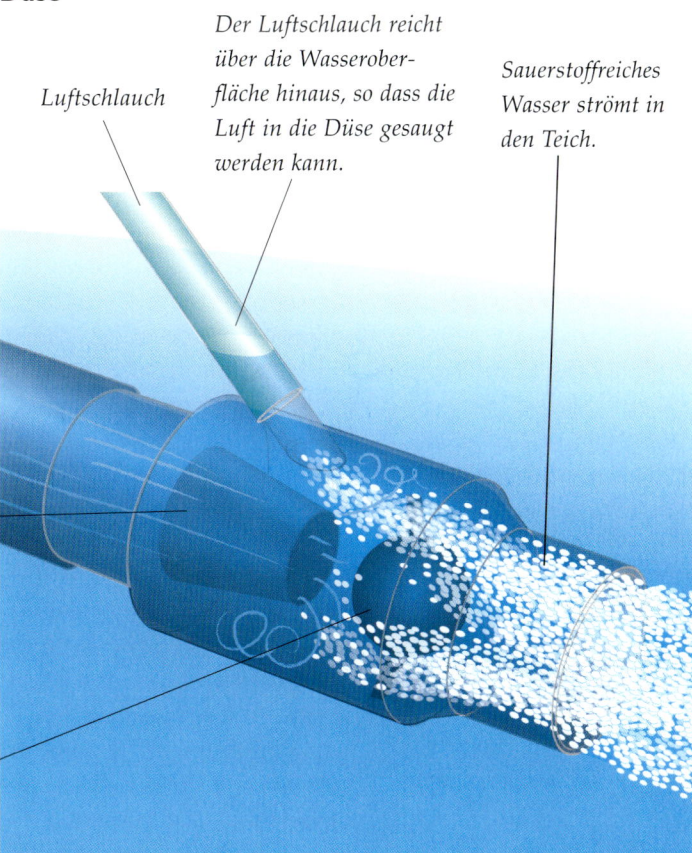

Unten: *Geeignete Luftpumpe. Die Leistung sollte groß genug sein, um sechs Ausströmersteine oder einen Bodenschlauch zu versorgen.*

Ausströmersteine und Luftpumpen

Ausströmersteine oder ähnliches durch eine Luftpumpe betriebenes Zubehör im Überlauf der Filterkammern sollten selbstverständlich vorhanden sein. Wenn man nicht über einen belüfteten Bodenablauf verfügt, sollte man zumindest einige Luftschläuche im Teich verlegen, so dass man bei Ausfall des Filters über ein Backup-System verfügt, mit dem die Sauerstoffversorgung des Teiches gewährleistet werden kann. Die Ausströmersteine im Filter sollten nicht unter oder über dem Filtersubstrat angebracht werden, da die Bakterienflora dadurch gestört werden kann. Außerdem kann die verursachte Strömung das Absetzen von festen Partikeln im Filter verhindern.

Belüftete Bodenabflüsse in einen bestehenden Teich zu integrieren verbessert den Wasserabfluss durch den Ablauf und hilft, Detritus vom Teichboden zu entfernen. Die Sauerstoffversorgung im Sommer oder während einer medikamentösen Behandlung wird ebenfalls dadurch verbessert (siehe Seite 70).

Das Prinzip der Venturi-Düse

Eine Venturi-Düse ist ein wichtiges Zubehörteil im durch Schwerkraft beschickten System und ermöglicht sowohl die Erzeugung von Strömung als auch die Sauerstoffversorgung des Wassers.

Luftschlauch

Der Luftschlauch reicht über die Wasseroberfläche hinaus, so dass die Luft in die Düse gesaugt werden kann.

Sauerstoffreiches Wasser strömt in den Teich.

Ein konischer Einsatz verengt den Wasserdurchfluss und beschleunigt das Wasser. Der daraus resultierende Druckabfall saugt die Luft durch den Luftschlauch an.

Die Luft vermischt mit dem schnell fließenden Wasser erzeugt Tausende von Luftblasen.

Venturi-Düsen

Eine Venturi-Düse (erfunden von dem Italiener G. B. Venturi) ist ein Zubehörteil zur Injektion von Luft in Wasser. Sie besteht aus einem 2–4 cm durchmessenden Rohr, das eine Verengung enthält und durch einen Schlauch mit der Wasseroberfläche verbunden ist. Wenn Wasser durch die Düse gepumpt wird, entsteht durch die Verengung ein Unterdruck, so dass Luft durch den Schlauch angesaugt und, mit dem Wasser vermischt, in Tausenden von kleinen Bläschen abgegeben wird.

Eiweiß-Abschäumer

Wenn die Teichoberfläche ein öliges Aussehen annimmt und die Bläschen der Belüftung erst nach re-

Arbeitsweise des Eiweiß-Abschäumers

Die Eiweißverbindungen haften an der Blasenoberfläche und werden als Schaum aus dem Rohr abgegeben.

Wenn die Bläschen platzen, sammelt sich eine gelbliche Flüssigkeit im Behälter und kann entfernt werden.

Wasser aus dem Teich fließt nach unten in die aufsteigenden Bläschen.

Ausströmerstein an einer kräftigen Pumpe.

Gereinigtes Wasser zurück zum Teich.

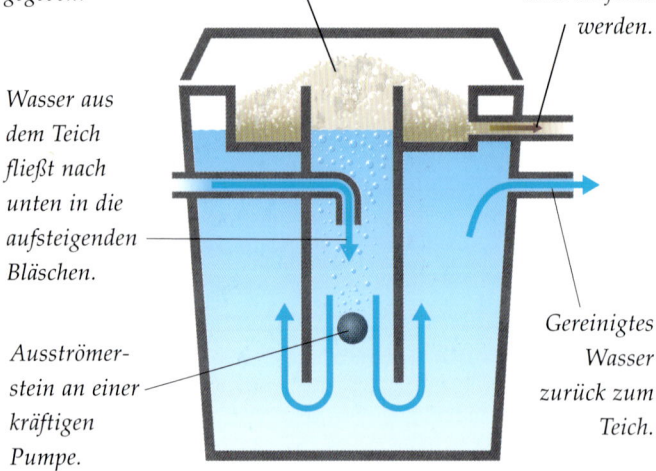

Oben: *Typische Anzeichen eines Überschusses an Eiweißverbindungen im Teichwasser. Achten Sie auf eine ölige Schicht oder langlebige Luftblasen an der Wasseroberfläche. Ein Eiweißabschäumer kann das Problem lösen.*

lativ langer Zeit platzen, enthält das Wasser zuviel Eiweißverbindungen oder „Dissolved Organic Matter" (DOM). Das Wasser kann dadurch auch eine gelbliche Farbe annehmen. Ursache sind sich zersetzende organische Materialien wie Futter, Algen und Stoffwechselendprodukte. Die Wasseroberfläche wirkt ölig, weil diese Stoffe sich an der Grenzschicht von Wasser und Luft ansammeln. Dieser Effekt liefert auch die Antwort auf das Problem, den sogenannten Eiweißabschäumer. In der einfachsten Form handelt es sich dabei einfach um eine senkrechte von unten belüftete Röhre, durch die von oben das Teichwasser fließt. Die Eiweißverbindungen sammeln sich an der Grenzschicht der Bläschen und werden von ihnen als Schaum am oberen Ende der Röhre abgelagert. In den etwas ausgeklügelteren Systemen wird das Wasser durch eine nach unten gerichtete Venturi-Düse eingeleitet, so dass die Luftblasen über eine längere Zeit mit dem Wasser in Kontakt bleiben. Bei beiden Bauarten kommt es darauf an, den Wasserspiegel auf einer Höhe zu halten, die gewährleistet, dass nur der Schaum am oberen Ende des Eiweiß-Abschäumers austritt. Die aus dem zerfallenden Schaum entstehende gelbbraune Flüssigkeit kann entfernt und entsorgt werden.

Mechanische Filterung

Mechanisch arbeitende Filter sind kein unbedingt nötiger Bestandteil der Anlage, da sie keinen Einfluss auf die Wasserqualität, sondern nur auf seine Transparenz

haben. Ein effektiver biologischer Filter sollte gleichzeitig dafür sorgen, dass Sie Ihre Fische und den Teichboden sehen können. Ein guter biologischer Filter hält Partikel mit einem Durchmesser von 100 µm zurück, und wenn man bedenkt, dass ein Mikrometer ein millionster Teil eines Meters ist, kann man damit zufrieden sein.

Wenn man das Wasser allerdings so klar wie Trinkwasser haben will, kann man das nur durch den Einsatz eines feineren und dichteren Filtermaterials erreichen. Ein entsprechend dichtes Medium wird allerdings sehr schnell verstopfen und daher einen hohen Reinigungsaufwand erfordern. Wäre der Feinfilter vor dem biologischen System angebracht, müsste er vermutlich schon nach einigen Stunden gereinigt werden. Da das Wasser die meisten mechanischen Filter unter Druck passieren muss, können sie effektiv nur als schwerkraftbetriebene Systeme hinter der biologischen Filterung angebracht werden, da hier die gröberen Partikel bereits entfernt worden sind.

Die Pumpe sollte außerdem leistungsstark genug sein, um genügend Wasser ohne Leistungsschwankungen durch den Filter zu befördern, da die Effektivität des mechanischen Filters sonst stark beeinträchtigt wird.

Einige biologisch arbeitende Filtermedien, etwa die Bürsten im ersten Abteil eines Mehrkammersystems, besitzen natürliche mechanische Eigenschaften. Sie müssen allerdings so eingebracht werden, dass jede Bürste mit der nächsten überlappt, so dass die Partikel aufgefangen werden. Es nützt nichts, nur wenige Bürsten zu benutzen, da das Wasser immer den Weg des geringsten Widerstandes wählt und den Schmutz dann im nächsten Abteil ablagern würde. Japanmatten und Filterwaben verfügen kaum über mechanische Filtereigenschaften, da das Wasser frei an ihnen vorbeifließt. Poröses keramisches Material ist wegen seiner Dichte recht effektiv, aber auch hier finden kleine Partikel noch ihren Weg. Nach längerer Zeit kann man beobachten, dass das Keramische Material von einer wie feiner Staub wirkenden Schicht überzogen

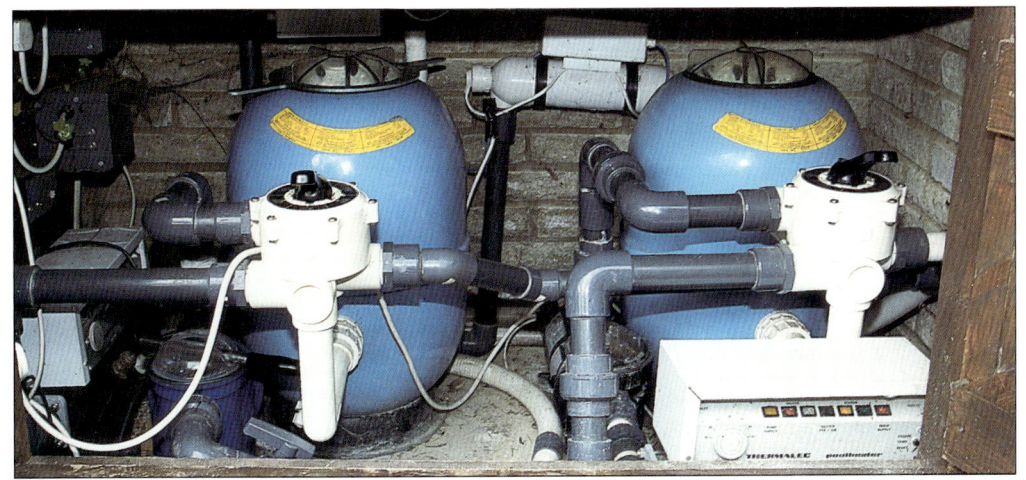

Eine geeignete wasserdichte Unterbringungsmöglichkeit für zwei 45 cm große Sandfilter, Verteilerventile, Heizungen, Pumpen, UV-Wasserklärer und Zubehör. Eine regelmäßige Rückspülung ist notwendig, um das System leistungsfähig zu halten.

wird, die im Wesentlichen aus Teilchen besteht, die die vorgeschalteten Filterkammern passiert und sich nun auf der Oberfläche des Substrates abgesetzt haben.

Einige Filtersysteme verwenden eine Schaumstoffschicht, um das Verschmutzen des keramischen Materials zu verhindern. Der Schaumstoff erfüllt seine Aufgabe auch sehr gut, muss aber regelmäßig ausgewaschen werden, um ein Verstopfen und das Überlaufen des Filters zu verhindern. Da das Substrat eines Fließbettfilters in ständiger Bewegung ist, zerlegt es größere Partikel in kleine und muss nicht gereinigt werden. Kleine Partikel werden natürlich nicht zurückgehalten.

Was ist nun die Antwort auf das Problem? Es gibt nur wenige spezielle Systeme zur mechanischen Filterung, so dass die Entscheidung sehr vom Wasservolumen und der Besatzdichte abhängt.

Sanddruckfilter

Sandfilter stammen eigentlich aus dem Schwimmbad-Zubehör, können jedoch auch für den Koipfleger ganz nützlich sein. Sie entfernen die durch das biologische System gelangten Partikel zuverlässig und sorgen daher für klares Wasser. Der Behälter besteht aus extrem widerstandsfähigem, glasfaserverstärktem Kunststoff. Die glatte Oberfläche ermöglicht den freien Wasserdurchfluss und eine leichte Reinigung. Die seitlich angebrachten Rohrleitungsanschlüsse ermöglichen in Verbindung mit dem Zugang über einen großen Deckel eine leichte Wartung. Der durchsichtige Deckel ermöglicht außerdem, den Wasserdurchfluss zu beobachten, was besonders bei der regelmäßig durchzuführenden Rückspülung nützlich ist.

Sandfilter sind in verschiedenen Formen und Größen erhältlich, wobei der Durchmesser von 40 cm bis zu 1 m

reicht. Sie können hinter einem biologisch arbeitenden Filter installiert oder direkt von einem Oberflächenablauf aus gespeist werden. Das Wasser wird von einer Schwimmbadpumpe in den Filterbehälter gepumpt und fließt durch den Sand zu einer Reihe von Rippen an der Basis des Filters, von wo es wieder in den Teich zurückbefördert wird. Der Sand in der Kammer entfernt alle feinen Partikel. Wegen der Dichtigkeit des Mediums muss der Filter regelmäßig gereinigt werden. Dazu ist es nur nötig, den Hebel am Anschluss zwei oder drei Minuten lang auf „Rückspülen" zu stellen, so dass der Schmutz aus dem Filter ausgewaschen und entfernt werden kann. Danach wird der Sand noch einmal mit sauberem Wasser in Filterrichtung gespült, so dass er sich setzt und der Filter wieder in Betrieb genommen werden kann. Diese Reinigung muss täglich vorgenommen werden, nimmt aber nur wenige Minuten in Anspruch.

Patronenfilter

Diese Filter stammen ebenfalls aus der Schwimmbadtechnik und arbeiten ähnlich wie die Luftfilter in einem Auto. Wasser wird bauartabhängig von oben oder von unten in ein zylindrisches Gefäß geleitet. Es bewegt sich um die Außenseite der Kammer und passiert eine feinporige mehrschichtige Papiermembran, die ein Loch in der Mitte aufweist, ähnlich einer Rolle Küchenpapier. Das saubere Wasser entströmt, immer noch unter Druck, der Bohrung und verlässt den Filter, so dass es immer noch eine Venturi-Düse oder einen Wasserfall betreiben kann. Obwohl diese Filter sehr wirksam sind, erfordern sie einen großen Wartungsaufwand und können nicht durch Ausspülen gereinigt werden. Ein- und Auslass sind mit einem Gewinde versehen, so dass Verbindungsstücke für die leichte Entfernung aus einem Rohrsystem eingefügt werden müssen. Die Papierpatrone muss nach einer gewissen Zeit chemisch gereinigt und danach gewaschen und gespült werden. Eine Ersatzpatrone sollte daher verfügbar sein.

Plastikpatronenfilter

Plastikpatronenfilter sind ähnlich gebaut wie die genannten Patronenfilter. Sie bestehen aus einem verstärkten Plastikgehäuse, das gerippte Kunststoffringe als Filtermedium enthält. Das Gehäuse wird mit einem Bajonettverschluss angeschlossen, so dass keine besonderen Kupplungsstücke notwendig sind. Die Filterpatrone kann innerhalb weniger Minuten entfernt und mit einem Schlauch abgespült werden. Die Reinigungsintervalle hängen vom anfallenden Schmutz ab; meistens sind die Filter aber für Teiche von einem Fassungsvermögen bis zu 9000 l geeignet. Im durchschnittlich besetzten Teich ist eine Reinigung alle fünf bis sieben Tage notwendig, so dass man einen Bypass installieren sollte, wenn man in Urlaub fährt.

Stahlsiebfilter

Eine andere Bauart des mechanischen Filters ist ein einfacher Kasten aus rostfreiem Stahl, der ein feines Sieb ent-

hält. Das Sieb besteht aus Tausenden von lasergeschnittenen Stahllamellen, die in einem Wikel von 90° zur Fließrichtung des Wassers montiert sind. Die Siebe werden in Porenweiten von 50, 100, 150 und 200 µm angeboten. Das Wasser kann hindurchfließen, feine Partikel wie Algenzellen, Fischparasiten und ihre Eier werden zurückgehalten.

Wenn das Wasser auf die scharfen Kanten der Lamellen trifft, wird seine Oberflächenspannung gebrochen. Schmutzpartikel oder Algen werden wegen der auftretenden hydrostatischen Spannung vom Sieb wegtransportiert und sammeln sich am tiefsten Punkt. Sie können entfernt werden, indem man das Sieb herausnimmt und unter fließendem Wasser abspült.

Wenn das Wasser das Sieb passiert, wird ein Unterdruck erzeugt, so dass die Lamellen wie kleine Venturi-Düsen das Wasser belüften. Der Filter kann durch Schwerkraft oder mit einer Pumpe betrieben werden, die bis zu 15000 l/h leisten darf.

Zylindrischer mechanischer Filter

Eine andere Möglichkeit, das Wasser an einem früheren Stadium der Filterkette mechanisch zu klären, ist ein mechanischer Filter am Auslauf eines Vor- oder Vortexfilters

Plastikpatronenfilter

Filtergehäuse

Wasser fließt aus dem äußeren Bereich durch die Filterringe in den Kern und dann zum Auslass.

Schmutz und gröbere Partikel können durch diese Öffnung ausgespült werden.

Wasserauslass

Der Deckel wird mit einer Metallklammer befestigt.

Wassereinlass

Die feinen Rillen auf den Ringen filtern den Schmutz aus.

Oben: *Die Filterringe werden auf einen Kern gesteckt und bilden ein mechanisches Sieb, das 105 µm große Partikel ausfiltern kann. Das Abspritzen mit einem Schlauch fächert die Ringe auf und reinigt sie.*

Siebfilter

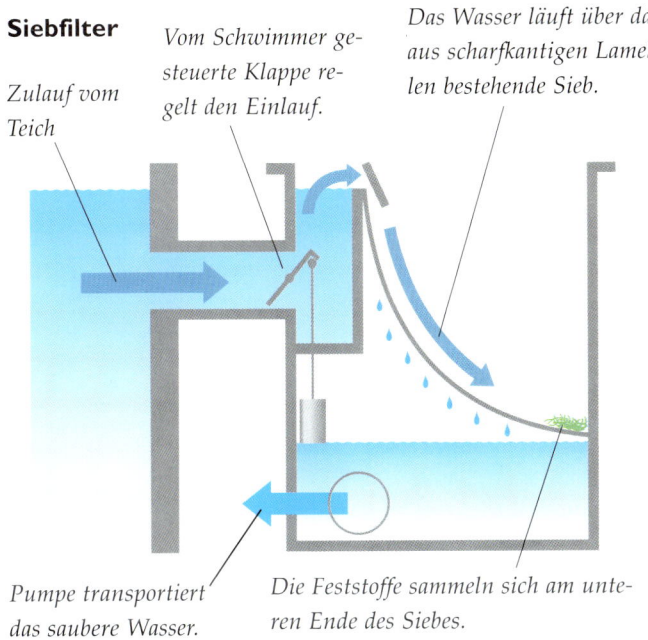

Zulauf vom Teich

Vom Schwimmer gesteuerte Klappe regelt den Einlauf.

Das Wasser läuft über das aus scharfkantigen Lamellen bestehende Sieb.

Pumpe transportiert das saubere Wasser.

Die Feststoffe sammeln sich am unteren Ende des Siebes.

bei einem schwerkraftbetriebenen System. Es handelt sich um ein zylindrisches Gerät, das mit einem Netz aus rostfreiem Stahlgewebe bespannt ist. Das Netz lässt keine Partikel durch, die größer als 100 µm sind. Das Gewebe wird durch eine Pumpe mit zwei rotierenden Sprühdüsen ständig gereinigt.

UV-Wasserklärer

Ultraviolettes Licht kann benutzt werden, um die in einem Teich wachsenden Schwebealgen zu vernichten. Das Sonnenlicht lässt Millionen von einzelligen, mikroskopisch kleinen Algen im Wasser wachsen, die die Sichtweite auf Null herabsetzen. Ultraviolettes Licht der Wellenlänge 254 nm ist sehr gut geeignet, die Vermehrung dieser Schwebealgen zu unterbinden. Das ultraviolette Licht zerstört die DNA der Algen und lässt sie verklumpen, so dass sie nun mit einem mechanischen Filter entfernt werden können.

Der Kern eines UV-Wasserklärers besteht aus einer in Quarzglas eingeschlossenen UV-Röhre. Obwohl teurer als normales Glas, hat Quarzglas den Vorteil, kaum etwas des ultravioletten Lichtes zu absorbieren.

UV-Wasserklärer schaden den Wasserpflanzen und dem Leben im Teich nicht. Da keine Chemikalien oder andere die Umwelt schädigende Maßnahmen nötig sind, besteht auch nicht die Gefahr der Vergiftung oder der Überdosierung. Vorausgesetzt, dass das Gerät nach den Herstellerangaben korrekt installiert und in Bezug auf Teichgröße und Besatz richtig dimensioniert wurde, ist die einzige Folge seines Einsatzes kristallklares Wasser. Während einer Behandlung mit einem Malachitgrün enthaltenden Medikament sollte man den UV-Wasserklärer 24 Stunden lang ausschalten, da er sonst die Dosis vermindert.

Das Gerät sollte auf jeden Fall vor dem Biofilter installiert werden, damit es immer mit Wasser gefüllt ist. Wenn es sich hinter dem Biofilter im von der Schwerkraft betriebenen Rücklauf befindet, ist es möglicherweise nur halb mit Wasser gefüllt, so dass die UV-Lampe durchbrennen kann.

Unter vielen Koipflegern herrscht der Eindruck, dass die UV-Bestrahlung auch zur Verminderung von Bakterien und Parasiten im Wasser beiträgt. Leider ist das nicht der Fall. Obwohl ein 30 W starker UV-Strahler in einem 150 l fassenden Aquarium durchaus eine Wirkung auf

Zylindrischer mechanischer Filter

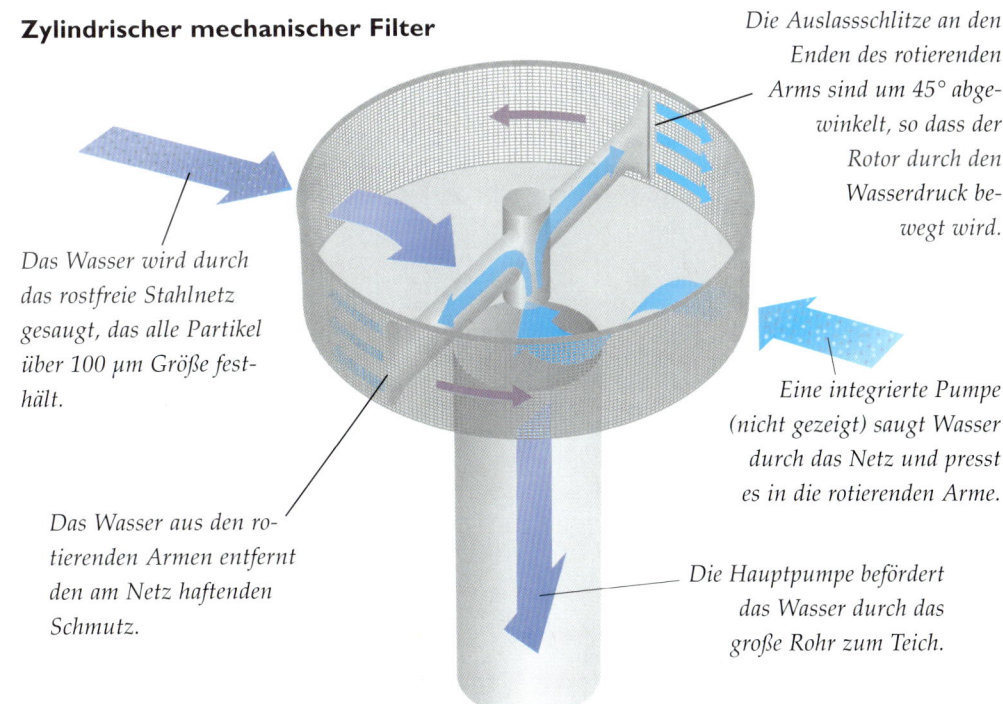

Das Wasser wird durch das rostfreie Stahlnetz gesaugt, das alle Partikel über 100 µm Größe festhält.

Das Wasser aus den rotierenden Armen entfernt den am Netz haftenden Schmutz.

Die Auslassschlitze an den Enden des rotierenden Arms sind um 45° abgewinkelt, so dass der Rotor durch den Wasserdruck bewegt wird.

Eine integrierte Pumpe (nicht gezeigt) saugt Wasser durch das Netz und presst es in die rotierenden Arme.

Die Hauptpumpe befördert das Wasser durch das große Rohr zum Teich.

Bakterien und Parasiten hat, wirkt er in einem 15000 l fassenden Teich lediglich auf die Schwebealgen. Das Wasser sollte den UV-Klärer vollständig durchlaufen, bevor es für Wasserfälle oder Venturi-Düsen abgezweigt wird, um einen möglichst großen Effekt zu erzielen.

Obwohl die meisten Hersteller für die UV-Lampen eine Lebensdauer von etwa 8000 bis 10000 Stunden angeben, sinkt die Leistung bereits nach 5000 Betriebsstunden (etwa sechs Monate Dauerbetrieb) auf 15 % ab, so dass sich das Wasser zunehmend eintrübt. Man sollte daher die Lampe austauschen, bevor ihre Wirkung zu sehr nachlässt. Auch wenn der Strahler noch so schön durch die Schlauchanschlüsse leuchtet – er muss ausgetauscht werden. Sehen Sie übrigens niemals in eine außerhalb ihres

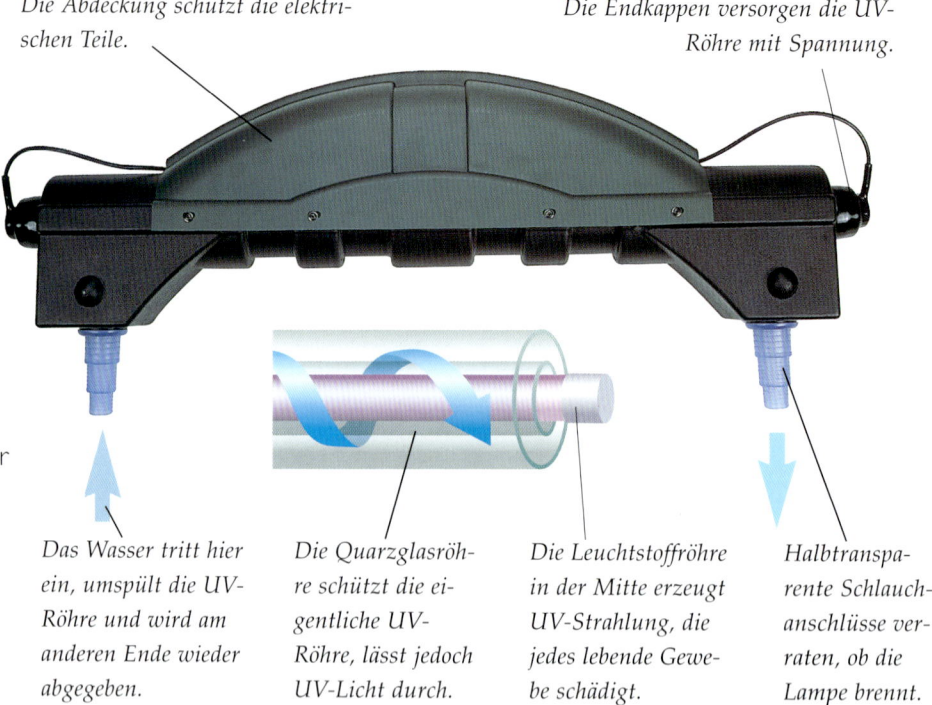

UV-Wasserklärer

Die Abdeckung schützt die elektrischen Teile.

Die Endkappen versorgen die UV-Röhre mit Spannung.

Das Wasser tritt hier ein, umspült die UV-Röhre und wird am anderen Ende wieder abgegeben.

Die Quarzglasröhre schützt die eigentliche UV-Röhre, lässt jedoch UV-Licht durch.

Die Leuchtstoffröhre in der Mitte erzeugt UV-Strahlung, die jedes lebende Gewebe schädigt.

Halbtransparente Schlauchanschlüsse verraten, ob die Lampe brennt.

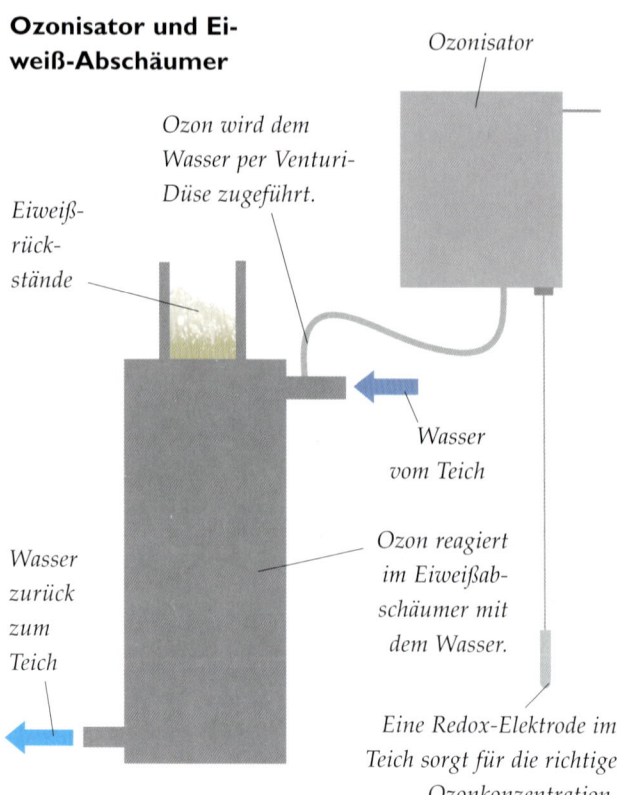

Ozonisator und Eiweiß-Abschäumer

Ozonisator

Ozon wird dem Wasser per Venturi-Düse zugeführt.

Eiweißrückstände

Wasser vom Teich

Wasser zurück zum Teich

Ozon reagiert im Eiweißabschäumer mit dem Wasser.

Eine Redox-Elektrode im Teich sorgt für die richtige Ozonkonzentration.

Gehäuses befindliche eingeschaltete UV-Lampe hinein! Ihre Augen könnten sonst einen irreparablen Schaden davontragen.

Nach einer gewissen Zeit kann das Quarzglas verschmutzen. Durch abgelagerten Kalk kann das UV-Licht ebenfalls abgeschwächt werden. Um die Lampe zu entfernen, nimmt man die Endkappen des Gerätes ab und zieht die Lampe vorsichtig aus ihrer Quarzglasröhre. Seifenwasser sollte genügen, um das Glas zu reinigen. Eventuell muss man etwas mit einer langstieligen Flaschenbürste nachhelfen.

Ozon

Ozon (O_3) oxidiert alles, mit dem es in Kontakt kommt, einschließlich Viren, Bakterien und Fischparasiten. Das instabile und nicht ungefährliche „Sauerstoff-plus-Gas" ist ein wirkungsvolles Desinfektionsmittel, das im Zusammenhang mit einem Teich vorsichtig benutzt werden sollte. Es darf niemals in direkten Kontakt zu Koi oder nützlichen Filterbakterien kommen.

Moderne Ozonisatoren bestehen hauptsächlich aus zwei Teilen: dem eigentlichen Gerät (in dem das Gas durch hohe elektrische Entladungen erzeugt wird, die

Rieselfilter

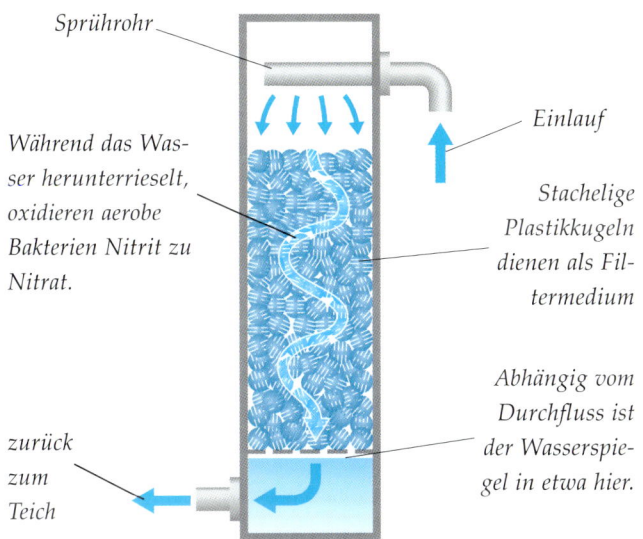

Sprührohr

Einlauf

Während das Wasser herunterrieselt, oxidieren aerobe Bakterien Nitrit zu Nitrat.

Stachelige Plastikkugeln dienen als Filtermedium

Abhängig vom Durchfluss ist der Wasserspiegel in etwa hier.

zurück zum Teich

jedem Sauerstoff-Molekül ein zusätzliches Sauerstoff-Atom hinzufügen) und dem Eiweißabschäumer (in dem das Gas durch eine Venturi-Düse mit dem Wasser vermischt und überschüssiges Gas und Eiweißverbindungen aus dem Wasser entfernt werden, bevor es in den Teich zurückgelangt). Eine Sonde im Wasserdurchfluss überwacht die Ozonkonzentration ständig, so dass keine Überdosierung auftreten kann.

Ozonisatoren übersättigen den Teich mit Sauerstoff, töten fädige und einzellige Algen ab und ermöglichen es Filterbakterien, wirksamer zu arbeiten. Das Wasser nimmt eine sonst kaum erreichbare Transparenz an, und

die Fische kränkeln nicht so leicht. Beschädigtes Gewebe heilt schnell aus.

Es ist ein Gerücht, dass das Immunsystem der Fische unter dem Ozoneinsatz leidet. Da die Fische nicht permanent latenten Infektionen ausgesetzt sind, werden sie gesünder und stärker als jemals zuvor. Ozonisatoren sind nicht billig – für den ernsthaft an der Koipflege Interessierten stellen sie jedoch eine lohnende Investition dar.

Rieselfilter

Hinter dem biologischen Filter kann auch noch ein Rieselfilter installiert werden, um die Nitritkonzentration weiter herabzusetzen. Der Filter besteht im Wesentlichen aus einem senkrechten Rohr, durch das das Wasser über Füllkörper rieselt. Diese Kunststoffbälle fördern das Wachstum aerober Bakterien, die den Sauerstoff der Luft nutzen, um Nitrit zu Nitrat zu oxidieren. Manche Rieselfilter verteilen das Wasser mit rotierenden Düsen an ihrer Oberseite; andere nutzen eine einfache Lochplatte.

Pflanzenfilter

Bepflanzte Filter werden immer beliebter, um die Nitratkonzentration im Teich zu verringern und damit das Algenwachstum zu verlangsamen. Die Filterfläche muss allerdings groß genug sein, um das vom biologischen Filter produzierte Nitrat zu verwerten. Zuverlässige Daten liegen allerdings bisher noch nicht vor. Es ist aber sicher sinnvoll, wenn die bepflanzte Fläche so groß ist wie etwa ein Viertel der Teichoberfläche.

Oben: *Ein einfacher Pflanzenfilter mit Wasserpflanzen, die Nitrat aus dem Biofilter aufnehmen.*

Pflanzenfilter

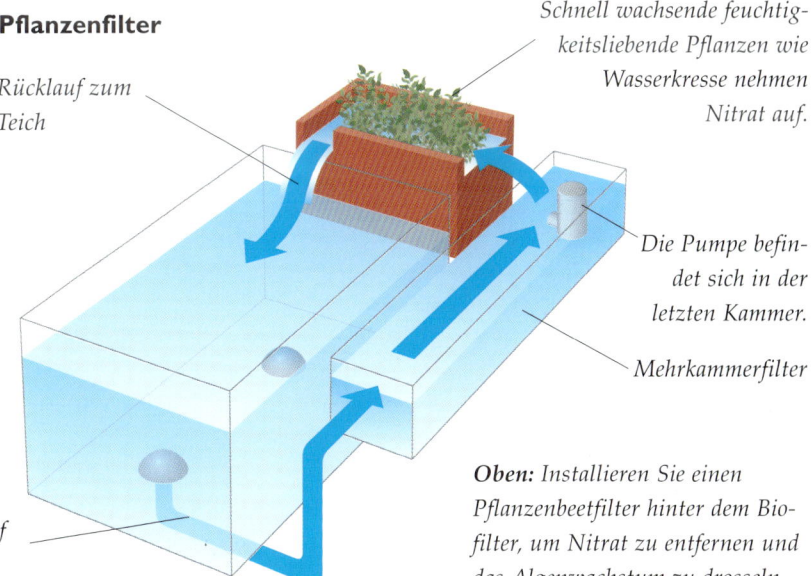

Rücklauf zum Teich

Schnell wachsende feuchtigkeitsliebende Pflanzen wie Wasserkresse nehmen Nitrat auf.

Die Pumpe befindet sich in der letzten Kammer.

Mehrkammerfilter

Bodenablauf zum Filter

Oben: *Installieren Sie einen Pflanzenbeetfilter hinter dem Biofilter, um Nitrat zu entfernen und das Algenwachstum zu drosseln.*

Der Koi-Teich – Bau und Planung

Den eigenen Koi-Teich zu entwerfen und zu bauen ist eine der schönsten Beschäftigungen des zukünftigen Koi-Pflegers. Es ist einer der wenigen Bereiche, in denen ein Neuling sich durch die Wahl der Gestaltung, sei sie einfallsreich, außergewöhnlich, konventionell, traditionell oder sogar japanisch, ausdrücken und verwirklichen kann. Hier gibt es keine Einschränkungen. Um jedoch Erfolg zu haben, ist es notwendig, jeden Aspekt des geplanten Teiches im Voraus zu planen; spätere Änderungen sind meistens kostspielig. Lesen Sie entsprechende Fachliteratur und reden Sie mit erfahrenen Koi-Spezialisten, bevor Sie den Spaten ansetzen. Es gibt Koi-Vereine, in denen Sie Mitglied werden können und deren Mitglieder Ihnen bereitwillig Ihre guten und schlechten Erfahrungen mitteilen werden, um Sie vor schwerwiegenden Fehlern zu bewahren.

Sie werden Zubehörteile kaufen müssen, die nur von auf Koi spezialisierten Händlern angeboten werden. Wählen Sie die Händler sorgfältig aus und lassen Sie sich von Ihnen vorführen, dass sie die angebotenen Geräte auch selber benutzen.

Auswahl des richtigen Ortes

Der am besten geeignete Ort für den Teich liegt in unmittelbarer Nähe Ihres Hauses, damit Sie Ihre Fische das ganze Jahr über bei jedem Wetter beobachten können. Trotzdem sollten Sie mindestens einen Meter Abstand vom Gebäude halten, da sie ansonsten die Stabilität des Fundamentes gefährden. Das Fundament müsste im Schadensfall abgestützt werden, was teuer ist und Ihnen keine Versicherung bezahlen wird.

Der Teich wird ein wesentlicher Bestandteil Ihres Gartens werden. Berücksichtigen Sie daher alle mit ihm zusammenhängenden Aspekte. Fällt zum Beispiel beim Rasenmähen Grasschnitt in den Teich? Können Pestizide wie Schneckenkörner in das Wasser gelangen? Über den Teich ragende Bäume können besonders bei großen Wasserflächen ein Problem darstellen, da im Herbst Blätter ins Wasser fallen und die Wasserabläufe verstopfen können. Die Wurzeln können ebenfalls Schaden anrichten, insbesondere wenn Sie einen Folienteich planen. Die Teichfolie kann leicht von den wachsenden Wurzeln der Bäume und größerer Sträucher durchlöchert werden.

Bauen Sie den Teich an einem Ort, der möglichst wenig beschattet wird. Nachteilig daran ist allerdings, dass das Sonnenlicht das Wachstum der Fadenalgen fördert. Sie werden daher Maßnahmen treffen müssen, die Algenvermehrung unter Kontrolle zu halten.

Die Planung des Teiches

Damit Sie sich Ihren neuen Teich gut vorstellen können und sehen, wie er in Ihren Garten passt, sollten Sie zuerst eine Zeichnung anfertigen. Zeichnen Sie den Umriss Ihres Gartens in einem Maßstab auf Millimeterpapier, der die komplette Abbildung erlaubt. Vermessen Sie die Gebäude und tragen Sie sie ein. Dann fügen Sie weitere dauerhafte Bestandteile des Gartens hinzu, etwa Bäume und Sträucher sowie Landschaftsstrukturen, Wege und Begrenzungen. Vor dem Einzeichnen des Teiches sollten Sie einige Fotokopien des bisher skizzierten machen, um nicht alles neu zeichnen zu müssen, wenn Sie die Form

Bevor Sie beginnen, sollten Sie eine Zeichnung Ihres Gartens mit dem geplanten Teich anfertigen. In diesem Stadium sind Änderungen noch einfach einzuplanen, so dass Sie später keine Überraschungen erleben.

Oben: Ein gutes Beispiel eines Teiches, der über die Erdoberfläche hinausragt. Eine attraktive Pergola spendet Schatten. Mit Bonsai-Bäumen und verschiedenen Zierelementen am Teichrand wird eine japanisch anmutende Atmosphäre erzeugt.

Rechts: Ein etwas natürlicher wirkender Teich, bei dem Sträucher und weitere Pflanzen die Teichstruktur und die Filteranlage verbergen. Es ist sinnvoll, eine Seite nicht zu bepflanzen, um besonders bei der Fütterung freien Zugang zu den Fischen zu haben.

des Teiches verändern wollen. Sie können auch den Plan des Gartens mit Folie bekleben und abwaschbare Filzstifte zum Skizzieren des Teiches benutzen. Um Änderungen vorzunehmen, können Sie die unerwünschten Linien einfach mit einem feuchten Tuch entfernen. Wenn Sie einen Computer besitzen, können Sie auch eins der relativ günstigen Programme zur Gartengestaltung erwerben, die Ihnen einen guten Eindruck vermitteln, wie Ihr künftiger Teich in Ihrem Garten aussehen wird.

Nehmen Sie sich zur Planung des Teiches genügend Zeit und zeigen Sie den Entwurf anderen Koi-Pflegern und Händlern, die Ihnen sicher noch manchen guten Hinweis geben werden.

Verschiedene Ausführungen

Selbst in einem relativ kleinen Garten können Sie einen Koi-Teich anlegen. In Japan steht den meisten Koi-Liebhabern nicht viel Platz zur Verfügung, aber was an Fläche fehlt, kann durch entsprechende Tiefe ausgeglichen werden, um ein großes Wasservolumen zu erzielen.

Die Form des Teiches hängt von einer Anzahl verschiedener Faktoren ab, etwa der zur Verfügung stehenden Fläche, der Bodenbeschaffenheit und dem allgemeinen Konzept. Ein Teich in oder unmittelbar neben einer Terrasse wird eher strenge Formen aufweisen und rechteckig, L-förmig oder oberirdisch mit einer Begrenzungsmauer ausgeführt werden. Wenn Sie einen natürlichen Teich nachahmen wollen, sollten Sie bei der Formgebung auf „tote Ecken" achten, in denen das Wasser nicht bewegt und von daher auch nicht gut gefiltert wird. Diese Stellen können mit belüfteten Abflüssen oder Venturi-Düsen in den Wasserkreislauf integriert werden.

Runde oder nierenförmige Teiche sehen auch noch einigermaßen natürlich aus. In ihnen ist der Wasserkreislauf besser zu kontrollieren, da die abgerundeten Formen eine gute, gleichmäßige Wasserbewegung erlauben. Außerdem gibt es keine Ecken und Kanten, an denen sich die Fische möglicherweise verletzen könnten.

Manchmal ist es vorteilhaft, einen natürlichen Wasserfall im Garten zu besitzen, da mit ihm die verschiedensten Gestaltungsmöglichkeiten wie Bachläufe, Wasserfälle, Flachwasserbereiche und Terrassen angelegt werden können. Wenn das Gelände zum Haus hin abfällt, können Sie einen Wasserfall oder einen Bach an der Hinterseite des Teiches anlegen, so dass das Wasser auf die Teichoberfläche herabstürzt. Die Vorderseite kann mit Ziegeln oder Natursteinen über den Boden erhoben werden. Sie können sogar ein Unterwasser-Sichtfenster einbauen. Der Teich sollte sich jedoch nicht mehr als 60 cm über die Erdoberfläche erheben, da der optische Eindruck dann nur selten gut ist.

Besonders interessant ist es, den Teich teilweise in einen Wintergarten zu integrieren, so dass Sie das ganze Jahr über etwas von Ihrem Hobby haben. Allerdings treten in Zusammenhang mit einer derartigen Konstruktion verschiedene Schwierigkeiten auf, so dass man sich von einem Architekten beraten lassen sollte. Insbesondere ist

Eine formelle Gestaltung, in der der mit Ziegeln gemauerte Rand des Teiches mit dem Hintergrund im japanischen Stil und der Pergola harmoniert. Granitsteine und Zierkiesel tragen zum gewünschten Effekt bei.

Links: *Ein großer Teich, der von einer Pergola überschattet wird. Achten Sie darauf, dass das Holz mit ungiftigen Schutzmitteln behandelt wurde, da sonst Vergiftungen auftreten können.*

Oben: *Ein über die Erdoberfläche hinausragender Teich mit einer Brücke, die zum versteckt angebrachten Filtersystem führt. Das Wasser ist so klar, dass die Fische zu schweben scheinen.*

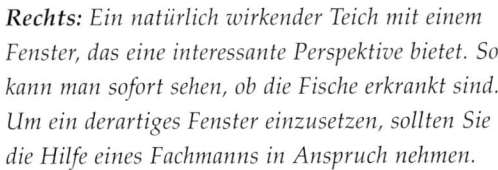

Rechts: *Ein natürlich wirkender Teich mit einem Fenster, das eine interessante Perspektive bietet. So kann man sofort sehen, ob die Fische erkrankt sind. Um ein derartiges Fenster einzusetzen, sollten Sie die Hilfe eines Fachmanns in Anspruch nehmen.*

tung gewählt werden. In diesem Fall sollte das Filtersystem im Garten untergebracht werden, da beim Reinigen der Filterkammern doch eine gewisse Geruchsbelästigung entsteht. Außerdem zieht der Filter Fliegen an, die Sie sicher nicht in Ihrem Wintergarten haben möchten.

Kondenswasser kann sich im Wintergarten als Problem erweisen. Ein Heiz- oder ein Trocknungsgerät können hier Abhilfe verschaffen. Fragen Sie den Hersteller des Wintergartens nach der Stärke der Träger, die das Wasser überspannen, und lassen Sie die Verglasung in das Wasser ragen, damit an dieser Stelle keine Kaltluft eindringen kann.

Probleme mit dem Untergrund

Die Art des Bodens in Ihrem Garten ist meistens nicht so wichtig, insbesondere wenn Sie einen selbsttragenden Teich bauen, der nicht auf die Stütze des Erdreichs angewiesen ist. Das ist sogar bei einem Folienteich der Fall, wenn er mit einem als Stabilisator dienenden Betonring ausgestattet ist. Natürlich spielt hier die Stabilität des darunter liegenden Bodens schon eine Rolle.

Die Höhe des Grundwasserspiegels kann nur vorausgesagt werden, wenn Sie an verschiedenen Stellen Ihres Gartens Löcher graben. Lassen Sie sich von einem hohen Grundwasserspiegel nicht von der Anlage des Teiches an der vorhergesehenen Stelle abhalten. Der Grundwasser-

Oben und rechts: Der über die Erdoberfläche hinaus ragende Teich führt in einen Wintergarten. Hier ermöglichen es zwei Fenster, die Fische das ganze Jahr über zu beobachten.

die Tiefe des Fundamentes zu berücksichtigen, das bei ungeeigneter Ausführung in den Teich abrutschen könnte. Wenn von Seiten des Architekten keine Bedenken bestehen und der Bau des Teiches möglich ist, sollte zur Ausführung armierter Beton mit einer Fiberglas-Beschich-

Probleme bei hohem Grundwasserstand

Bei hohem Grundwasserspiegel sollte man eine Entwässerungsgrube graben, um das Wasser von dem zukünftigen Teich fernzuhalten.

Pumpen Sie das Grundwasser am besten direkt in das Abwassersystem. Wenn das nicht möglich ist, sollte das Wasser so weit wie möglich von der Teichgrube entfernt werden, da es sonst schnell zurücksickert.

Benutzen Sie eine Schmutzwasserpumpe, die auch größere Partikel befördern kann. Sie sollte einen Schwimmerschalter besitzen, der sie bei steigendem Wasserstand ein- und bei fallendem abschaltet.

Schütten Sie die Entwässerungsgrube nicht zu, ehe Sie den Teich mit Wasser gefüllt haben. Ansonsten kann sich das Grundwasser unter dem Teich ansammeln, die Konstruktion anheben und möglicherweise den Bodenablauf abreißen.

spiegel mag zwar Probleme verursachen, die aber mit etwas zusätzlicher Arbeit zu bewältigen sind.

Wenn Sie Pech haben und auf Grundwasser stoßen, ist die einzige Möglichkeit, eine Entwässerungsgrube neben Ihrem Teich anzulegen. Sie sollte einen Durchmesser von etwa 60 cm haben und 60 cm tiefer als der Teich sein (ein Pfahlbohrer ist nützlich, um dieses recht enge Loch zu graben). Legen Sie eine Gehwegplatte auf den Boden des Loches und stellen Sie eine automatische Schmutzwasserpumpe darauf. Die Platte verhindert, dass die Pumpe verstopft. Dann legen Sie einen Schlauch zum Abwasserrohr oder zu einem tiefer gelegenen Teil des Gartens. Da die Grube tiefer als der Teichboden ist, beginnt das Wasser in ihr zu steigen. Das aktiviert den Schwimmerschalter der Pumpe, und das Wasser wird abgepumpt. Wenn die Grube leer ist, schaltet der Schwimmerschalter die Pumpe wieder ab. Lassen Sie die Pumpe bis zur Füllung des Teiches in Betrieb. Danach können Sie sie entfernen und die Entwässerungsgrube zuschütten.

Die meisten Probleme beim Ausheben der Teichgrube lassen sich in den Griff bekommen. Sie können jedoch auch auf völlig unerwartete Dinge treffen, etwa eine alte Sickergrube oder die Fundamente eines Gebäudes, das nicht in Ihren Grundstücksunterlagen eingezeichnet war. Die für den Abbruch entstehenden Kosten können unter

Teichbau – beachten und vermeiden

Beachten

Planen Sie Ihren Teich gründlich. Lesen Sie Bücher und Artikel, sehen Sie sich Videos an und sprechen Sie mit Fachleuten, bevor Sie den Spaten zur Hand nehmen.

Fertigen Sie genaue Zeichnungen aus verschiedenen Blickwinkeln und mit Querschnitten an. Zeichnen Sie auch Filter und Rohre ein. Bewahren Sie die Skizzen als Referenz auf.

Berechnen Sie die Material- und Arbeitskosten und achten Sie dabei darauf, Ihr Budget nicht zu überschreiten.

Wählen Sie den richtigen biologischen Filter aus. Stellen Sie sich die folgenden Fragen: Besteht das Gerät aus hochwertigem Fiberglas? Kann Schmutz ohne Beeinträchtigung der Filtermedien entfernt werden? Ist der Filter groß genug, um Teichgröße und Besatzdichte bewältigen zu können? Händler sollten Ihnen die angebotenen Filtersysteme anhand ihrer eigenen Anlage vorführen können.

Kaufen Sie eine gute Pumpe. Die meisten guten Hersteller gewähren eine dreijährige Garantie.

Vermeiden

Graben Sie nicht ein großes Loch und überlegen sich dann, was zu tun ist.

Nehmen Sie keinen Rat von Amateuren an, die alles wissen. Sprechen Sie lieber mit Leuten, die von den Koi leben und nicht möchten, dass Sie Fehler machen, weil sie Sie als Kunden erhalten möchten.

Gehen Sie keine Kompromisse bezüglich der Qualität ein, weil Sie Ihr Budget sonst überschreiten. Sie machen dies nur einmal. Machen Sie es richtig und reduzieren Sie die Teichgröße, wenn Ihnen die Kosten zu hoch sind.

Sparen Sie nicht am Filtersystem – es ist der entscheidende Aspekt der Koi-Pflege. Die Einsparungen bei einem billigen Filter kosten Sie letztendlich viel mehr. Versuchen Sie nicht, den Filter selbst zu bauen. Die Hersteller investieren viel in die Entwicklung, was Sie nicht mit einem Wassertank kopieren können.

Kaufen Sie keine Pumpe mit hohem Stromverbrauch. Die Pumpe arbeitet das ganze Jahr, so dass sie maximale Leistung bei geringem Verbrauch zeigen sollte.

Teichfolien

Das Gewebe verstärkt diese dreischichtige thermoplastische Elastomer-Folie.

Polyester-Gewebe. Benutzen Sie das Material als unterste Schicht, um die Folie vor spitzen Steinen zu schützen.

PVC-Folie in 0,5 mm Stärke. Gut geeignet für Wasserläufe und kleine Teiche.

Verbundfolie, 0,55 mm stark. Thermoplastisches Elastomer mit verstärkendem Gewebe.

Butyl-Kautschuk, 0,75 mm stark. Langlebige Folie, die verschweißt werden kann.

EPDM-Kautschuk in 1 mm Stärke. Schwere Folie von guter Belastbarkeit und Lebensdauer.

Umständen den Teichbau vereiteln. Meistens sind die Urheber der Probleme jedoch Versorgungsleitungen, die zum Haus gehen oder von ihm kommen, etwa Stromkabel, Trink- und Abwasserleitungen. Sie können in den meisten Fällen ohne größere Probleme neu verlegt werden. Sie sollten in den Papieren Ihres Hauses nachschauen, ob Sie dort Hinweise auf Leitungen finden. Wenn nicht, besteht oft die einzige Möglichkeit darin, mit dem Graben zu beginnen.

Zugang und Abraumentsorgung

Die Zugangsmöglichkeiten zur Teichgrube sind nicht unwichtig, insbesondere wenn Sie einen Kleinbagger zum Aushub benötigen. Die meisten sind über einen Meter breit und passen daher nicht durch übliche Gartentore. Es gibt jedoch auch Ausführungen ohne Raupenketten, deren Seitenteile einklappbar sind und die durch enge Öffnungen passen. Problematisch ist es, wenn Sie keinen Zugang zum Garten von einer öffentlichen Straße aus haben, da dann das Baumaterial und der Aushub durch Ihr Haus transportiert werden müssen.

Wenn Sie den Aushub nicht in Ihrem Garten unterbringen können, benötigen Sie eine Bauschuttmulde. Anbieter finden Sie in den Gelben Seiten. Vermischen Sie den Aushub nicht mit anderem Müll, da Sie sonst die teurere Gebühr für gemischte Abfälle bezahlen müssen. Planen Sie einen sehr großen Teich, kann es einfacher und preisgünstiger sein, den Aushub per Lastwagen abfahren zu lassen, als mehrere Bauschuttcontainer zu bestellen.

Die Kosten

Da Sie sicher die Bauarbeiten nur einmal ausführen möchten, sollten Sie darauf achten, dass sie es sofort richtig machen und dass Sie dabei Ihr Budget nicht überschreiten. Wenn Sie feststellen, dass Sie sich nicht das beste Material oder Filtersystem kaufen können, sparen Sie nicht daran. Warten Sie lieber, bis Sie es sich leisten können. Wenn Sie sich für eine bestimmte Teichgröße entschieden haben, ist es vernünftig, sich über die Kosten Gedanken zu machen. In diesem Kapitel werden wir von einem 3,6 m × 3 m × 1,2 m großen Teich mit einem Volumen von kanpp 13000 l ausgehen, um Ihnen ein Beispiel für die anfallenden Mengen und Kosten zu geben.

Kinder und Tiere

Wenn Sie kleine Kinder oder Haustiere haben, sollten Sie Ihren Teich so anlegen, dass es nicht zu Unfällen kommen kann. Denken Sie daran, dass selbst relativ flaches Wasser für Kleinkinder eine tödliche Gefahr bedeuten kann. Wenn Sie einen Teich im Wintergarten anlegen, können Sie den Zugang mit einem automatischen Türschließer und einem hoch angebrachten Schloss sichern. Teiche im Garten sollten über die Erdoberfläche hinausragen. Auf die Begrenzungsmauer kann noch ein geeignetes Geländer gesetzt werden. Sind die Kinder groß genug, kann das Geländer wieder entfernt werden.

Konstruktionsweisen

Beim Bau eines Koi-Teiches stellt sich als Erstes die Frage, welches Material verwendet werden soll. Wir stellen hier die Vor- und Nachteile der drei gebräuchlichsten Teichbauweisen vor, so dass Sie sich für die für Sie am besten geeignete entscheiden können. Dies sind Fertigteiche aus Fiberglas, Folienteiche und gemauerte Teiche mit Betonboden.

Fertigteiche aus Fiberglas

Die Vorteile von Fiberglasteichen (genauer: mit Fiberglas verstärkter Kunststoff, GfK) bestehen darin, dass sie robust und aus einem dauerhaften Material gefertigt sind und schnell installiert werden können. Daher sind kaum Vorkenntnisse zu ihrer Errichtung notwendig. Die Teiche werden von verschiedenen Herstellern in den unterschiedlichsten Formen angeboten. Man muss sich nicht mit unschönen Falten herumärgern, und es gibt keine Einschränkungen bezüglich des Untergrundes. Leider sind die meisten Modelle jedoch sehr teuer und zu flach für die Koi-Haltung. In flachem Wasser wechselt die Temperatur nämlich zu schnell. Man kann dieses Problem bewältigen, indem man einen Teich mit einem Mindestvolumen von 4500 l auswählt, da diese Wassermenge auf Temperaturwechsel relativ langsam reagiert.

Wenn Sie sich für einen Fiberglas-Teich entscheiden, ist es sinnvoll, einen Durchflussheizer zu installieren, um die Wassertemperatur zu stabilisieren. Diese Heizer werden von den meisten Koi-Händlern vertrieben und sind sehr einfach zu installieren. Meistens bestehen sie aus rostfreiem Stahl und besitzen einen 3,75 cm messenden Schraubanschluss und einen Thermostat (siehe Seite 25).

Folienteiche

Mit einer Teichfolie lässt sich ein Teich vermutlich am schnellsten und preisgünstigsten erstellen. Die Folien erhalten Sie als Meterware oder fertig abgepackt. Es werden Folien aus PVC, Butyl-Kautschuk, EPDM-Kautschuk und Polyethylen (PE) angeboten.

PVC (Polyvinyl-Chlorid). Die Folien sind relativ preiswert und werden mit oder ohne Nylon-Verstärkung angeboten. Das Material wird meistens in 2 m breiten Rollen und als Meterware oder vom Hersteller verschweißt in abgepackter Form angeboten. Die Folie ist meistens 0,5 oder 0,8 mm stark und hat eine begrenzte Lebensdauer. Das Material sollte daher nur für kleinere Teiche oder Wasserläufe verwendet werden.

Butyl-Kautschuk (Isobutylen-Isopropen). Die Folien sind 0,75 oder 1 mm stark und werden durch Polyme-

risation bestimmter Stoffe aus der Öl-Fraktionierung hergestellt. Die Anbieter verraten selten die genaue Zusammensetzung. Es handelt sich jedoch meistens um 40–45 % Butyl-Polymer kombiniert mit einem kleinen Anteil EPDM-Polymer, um die Wetterbeständigkeit zu verbessern.

Die Hersteller verwenden ein spezielles Vulkanisationsklebeband, um die Bahnen miteinander zu verbinden. Diese Naht ist jedoch kein Schwachpunkt, sondern im Gegenteil der widerstandsfähigste Teil der Folie. Die Folien werden in nahezu jeder Größe fertig verpackt oder als Meterware angeboten und können bei größeren Bau-

---

Zubehör für einen Folienteich

Um Ihnen bei der Planung eines Folienteiches zu helfen, haben wir hier eine Einkaufsliste für einen 3,6 m langen, 3 m breiten und 1,2 m tiefen Teich mit nahezu 13000 l Inhalt zusammengestellt. Die Daten der Liste können entsprechend der tatsächlich geplanten Größe de zu erstellenden Teiches umgerechnet werden.

Anzahl	Beschreibung
3 Tage	Miete eines Kleinbaggers
1	Versicherung für den Bagger
36 m³	Aushubmenge
1 m³	Ballast für den Betonring und um Abfluss und Rohre einzugraben
7 × 25 kg	Zementsäcke (4,5 × 40 kg)
1	Folie 6,6 m × 6 m
20 m	Polyester-Schutzfolie von der Rolle in 2 m Breite
2	25 cm Bodenabfluss mit Anschlussflansch
4 m	10 cm PVC-Rohr vom Abfluss zum Filter
4	10 cm PVC-Bögen
2	Venturi-Düsen
2	3,75 cm Tankverschraubungen für Venturi-Düsen
1	biologischer Filter aus Fiberglas mit Filtermedien und Verrohrung
1	Tauchpumpe für den Filter
1	30 W starker UV-Klärer

Zusätzliche Geräte

1	Oberflächenablauf
1	Pumpe für Oberflächenablauf
1	Elektronischer Algenvernichter
1	Unterwasser-Beleuchtung
1	mechanischer Filter

vorhaben auch vor Ort vulkanisiert werden. Um sichtbare Falten zu vermeiden, kann die Folie auch der Teichform angepasst werden, was jedoch doppelt so teuer wie die Verwendung einer planen Folie ist. Um die Folie einer komplexen Form anzupassen, muss eine Schablone angefertigt werden.

EPDM (Ethylen-Propylen-Dien-Monomer). Folien aus diesem Material werden unter verschiedenen Handelsnamen angeboten. Sie werden nicht fertig verpackt angeboten, sondern sind von Rollen verschiedener Breite als Meterware erhältlich. Die Folienstärke beträgt 1 mm. Obwohl kein Butyl enthalten ist, hat die Folie die gleichen Eigenschaften und ist ideal für den Teichbau. Sie kann jedoch nicht vorgeformt werden. Butyl-Klebeband haftet nur, wenn die zu klebende Fläche vorbehandelt wird. Ansonsten ist die Folie eine ideale Alternative.

Garantiebestimmungen für Folien

Die Versuchung ist groß, die billigste erhältliche Folie zu kaufen. Es geht ja nur um ein Loch im Boden, oder? Eine Billigfolie zu kaufen kann sich jedoch als verhängnisvoller Fehler herausstellen.

Lesen Sie die Garantiebestimmungen sorgfältig, denn sie decken nicht alle Eventualitäten ab. Meistens wird nur die Reparatur oder der Ersatz des Materials im Falle undichter Nähte oder Materialfehler angeboten. Folgeschäden, zu starke Dehnung, Missbrauch und mechanisch verursachte Schäden sind nicht abgedeckt. Stellen Sie sich Folgendes vor: Eine Firma erstellt einen Folienteich nach den Richtlinien des Herstellers; kurz nach Ablauf der Garantiezeit tritt ein Schaden daran auf. Wer trägt nun die Kosten, die Fische herauszufangen, sie zwischenzeitlich unterzubringen, den Teich zu entleeren, die Folie zu entfernen, sie zum Hersteller zurückzusenden, eine neue einzubauen und die Fische wieder einzusetzen? In der Zwischenzeit können außerdem Verluste bei Ihren Koi auftreten.

Sie sollten also eine Folie einer schon länger bestehenden Firma mit gutem Ruf erwerben, die hier Kulanz beweisen wird. Billigfolien können auch für die Dachabdichtung gedacht sein und giftige Fungizide enthalten.

Der Bau des Folienteiches

Beim Bau eines Folienteiches sollten Sie nicht zu komplizierte Formen einplanen. Die Nierenform oder quadratische und rechteckige Umrisse sind ideal. Je unregelmäßiger die Form ist, desto mehr Falten werden sich bilden und später als Sammelstelle für Fadenalgen und Schmutz fungieren.

Beginnen Sie nun nicht sofort mit dem Aushub. Denken Sie daran, dass Sie eine feste Umrandung benötigen, damit der Teichrand unter Rasen, Platten, Ziegeln oder Steinen verborgen werden kann. Dazu sollten Sie einen

---

Wie groß muss die Folie sein?

Um die Foliengröße zu berechnen, addieren Sie einfach die doppelte Tiefe des Teiches jeweils zu seiner Länge und zu seiner Breite. Wenn der Teich 3,6 m lang, 3 m breit und 1,2 m tief ist, sollte die Folie 6 m lang (1,2 × 2 = 2,4; 2,4 + 3,6 = 6) und 5,4 m breit (1,2 × 2 = 2,4; 2,4 + 3 = 5,4) sein. Da in diesen Maßen Überlappungen noch nicht berücksichtigt sind, sollten Sie 60 cm für den Teichrand mit einberechnen. Die endgültige Größe der Folie ist also 6,6 m × 6 m.

Die Schutzfolie aus Polyester wird üblicherweise als 2 m breite Meterware verkauft. Um die benötigte Menge für den genannten Teich zu berechnen, teilen Sie die errechnete Folienfläche durch die Rollenbreite. Das sieht folgendermaßen aus: 6,6 m × 6 m sind ungefähr 40 m². Geteilt durch 2 ergibt 20 m von der Rolle.nware. Sie können die Schutzmatten auch abgepackt erwerben.

Teichmaße für die Folienberechnung

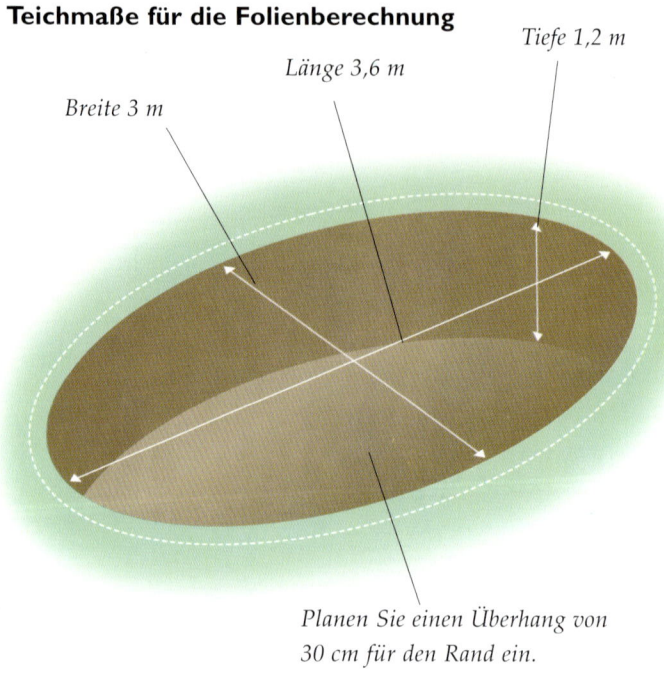

Tiefe 1,2 m

Länge 3,6 m

Breite 3 m

Planen Sie einen Überhang von 30 cm für den Rand ein.

Betonring (auch „Betonkragen" genannt) um den geplanten Teich errichten. Dieser Ring dient der Befestigung des Teichrandes oder als Fundament der zu errichtenden Mauer, wenn der Teich über die Erdoberfläche hinausragen soll.

Markieren Sie den Ring, indem Sie in 60 cm Abstand Holzpflöcke in den Boden treiben. Verbinden Sie die Pflöcke mit einer Schnur, so dass Sie einen Eindruck des Teichumrisses bekommen. Wenn Ihnen eine bestimmte Stelle nicht gefällt, versetzen Sie einfach die Pflöcke.

Wenn Sie mit dem Ergebnis zufrieden sind, setzen Sie eine zweite Reihe von Pflöcken in 23 cm Abstand ein. Überprüfen Sie das Ergebnis mit einer Wasserwaage. Heben Sie nun den Zwischenraum der Pflöcke bis zu einer Tiefe von 23 cm aus.

Vergewissern Sie sich nun, dass die Oberfläche des Ringgrabens waagerecht ist. Dazu nehmen Sie die Pflöcke heraus und schlagen Sie eine neue Reihe auf der Mittellinie des Grabens ein. Vergewissern Sie sich, dass die Pflöcke senkrecht stehen und 23 cm aus dem Boden

Wie man einen Folienteich anlegt

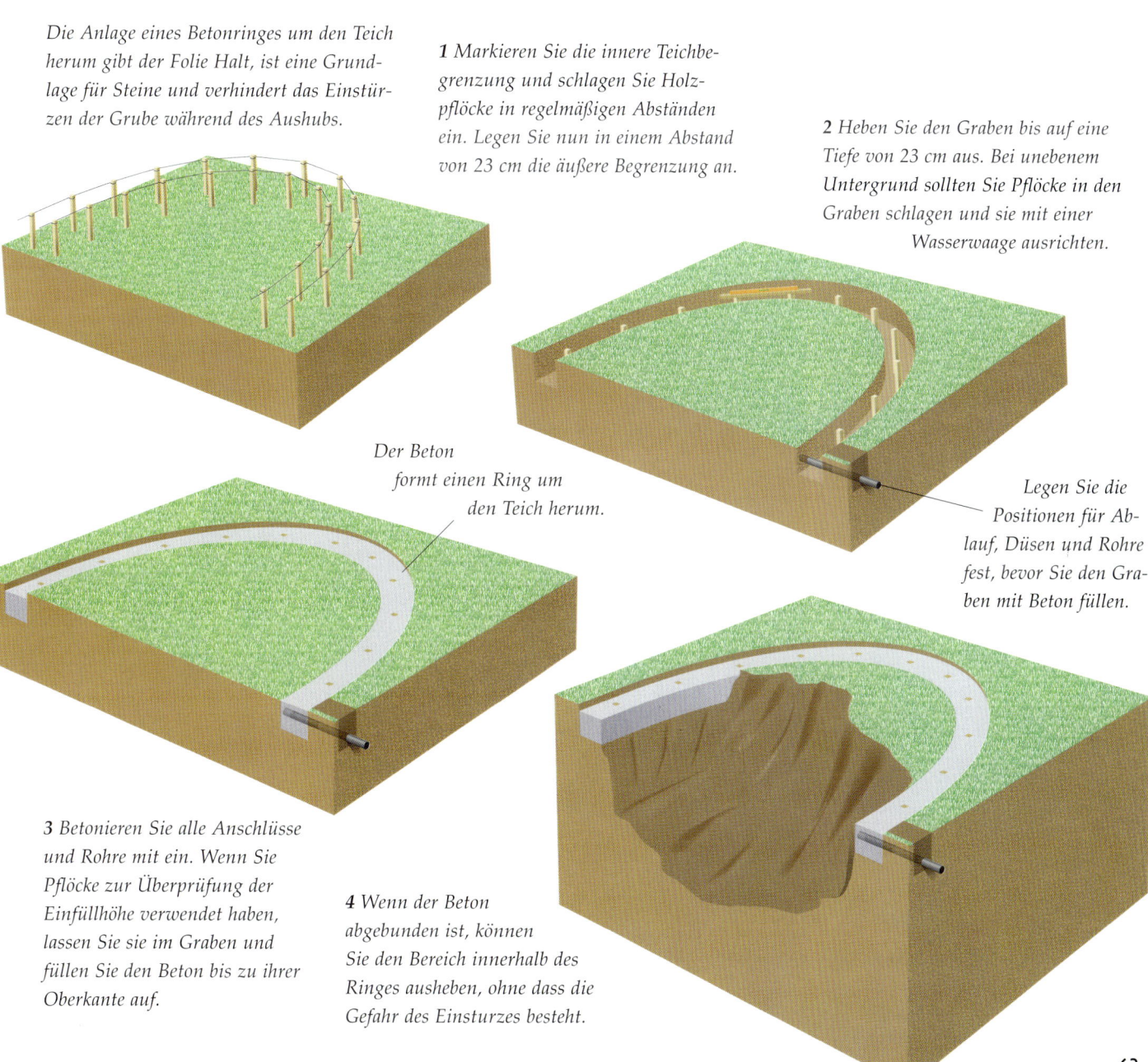

Die Anlage eines Betonringes um den Teich herum gibt der Folie Halt, ist eine Grundlage für Steine und verhindert das Einstürzen der Grube während des Aushubs.

1 Markieren Sie die innere Teichbegrenzung und schlagen Sie Holzpflöcke in regelmäßigen Abständen ein. Legen Sie nun in einem Abstand von 23 cm die äußere Begrenzung an.

2 Heben Sie den Graben bis auf eine Tiefe von 23 cm aus. Bei unebenem Untergrund sollten Sie Pflöcke in den Graben schlagen und sie mit einer Wasserwaage ausrichten.

Der Beton formt einen Ring um den Teich herum.

Legen Sie die Positionen für Ablauf, Düsen und Rohre fest, bevor Sie den Graben mit Beton füllen.

3 Betonieren Sie alle Anschlüsse und Rohre mit ein. Wenn Sie Pflöcke zur Überprüfung der Einfüllhöhe verwendet haben, lassen Sie sie im Graben und füllen Sie den Beton bis zu ihrer Oberkante auf.

4 Wenn der Beton abgebunden ist, können Sie den Bereich innerhalb des Ringes ausheben, ohne dass die Gefahr des Einsturzes besteht.

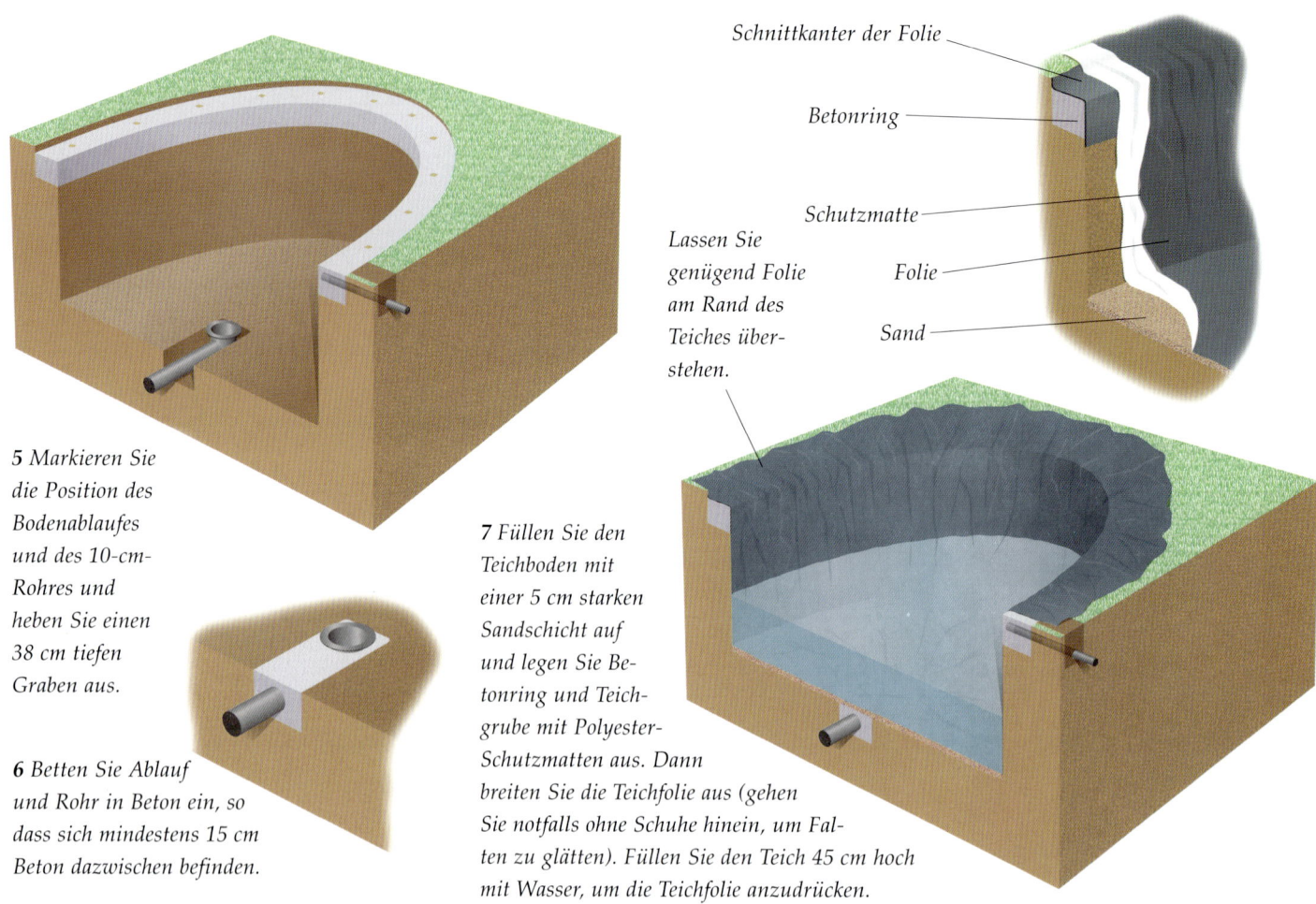

Schnittkanter der Folie

Betonring

Schutzmatte

Folie

Sand

Lassen Sie genügend Folie am Rand des Teiches überstehen.

5 Markieren Sie die Position des Bodenablaufes und des 10-cm-Rohres und heben Sie einen 38 cm tiefen Graben aus.

6 Betten Sie Ablauf und Rohr in Beton ein, so dass sich mindestens 15 cm Beton dazwischen befinden.

7 Füllen Sie den Teichboden mit einer 5 cm starken Sandschicht auf und legen Sie Betonring und Teichgrube mit Polyester-Schutzmatten aus. Dann breiten Sie die Teichfolie aus (gehen Sie notfalls ohne Schuhe hinein, um Falten zu glätten). Füllen Sie den Teich 45 cm hoch mit Wasser, um die Teichfolie anzudrücken.

ragen. Überprüfen Sie mit einer langen oder einer auf eine Latte montierten Wasserwaage, ob die Pfähle alle auf gleicher Höhe stehen. Korrigieren Sie die Höhe, falls notwendig.

Dann wird der Graben mit einer 1:3-Mischung von Sand und Zement bis zur Höhe der Pfähle aufgefüllt, so dass nach dem Abbinden des Betons eine gerade Oberfläche entsteht. Lassen Sie die Pflöcke im Beton stehen. Denken Sie daran, alle Rohre und Anschlüsse zu installieren (siehe Seite 72), bevor Sie den Beton einfüllen. Wenn der Beton abgebunden ist, können Sie mit dem Teichaushub beginnen, ohne einen Einsturz der Wände fürchten zu müssen.

Einfügen des Bodenabflusses

Wenn der Teich ausgehoben ist, können Sie den 25 cm großen Bodenabfluss mit dem seitlichen 10-cm-Abflussrohr einfügen. Die Abdeckung des Abflusses, die das Eindringen größerer Fremdkörper verhindert, wird noch

nicht eingesetzt. Das Abflussrohr führt direkt zur ersten Kammer des Filtersystems. Um Abfluss und Rohr komplett in Beton einbetten zu können, müssen Sie einen Graben am Teichboden ausheben. Die Tiefe dieses Grabens hängt von den Abmessungen des Bodenabflusses ab. Die umgebende Betonschicht sollte allerdings etwa 15 cm stark sein. Wenn der Bodenabfluss 23 cm hoch ist, sollte man also einen 38 cm tiefen Graben vorsehen und ihn 15 cm hoch mit Beton füllen. Nach dem Abbinden setzt man Bodenabfluss und Rohr auf den Beton und füllt den Rest des Grabens mit Beton auf.

Einpassen der Teichfolie

Entfernen Sie alle spitzen Steine und legen Sie die Teichgrube mit Polyestermatten aus, um die Teichfolie zu schützen. Benutzen Sie keinen alten Teppich, da der mit der Zeit verrottet. Legen Sie die Teichfolie in der Grube aus und füllen Sie etwa 45 cm hoch Wasser ein, so dass die Folie gut auf dem Boden der Teichgrube anliegt. Nun

Berechnung des Teichinhaltes

Wenn Sie beim Einfüllen des Wassers in den Teich einen Durchflussmesser benutzen, ist das der genaueste Weg, das Teichvolumen zu bestimmen (siehe Seite 73). Um den Inhalt verschiedener Teichformen anhand ihrer Maße zu bestimmen, können Sie die folgenden Richtlinien anwenden.

Um das Volumen eines rechteckigen Teiches zu bestimmen, multiplizieren Sie einfach Länge, Breite und Tiefe miteinander. Unser Beispielteich von 3,6 m × 3 m × 1,2 m Größe hat also einen genauen Inhalt von 12,96 m³. Jeder Kubikmeter entspricht 1000 l Wasser, so dass sich daraus 12960 l Inhalt ergeben.

Um die Oberfläche eines runden Teiches zu berech-

nen, benutzt man die Formel πr^2, also 3,142 (π) × Radius × Radius. Um das Volumen zu berechnen, muss man die Oberfläche mit der Tiefe des Teiches multiplizieren.

Ein runder Teich mit 3,6 m Durchmesser und 1,2 m Tiefe weist eine Oberfläche von 3,142 × 1,8 m × 1,8 m = 10,18 m² auf. Wenn man diese Fläche nun mit der Tiefe von 1,2 m multipliziert, erhält man ein Volumen von 12216 l.

Unregelmäßige Formen sollte man in quadratische, runde und rechteckige Abschnitte zerlegen, das Volumen eines jeden einzelnen Abschnittes berechnen und diese dann addieren.

Rechts: Fliesen bilden einen schönen und stabilen Randabschluss und bedecken Folie und Polyester-Matte.

Links: Wenn Sie Natursteine verwenden, sollten Sie Folienreste zur Unterlage verwenden.

Rechts: Sie können den Folienrand vertikal zwischen die Steine der Mauer einfügen, wie hier gezeigt wird. Der Betonring bildet ein ideales Fundament.

8 Stellen Sie eine Pumpe in den Bodenablauf und pumpen Sie das Wasser ab. Trocknen Sie die Folie gründlich und verbinden Sie den Rand des Bodenablaufs mit der Folie (siehe Seite 66). Installieren Sie die weiteren Anschlüsse.

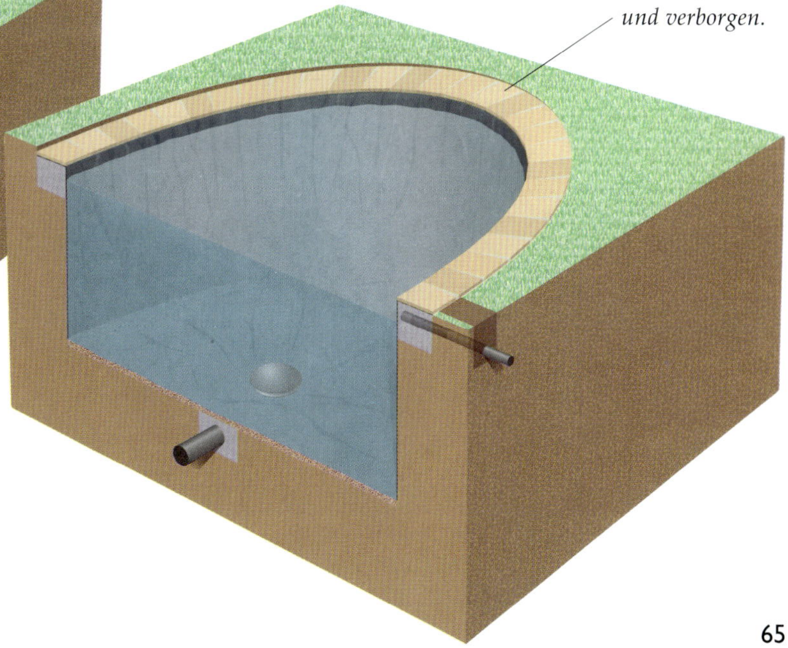

9 Decken Sie den Teichrand mit Fliesen, Ziegeln oder Natursteinen ab und füllen Sie den Teich.

Der Folienrand wird von den Fliesen gesichert und verborgen.

sollten Sie in die Grube hineinsteigen, um alle Falten in der Folie zu glätten, da der optische Eindruck sonst nicht sehr schön ist. Hartnäckige Falten können Sie mit doppeltem Butyl-Band ankleben, damit sie nicht in den Teich hineinragen.

Abdichten der Folie am Bodenabfluss

Entfernen Sie das Wasser wieder aus dem Teich und passen Sie die Folie zwischen den Dichtungen des Bodenablaufes ein. Verwenden Sie dabei genügend Dichtungsmasse. Bei den meisten guten Bodenabläufen wird dazu ein Dichtungsring mit vorgebohrten Löchern mitgeliefert. Im Bodenablauf befinden sich an den entsprechenden Stellen Gewindebohrungen. Schneiden Sie die Folie mit einem scharfen Messer ein, tragen Sie reichlich Dichtungsmasse auf den Dichtungsring auf und bringen Sie den Dichtungsring in Position. Zur Befestigung benutzen Sie rostfreie Stahlschrauben, die meistens mitgeliefert werden. Entfernen Sie nun die überschüssige Dichtmasse. Warten Sie mindestens 24 Stunden, bevor Sie den Teich

mit Wasser befüllen, damit die Dichtungsmasse abgebunden ist. Wenn der Bodenablauf mit einer Abdeckkuppel versehen ist, sollten Sie ein 6 mm großes Loch hineinbohren, da sich sonst Luft unter der Kuppel sammeln kann, so dass sie an die Wasseroberfläche treibt. Im Laufe der Zeit kann die Abdeckkuppel verformt werden, so dass das Wasser nicht mehr gut ablaufen kann. Um das zu verhindern, können Sie kleine Füßchen (Rohrabfallstücke) zur Stützung des Randes einfügen.

Installation einer Venturi-Düse

Das durch den Betonrand gelegte Wasserzulaufrohr ragt noch in die Teichgrube hinein und wird von der Folie abgedeckt. Schneiden Sie ein Loch in die Folie. Verwenden Sie einen geeigneten Kleber zum Kaltverschweißen einer Tankverschraubung an das Rohr. Die Tankverschraubung wird wie der Bodenablauf mit genügend Dichtungsmasse und rostfreien Schrauben gegenüber der Folie abgedichtet. An die Tankverschraubung kann die Venturi-Düse angesetzt werden.

Den Bodenabfluss abdichten

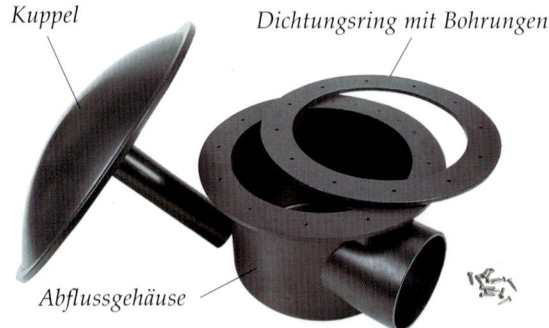

Kuppel

Dichtungsring mit Bohrungen

Abflussgehäuse

2 Bringen Sie eine genügende Menge Dichtungsmasse auf die Unterseite des Dichtungsringes auf. Die Dichtungsmasse muss während der weiteren Schritte verarbeitbar bleiben.

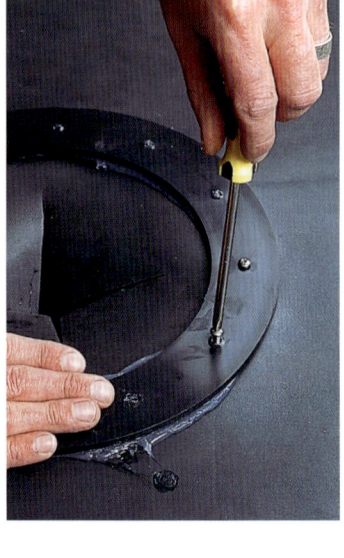

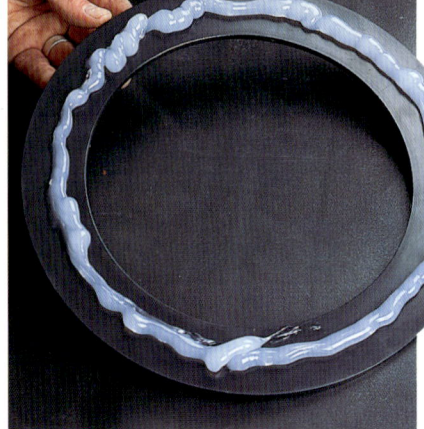

1 Setzen Sie den Ring so auf, dass die Bohrungen mit denen im Gehäuse übereinstimmen. Führen Sie mit einem scharfen Messer vier Schnitte von der Mitte zum Rand hin aus, um ein Einreißen der Folie zu vermeiden.

3 Wenn der Dichtungsring in der richtigen Position ist, stechen Sie Löcher durch die Folie und schrauben Sie den Ring mit rostfreien Stahlschrauben an das Abflussgehäuse. Überschüssiges Dichtungsmaterial können Sie später wegwischen.

Einpassen der Venturi-Düse

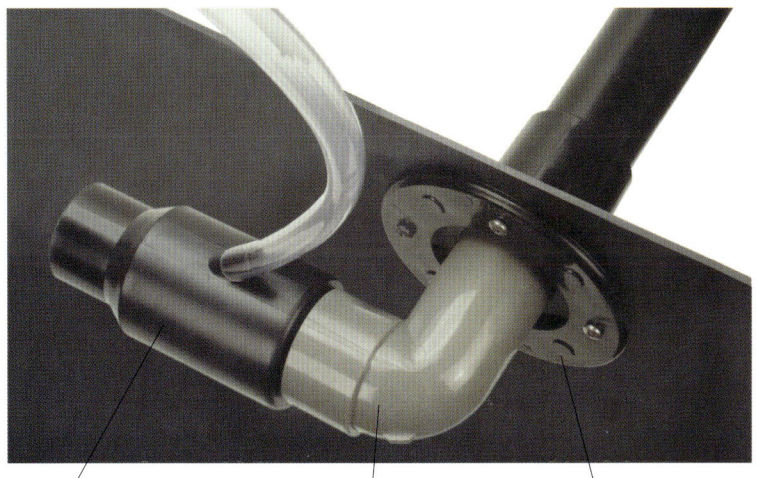

Venturi-Düse mit Luftschlauch.

Die Düse sollte nicht an das Rohr geklebt werden. Eine rostfreie Stahlschraube ermöglicht die Entfernung zur Reinigung.

Dichten Sie den Anschluss an die Folie genauso wie beim Bodenablauf gezeigt ab.

Gestaltung des Teichrandes

Wenn die Venturi-Düsen installiert sind, brauchen Sie eigentlich nur noch die Folie unter die von Ihnen gewünschte Umrandung zu stecken. Es ist sinnvoll, Folienreste zum Schutz der Teichfolie unter größere Steine oder Felsbrocken zu legen. Wenn der Teich mit Hilfe einer Ziegelsteinmauer teils oberirdisch angelegt wird, sollte man die Folie auf die Betonumrandung legen und vertikal zwischen die Steinreihen führen. Versiegeln Sie den inneren Teil der Mauer, damit keine schädlichen Bestandteile des Zements in das Wasser gelangen. Wenn Sie Gehwegplatten für die Umrandung benutzen, sollten Sie ebenfalls Folienreste zum Schutze der Teichfolie unterlegen.

Der Teich wird gefüllt

Wenn Sie den Teich befüllen, sollten Sie einen Durchflussmesser an das Ende des Schlauches anschließen. Sie können ein derartiges Gerät bei

4 Wenn der Dichtungsring befestigt ist, können Sie die überstehende Folie abschneiden. Benutzen Sie ein scharfes Messer, um einen sauberen Schnitt zu erzielen.

6 Bohren Sie ein 6-mm-Loch in die Kuppel, damit sie nicht durch eingeschlossene Luft abgehoben wird.

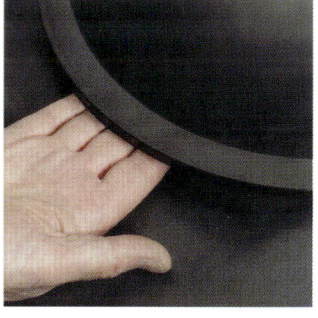

7 Der Abstand zwischen Ablauf und Kuppel ist ideal, wenn Sie gerade ihre Hand hineinschieben können.

8 Seitenansicht von Abfluss und Kuppel. Beachten Sie den gleichmäßigen Abstand.

5 Stecken Sie das 4-cm-Rohr in den Sockel in der Mitte des Bodenablaufs und setzen Sie die Abdeckkuppel darauf. Kleben Sie die Abdeckung nicht fest, da Sie sie zur Reinigung wieder abnehmen müssen.

Ihrem Händler ausleihen. Es zeigt die Wassermenge an, die durch den Schlauch geflossen ist. Man sollte den genauen Teichinhalt kennen, da man beim Auftreten von Krankheiten oder Parasiten die entsprechenden Medikamente genau dosieren muss.

Ein gemauerter Teich

Ein gemauerter Teich lässt Ihnen die größten Freiheiten in Bezug auf Ort und Form. Die Teiche sind sehr stabil und zeigen nicht die unschönen Falten, die bei Folienteichen leider nicht immer zu vermeiden sind. Der Bau ist allerdings relativ teuer und Zeit raubend. Außerdem sollte der unerfahrene Laie sich nicht ohne Hilfe daran wagen, da Fehler meistens kostspielige Folgen nach sich ziehen. Sie sollten sich lieber an ein im Teichbau erfahrenes Unternehmen wenden, das Ihnen den Teich entwerfen und einen Kostenvoranschlag machen wird. Denken Sie daran, dass der Bau des Teiches ein ähnlich wichtiges Projekt wie ein Anbau an Ihrem Haus ist. Wenn Sie die Arbeiten selber vornehmen wollen, sollten Sie vorher detaillierte Pläne anfertigen oder sich um professionelle Hilfe kümmern, bevor Sie beginnen.

Der Bau erfordert eine Menge Kenntnisse, sei es in Bezug auf Mauern, Verputzen, Installations-, Fiberglas- und Zimmermanns- als auch auf Elektroinstallationsarbeiten. Wenn Sie sich jedoch einmal einen Überblick über

Oben: Ein Bagger kann viel Zeit sparen, wenn der Zugang möglich ist. Dieser 113500 l fassende Teich wurde in nur vier Tagen ausgehoben.

die nötigen Dinge und Ihre Wünsche verschafft haben, können Sie vieles selber ausführen und professionelle Hilfe anfordern, wo Sie sie benötigen.

Der Aushub

Der Aushub erfordert keine speziellen Kenntnisse, sondern bedeutet lediglich eine Menge Arbeit. Sie können ihn also selber erledigen. Wenn es sich um einen großen Teich handelt, können Sie sich einen Kleinbagger bei

Einkaufs- und Zubehörliste für einen gemauerten Teich

Um Ihnen bei der Planung eines gemauerten Teiches zu helfen, haben wir hier die Materialien und Gerätschaften aufgelistet, die Sie benötigen, um einen Teich von 3,6 m Länge, 3 m Breite und 1,2 m Tiefe zu erstellen, der nahezu 13000 l Wasser enthält. Die Liste kann nach Ihren Vorstellungen auf verschiedene Teichgrößen umgerechnet werden.

Menge	Beschreibung
3 Tage	Miete eines Kleinbaggers
1	Versicherung des Baggers
36 m³	Aushubmenge
2,5 m³	Sand für den Teichboden
22 × 25 kg	Zementsäcke für den Teichboden (14 × 40 kg)
140	Hohlblocksteine 45 cm × 23 cm
0,75 m³	Sand für Mauer und Verfüllung
3 × 25 kg	Zement für Mauer (2 × 40 kg)
2	Matten Armierungsstahl 3,6 m × 2 m × 6 mm
4 m	PVC-Rohrleitung vom Abfluss zum Filter, 10 cm Durchmesser
4	PVC-Bögen, 10 cm Durchmesser
2	Venturi-Düsen
0,75 m³	scharfer Sand zum Verputzen
13 × 25 kg	Zement zum Verputzen (8 × 40 kg)
3 kg	Glasfibermaterial
10 kg	klares Polyester-Harz
10 kg	gefärbtes Polyester-Harz
1	Mehrkammerfilter aus Fiberglas mit Filtermaterial und Rohren
1	Tauchpumpe für den Filter
1	UV-Wasserklärer, 30 W

Zusätzliches Zubehör

1	Oberflächenablauf
1	Pumpe für Oberflächenablauf
1	elektronischer Algenvernichter
1	Unterwasserbeleuchtung
1	mechanischer Filter

einer lokalen Baufirma ausleihen. Wenn Sie allerdings noch keine Erfahrung damit haben, wird ein Fachmann die Arbeiten sehr viel schneller ausführen können. Außerdem neigt der Laie dazu, mehr als nötig auszuheben, was wiederum umfangreiche Auffüllungsarbeiten zur Folge hat.

Sie können gelegentlich das Gerät mit Baggerführer mieten, was eine Überlegung wert ist. Fragen Sie nach, ob und in welchem Umfang der Kleinbagger versichert ist, damit Sie nicht im Schadensfalle oder bei Diebstahl mit hohen Kosten konfrontiert werden.

Gestaltung des Teichbodens

Wenn der Teichaushub abgeschlossen ist und Sie ein von der Schwerkraft betriebenes Filtersystem installieren, sollten Sie nun an die Bodenabflüsse denken. Legen Sie sie an geeigneter Stelle auf den Boden und verlegen Sie ein Rohr mit 10 cm Durchmesser zu dem Platz, an dem der Filter installiert werden soll. Messen Sie einen Abstand von 10 cm vom Bodenabfluss und den Rohren ab und heben Sie einen Graben aus, der als Fundament für Abfluss und Rohre dient. Legen Sie den Rest der Teichbodenfläche mit Ziegelbruch als Abstandshalter aus und ver-

Rechts: Graben Sie methodisch, indem Sie an einem Ende die Erde bis zur erforderlichen Tiefe ausheben und sich dann vorarbeiten. Wenn nötig, sollten Sie Schalhölzer benutzen, um die Seitenwände der Grube vor dem Einsturz zu bewahren.

Unten: Richten Sie die notwendigen Bodenabflüsse und Rohre (hier auf der Armierung des Betons) gleichmäßig aus.

Füllen Sie die Hohlziegel mit Armierungsstahlstücken und Beton auf und achten Sie darauf, dass sie vollständig gefüllt sind.

Oben: Stellen Sie Hohlblocksteine auf die Bodenabflüsse, um zu vermeiden, dass sie sich während des Abbindens des Betons heben.

Rechts: Mauern Sie die geraden und leicht gebogenen Wände mit 45 cm × 23 cm großen Hohlblocksteinen auf: Benutzen Sie Ziegel für stärker gekrümmte Wände.

legen Sie darauf die Armierungsmatten, die für die Stabilität des Beton-Teichbodens sorgen sollen. Die Armierung besteht aus 6 mm starken Stahlstäben, die miteinander verflochten sind.

Wenn Sie die Abflüsse und Rohre richtig platziert haben, verkleben Sie sie mit einem Spezialkleber, der die Teile kalt verschweißt. Die Rohre sind Standard-Abflussrohre, die aus PVC bestehen. Denken Sie daran, den Kleber auf jeweils beide Flächen aufzutragen und keine Lücken dabei zu hinterlassen.

Nun wird die gesamte Basis des Teiches mit einer 23 cm hohen Betonschicht ausgefüllt, wobei der Abfluss vollständig eingebettet und die Rohre bedeckt sein müssen. Die Arbeit muss in einem Schritt unter Verwendung einer 3:1-Mischung von Sand und Zement ausgeführt werden. Wenn Sie an einem Tag nur die Hälfte der Bodenfläche betonieren und am nächsten die Arbeit fortsetzen, entsteht automatisch eine schwache Nahtstelle, an der sich später ein Riss bilden kann. Denken Sie daran, dass unser Beispiel-Teich von 3,6 m × 3 m × 1,2 m Größe fast 13000 l Wasser enthält, die dementsprechend mit fast 13 t Gewicht auf dem Teichboden lasten.

Es ist durchaus möglich, Fertigbeton zu bestellen, der dann unmittelbar in die Teichgrube gepumpt wird. Obwohl diese Vorgehensweise relativ teuer ist, können Sie davon ausgehen, dass Sie in wenigen Stunden eine absolut gleichmäßige Betonschicht auf den Teichboden aufgebracht haben.

Früher ließ man beim Teichbau den Boden meistens zum Abfluss hin abfallen. Obwohl die Idee in der Theorie überzeugend erscheint, werden in der Praxis feste Partikel bei geradem Boden besser in den Abfluss befördert. Da die Fische ständig in Bewegung sind, wühlen sie sich absetzende Teilchen auf, so dass sie im Wasser schweben und früher oder später von selbst im Abfluss landen.

Belüftete Bodenabflüsse

In der letzten Zeit setzen immer mehr Koi-Pfleger Bodenabflüsse mit einer belüfteten Abdeckkuppel ein. Dadurch wird die Wasserzirkulation am Abfluss verbessert, so dass Feststoffe vom Teichboden leichter hierhin transportiert werden. Zusätzlich wird die Sauerstoffversorgung verbessert, was gerade im Sommer oder beim Einsatz von Medikamenten besonders wichtig ist. Die so ausgestatteten Abflussgehäuse kann man sofort am seitlichen Luftschlauchanschluss erkennen. Im Gegensatz zur

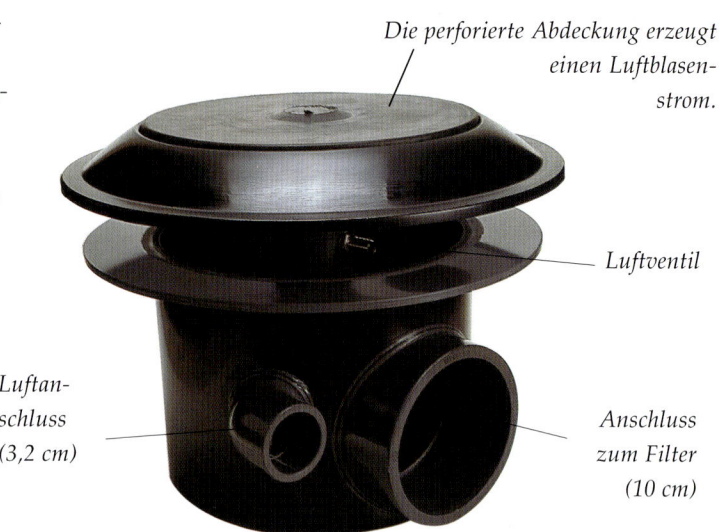

Die perforierte Abdeckung erzeugt einen Luftblasenstrom.

Luftventil

Luftanschluss (3,2 cm)

Anschluss zum Filter (10 cm)

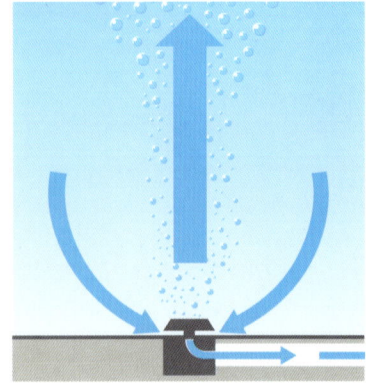

Oben: *Belüfteter Bodenabfluss mit einem durch ein Ventil geregelten Luftanschluss.*

Rechts: *Der durch die Abdeckung aufsteigende Blasenstrom unterstützt die Zirkulation des Wassers zum Bodenablauf.*

Luftzufuhr durch den Wasserauslass wird hier der Fluss des Wassers nicht behindert, so dass sich auch keine Fadenalgen festsetzen können. Eine Nut in der Kuppel des Abflusses verhindert, dass sich die perforierte Abdeckung ablöst, wenn Luft eingeblasen wird.

Aufmauern der Wände

Wenn der Teichboden ausgehärtet ist, können Sie die Wände entweder mit Ziegeln oder mit 23 cm × 45 cm großen Hohlblocksteinen aufmauern. Wenn Sie Hohlblocksteine benutzen, sollten sie die Hohlräume von unten nach oben mit Armierungsstäben und Beton verfüllen.

Venturi-Düsen und Oberflächenablauf

In der Nähe der Grubenoberkante sollten Sie beim Mauern Platz für zwei Rohre mit 4 cm Durchmesser lassen, an die Venturi-Düsen angeschlossen werden können. Wenn Sie auch einen Oberflächenablauf einbauen wol-

Der Abschluss der Bauarbeiten

Links: Die Wände sind fertig und die Hohlräume der Steine ausbetoniert. Stahlstäbe in den Hohlräumen sorgen für zusätzliche Stabilität. Mit dem Versiegeln sollte man warten, bis alles ausgetrocknet ist.

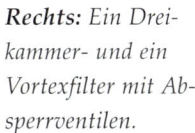

Links: Der Oberflächenablauf ist einbetoniert. Eine Pumpe leitet das Wasser zu Wasserfall oder Venturi-Düse.

Links: Die inneren Oberflächen des Teiches sind mit Fiberglas beschichtet und mit einer Schicht schwarzen Polyester-Harzes versiegelt worden.

Rechts: Ein Dreikammer- und ein Vortexfilter mit Absperrventilen.

Oben: Der belüftete Bodenablauf ist so angebracht, dass die Blasen in dem dem Haus zugewandten Fenster sichtbar sind.

Rechts: Der Teich ist im Prinzip fertig, wird aber noch auf eventuelle Undichtigkeiten getestet. Man sollte dies vor dem Einsetzen der Fische unbedingt tun.

len, ist jetzt der richtige Zeitpunkt dafür. Oberflächen-
abläufe (Skimmer) sind besonders nützlich, um an der
Teichoberfläche schwimmende Blätter in einen Sammelkorb zu saugen. Der Wassereinlass ist mit der Ansaugseite
einer separaten Pumpe verbunden. Wenn das Wasser
einströmt, bleiben größere Feststoffe in den Maschen
eines Sammelkorbs hängen. Das zum Teich zurück fließende Wasser kann zum Betrieb eines Wasserfalls oder von
Venturi-Düsen genutzt werden.

Als zusätzliche Funktion bietet der Oberflächenablauf
die Möglichkeit, den Teichboden abzusaugen. Dazu wird
ein linsenförmiger, durchsichtiger Deckel mit einem 4-cm-
Gewinde in der Mitte auf den Sammelkorb gesetzt. In das
Gewinde kann ein Schlauchanschluss eingeschraubt werden. Der hier angebrachte Schlauch führt zu einem Tele-
skoprohr, mit dem der Teichboden mühelos erreicht werden kann. Der abgesaugte Schmutz sammelt sich nun im
Behälter des Oberflächenablaufes.

Sie können in diesem Stadium der Arbeit auch eine
Unterwasserbeleuchtung einbauen. Am besten sind die
Typen geeignet, die üblicherweise in Swimming- oder
Whirlpools verwendet werden. Sie können zwischen kleinen Fassungen aus rostfreiem Stahl und größeren schüs-
selförmigen Konstruktionen mit eigenem Gehäuse
wählen. Ein Kabel führt zu einem Verteiler und von da zu
einem Transformator, der dafür sorgt, dass auch im Schadensfall keine Netzspannung in den Teich gelangt. Soll die
Lampe gewechselt werden, braucht man nur die Schrauben des äußeren Gehäuses zu lösen, die Lampe aus dem
Wasser zu heben und auszutauschen. Dann kann sie wieder in das Gehäuse eingesetzt und mit den Schrauben
befestigt werden.

Versiegelung der Innenflächen

Wenn die Mauern stehen, sollte man den Zwischenraum
zwischen ihnen und den Grubenwänden mit Beton auf-
füllen. Wenn diese Arbeiten abgeschlossen sind, müssen
die Innenflächen der Wände wasserdicht versiegelt werden. Fiberglas-Beschichtungen stellen sicher die beste Lösung dar, sind aber teuer und sollten nur von Fachleuten
ausgeführt werden. Zwei Schichten von 350-g-Matten
sollten auf Wände und Boden des Teiches aufgebracht
und mit einer speziellen Beschichtung auf den Zement
geklebt werden. Eine Gewebematte wird nun darüber angebracht, um dem Teich eine glattere Innenseite zu verschaffen. Nach dem Trocknen können die Wände mit
einer Farbe Ihrer Wahl gestrichen werden. Fachleute für
diese Arbeiten bieten Ihre Dienste in den meisten Koi-
Magazinen an. Wenn Sie Schwierigkeiten haben, einen zu
finden, fragen Sie Ihren Händler nach einer Empfehlung.

Der Oberflächenablauf

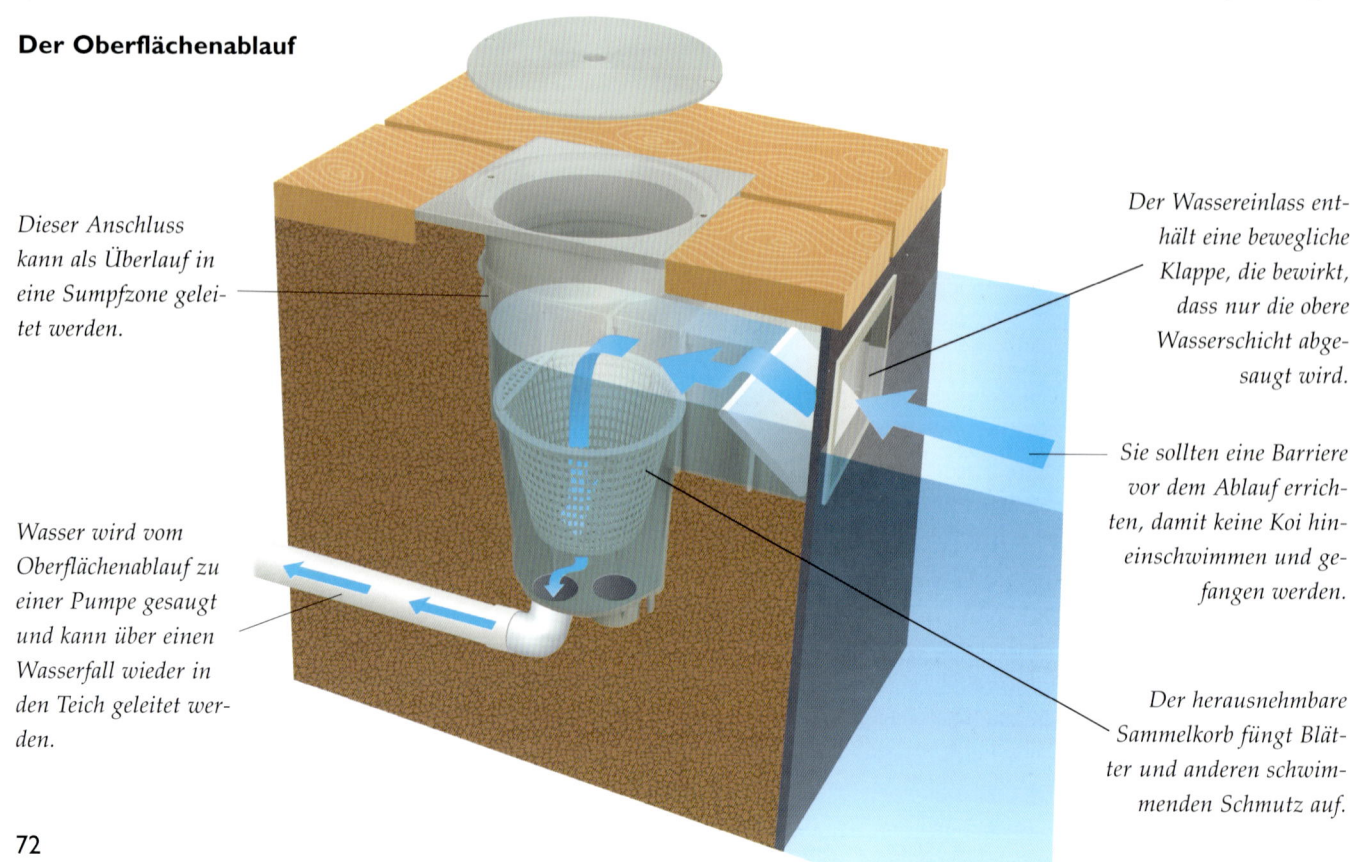

*Dieser Anschluss
kann als Überlauf in
eine Sumpfzone gelei-
tet werden.*

*Wasser wird vom
Oberflächenablauf zu
einer Pumpe gesaugt
und kann über einen
Wasserfall wieder in
den Teich geleitet wer-
den.*

*Der Wassereinlass ent-
hält eine bewegliche
Klappe, die bewirkt,
dass nur die obere
Wasserschicht abge-
saugt wird.*

*Sie sollten eine Barriere
vor dem Ablauf errich-
ten, damit keine Koi hin-
einschwimmen und ge-
fangen werden.*

*Der herausnehmbare
Sammelkorb fängt Blät-
ter und anderen schwim-
menden Schmutz auf.*

Oft verwendete Ventile

Kugelventile wie dieses Messingmodell (4 cm Durchmesser) ermöglichen eine genaue Regulierung. Es ist besonders für den Einsatz an Fließbettfiltern geeignet.

Schieberventile wie dieses hier (5 cm Durchmesser) können für einen Rohrleitungs-Bypass oder den Zulauf von Wasserfällen verwendet werden.

Ein Schieberventil mit 10 cm Innendurchmesser kann für Hauptrohrleitungen am Filtersystem oder zur Absperrung eines Vortex-Filters benutzt werden.

Wie viel Versiegelung ist nötig?

Bei einem rechteckigen Teich, der 3,6 m lang, 3 m breit und 1,2 m tief ist, berechnet sich die gesamte zu versiegelnde Fläche, die hauptsächlich aus dem Boden und den vier Wänden besteht, wie folgt:

Wand 1:	3 m × 1,2 m	=	3,6 m²
Wand 2:	3 m × 1,2 m	=	3,6 m²
Wand 3:	3,6 m × 1,2 m	=	4,3 m²
Wand 4:	3,6 m × 1,2 m	=	4,3 m²
Boden:	3,6 m × 3 m	=	10,8 m²

Gesamtoberfläche: 26,6 m²

1 kg klares Versiegelungsharz bedeckt etwa 1,8 m² mit drei Schichten. Wenn man nun 26,6 durch 1,8 teilt, sieht man, dass man knapp 15 kg für drei Schichten oder 5 kg für eine Schicht benötigt. Für eine farbige Versiegelung benötigt man zwei farblose und zwei farbige Versiegelungsschichten, also jeweils 10 kg.

Eine andere Möglichkeit ist, Fiberglasfasern mit einem Putz aufzubringen. Der Sandanteil kann entsprechend dem Fiberglasanteil reduziert werden, so dass man einen glatteren Putz erhält. Nach dem Trocknen kann eine Feinputzschicht aufgebracht werden, um die verbliebenen Poren zu schließen. Nun werden alle Flächen mit mindestens drei Lagen Versiegelung behandelt. Dabei handelt es sich um einen Einkomponenten-Polyurethan-Kunststoff, der eine belastbare, aber flexible Schicht bildet und für poröse Untergründe wie Zement gedacht ist. Wenn Sie eine bestimmte Farbe wie Schwarz oder Dunkelgrün bevorzugen, tragen Sie zwei Schichten farblose Versiegelung und zwei Schichten farbige auf. Zwischen den Arbeitsgängen darf die Versiegelung nicht vollständig austrocknen, da sonst die nächstfolgende Schicht nicht mehr richtig haftet. Der Teich kann nach 48 Stunden gefüllt werden.

Links: *Verwenden Sie beim Füllen des Teiches einen Durchflussmesser (hier eine simple Wasseruhr). Wenn Sie vorher das Filterventil schließen und das Filtervolumen separat messen, können Sie den Wert ermitteln, der für die Berechnung der Medikamentendosis bei abgeschaltetem Filter wichtig ist.*

Der vollständige Teich

Diese Zeichnung zeigt, wie das Filtersystem mit seinen Pumpen, Ventilen und Rohrleitungen in den fertigen Teich integriert ist und funktioniert.

Zwei Bodenabläufe sind mit Rohren von 10 cm Durchmesser mit dem Mehrkammerfiltersystem verbunden.

Eine von zwei Venturi-Düsen, die für Sauerstoffanreicherung sorgen. Sie sind vom Oberflächenablauf abgewendet.

Der Oberflächenablauf entfernt schwimmenden Schmutz.

Ein Fenster in der Teichwand ermöglicht es, die Koi vom Haus aus zu beobachten.

Eine automatische Nachfülleinrichtung unter der Brücke ersetzt verdunstetes Wasser durch Leitungswasser.

Ein 2,5 cm durchmessendes Rohr führt der Nachfülleinrichtung Wasser zu.

Kugelventil aus Messing, mit dem sich der Leitungswasserzufluss einstellen lässt.

Im Laufe der Zeit verdecken die wachsenden Pflanzen den regelmäßigen Rand des neu angelegten Teiches.

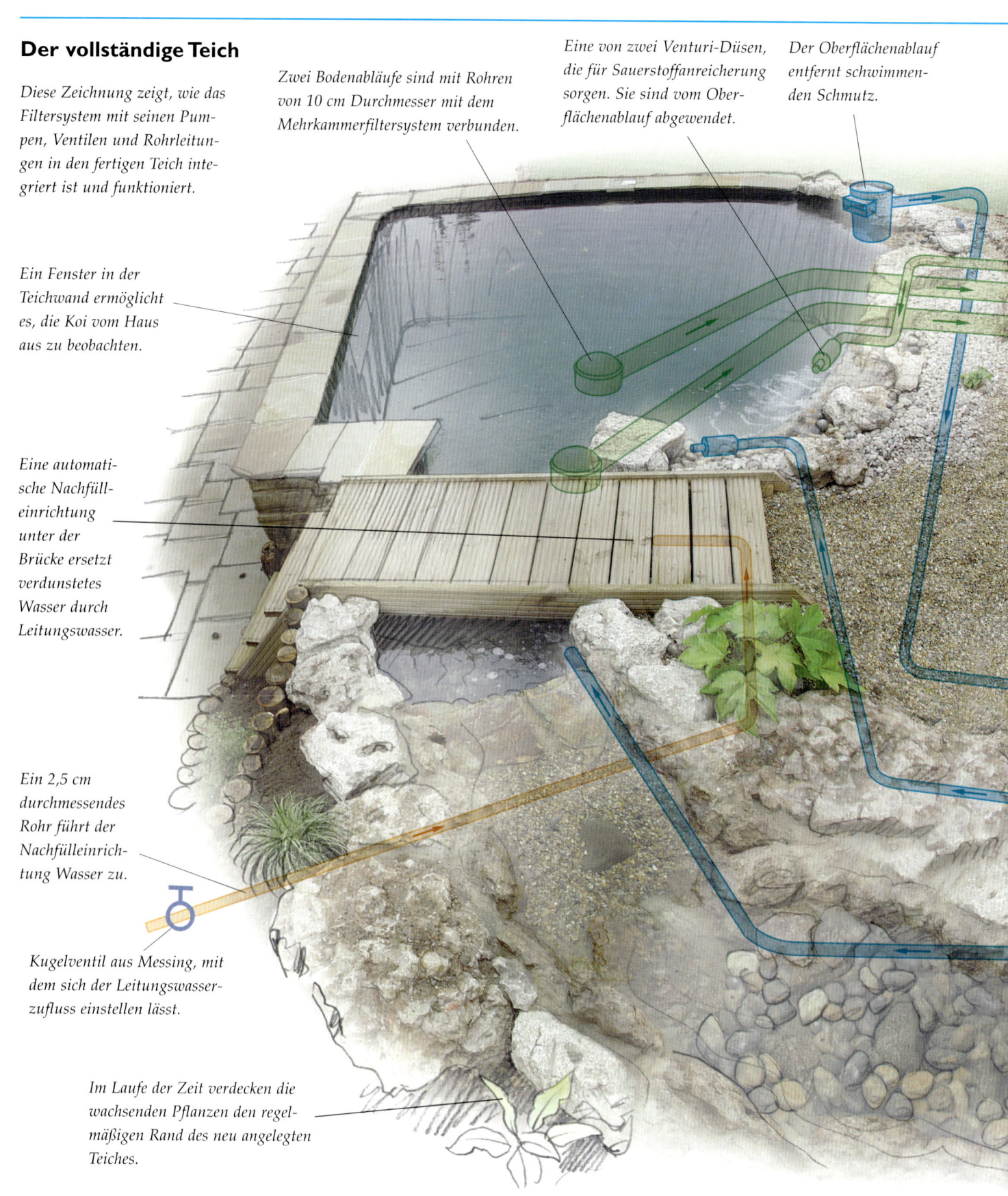

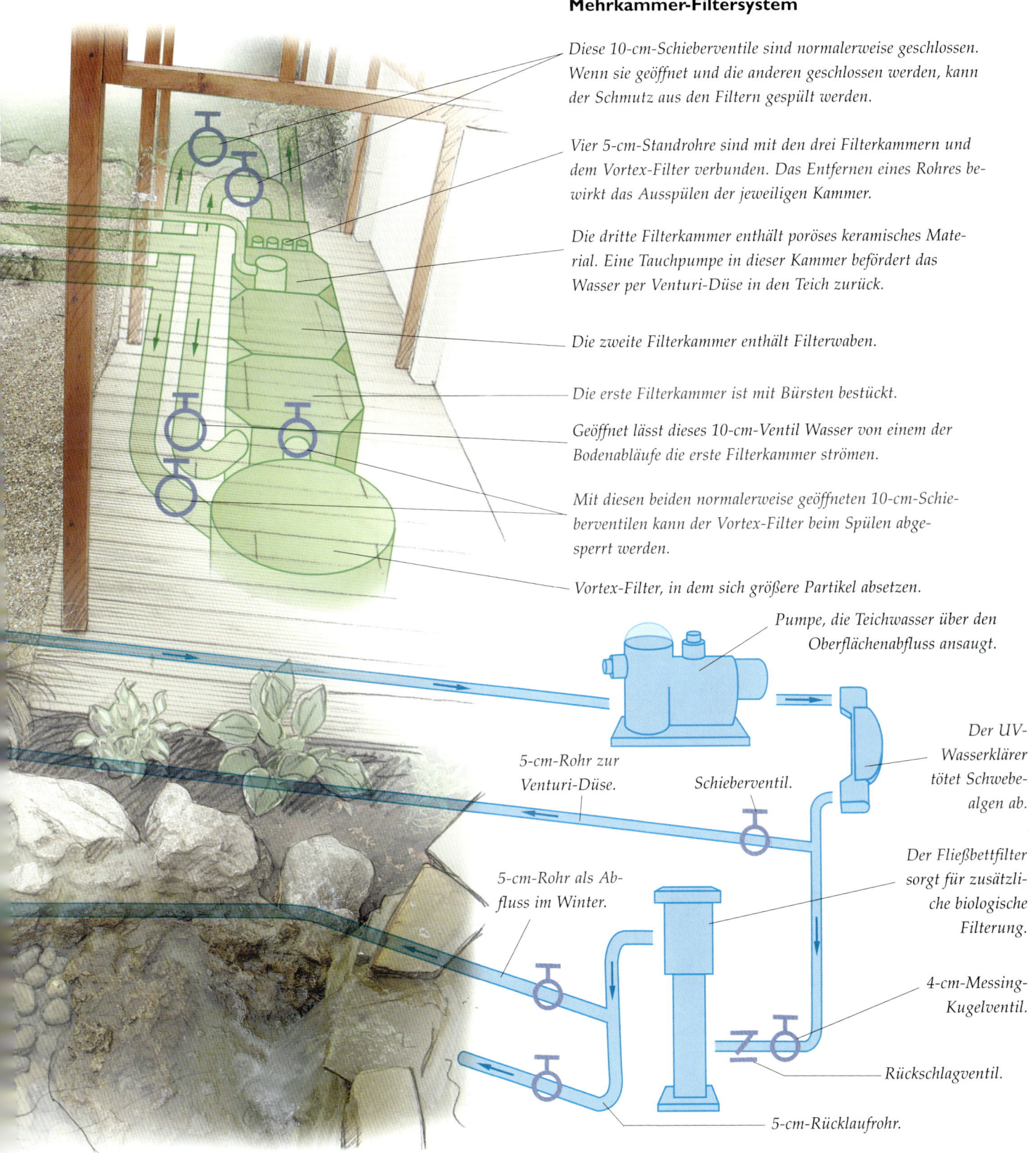

Mehrkammer-Filtersystem

Diese 10-cm-Schieberventile sind normalerweise geschlossen. Wenn sie geöffnet und die anderen geschlossen werden, kann der Schmutz aus den Filtern gespült werden.

Vier 5-cm-Standrohre sind mit den drei Filterkammern und dem Vortex-Filter verbunden. Das Entfernen eines Rohres bewirkt das Ausspülen der jeweiligen Kammer.

Die dritte Filterkammer enthält poröses keramisches Material. Eine Tauchpumpe in dieser Kammer befördert das Wasser per Venturi-Düse in den Teich zurück.

Die zweite Filterkammer enthält Filterwaben.

Die erste Filterkammer ist mit Bürsten bestückt.

Geöffnet lässt dieses 10-cm-Ventil Wasser von einem der Bodenabläufe die erste Filterkammer strömen.

Mit diesen beiden normalerweise geöffneten 10-cm-Schieberventilen kann der Vortex-Filter beim Spülen abgesperrt werden.

Vortex-Filter, in dem sich größere Partikel absetzen.

Pumpe, die Teichwasser über den Oberflächenabfluss ansaugt.

5-cm-Rohr zur Venturi-Düse.

Schieberventil.

Der UV-Wasserklärer tötet Schwebealgen ab.

5-cm-Rohr als Abfluss im Winter.

Der Fließbettfilter sorgt für zusätzliche biologische Filterung.

4-cm-Messing-Kugelventil.

Rückschlagventil.

5-cm-Rücklaufrohr.

Physiologie und Gesundheit

Um ein Verständnis für die Koi-Pflege zu entwickeln, ist es notwendig, sich mit ein wenig Anatomie und Physiologie zu befassen. Nur wenn wir wissen, was gesunde Koi auszeichnet, können wir verstehen, was bei Erkrankungen geschieht und was wir dagegen unternehmen können.

Das Leben im Wasser

Das Leben im Wasser erfordert grundsätzlich andere Voraussetzungen als das Leben auf dem Land. Wasser ist dichter als Luft, so dass für die Bewegung mehr Energie aufzubringen ist. Der Körper eines Koi ist daher stromlinienförmig, um seinen Widerstand im Wasser herabzusetzen. Außerdem nutzen die Koi ihre Energie durch ihre Schwimmweise sehr effizient. Die Körpermuskulatur zieht den Schwanz, der hauptsächlich für den Vortrieb verantwortlich ist, kräftig von Seite zu Seite. Das Wasser wird

Wenn sich Koi vorwärts bewegen, dienen Rücken- und Afterflosse der Stabilisation und verhindern das Rollen im Wasser. Brust- und Bauchflossen dienen der Steuerung und ebenfalls der Stabilisation. Die Brustflossen kontrollieren auch langsame Bewegungen.

so nach hinten gedrückt und erzeugt dort kleine Wirbel, die gemeinsam zum Vortrieb beitragen. Die Flossen fungieren als Stabilisatoren, so dass der Fisch seine Lage im Wasser behält. Die Brustflossen dienen außerdem dazu, die Bewegungen bei geringer Geschwindigkeit zu kontrollieren.

Für Landtiere bedeutet das Atmen einen relativ geringen Aufwand. Die Dichte des Wassers hat jedoch zur Folge, dass ein Fisch für die gleiche Tätigkeit erheblich mehr Energie aufwenden muss. Mat hat berechnet, dass allein 10 % des aufgenommenen Sauerstoffs verbraucht werden, um Wasser durch die Kiemen zu pumpen. Der enge Kontakt zwischen Kiemen und Wasser ruft außerdem Probleme der osmotischen Regulation und des Ionenaustausches hervor (siehe Seite 78).

Zusätzlich zu den physikalischen Anforderungen, die das Wasser stellt, gedeiht in diesem Medium eine Vielzahl von Bakterien. Während die meisten von ihnen harmlos sind, gibt es auch einige Arten, die pathogen oder krankheitserregend sind. In diesem Kapitel betrachten wir nicht nur, wie Koi sich gegen Krankheitserreger verteidigen, sondern sehen uns ebenfalls ihre Anatomie und Physiologie an. Dann untersuchen wir mögliche Gesundheitsprobleme näher und überlegen, was der Pfleger dagegen tun kann.

Haut und Schuppen

Eine charakteristische Eigenschaft der Fische ist das Vorhandensein von Körperschleim, der die Tiere schlüpfrig macht. Bei diesem Schleim handelt es sich nicht um lebendes Gewebe. Er wird von der Haut abgeschieden und dient der Herabsetzung des Wasserwiderstandes. Der Schleim wird also kontinuierlich abgegeben und wieder ersetzt. Außerdem wirkt die Schleimschicht als Barriere für Bakterien, Viren, Pilze und Parasiten. Zu dieser Wirkung trägt nicht nur die ständige Erneuerung der Schicht bei, sondern auch die in ihr enthaltenen Antikörper, Lysozyme und Bakteriolysine (Enzyme, die Bakterienzellen auflösen können). Der Schleim spielt auch eine Rolle bei der Abgabe von Geruchssignalen und Pheromonen.

Die Haut der Koi besteht aus zwei Schichten. Die äußere von beiden, die Epidermis, ist ein feines, dünnes Gewebe, das die Schuppen bedeckt. Die Tatsache, dass Sie die Schuppen eines Koi unter der Epidermis fühlen

Haut, Schuppen und Flossen

Die äußere Hautschicht erzeugt Schleim und dient als Barriere zwischen dem Koi und dem umgebenden Wasser. Die sich überlappenden Schuppen bilden einen festen, aber flexiblen Schutz. Die Schuppen der Seitenlinie sind an jeweils einer Pore in der Mitte zu erkennen.

Überlappende Schuppen

Rückenflosse Seitenlinie

Schwanzflosse

Afterflosse

Brustflossen (paarig) Bauchflossen (paarig)

können, zeigt wie zart diese Schicht ist. Diese lebenden Zellen trennen den Fisch von seiner Umwelt und geben auch die Schleimschicht ab. Die Epidermis-Zellen erneuern sich ständig, um abgestorbene zu ersetzen oder Verletzungen zu heilen.

Die zweite Schicht der Haut ist die Dermis. Sie enthält Blutgefäße, Bindegewebe, Sinnesorgane und die Chromatophoren (Pigmentzellen, die für die Farbmuster verantwortlich sind). Die Schuppen liegen ebenfalls in die Dermis eingebettet. Verlorene Schuppen werden von ihr neu gebildet. Die Schuppen der Koi werden als Zykloid-Schuppen bezeichnet und enthalten Calciumphosphat und -karbonat. Mit Ausnahme der Doitsu-Fische überlappen die Schuppen bei allen Koi und bilden so eine flexible „Rüstung" zum Schutz der Tiere. Mit Ausnahme der Schuppen der Seitenlinie unterscheiden sich die Koischuppen nicht sonderlich.

Die Seitenlinie

Fische besitzen als Sinnesorgan eine sogenannte Seitenlinie, die an einer Reihe von perforierten Schuppen an ihrer Seite zu erkennen ist. Die Poren der Schuppen öffnen sich in einen darunter befindlichen Kanal. In dem Kanal befinden sich Sinneszellen, die ihre Erregung an das Rückenmark und von da aus an das Gehirn weiterleiten. Jede kleine Wasserbewegung wird von den Sinneszellen (es handelt sich um spezielle Haarzellen) wahrgenommen, so dass die Koi auf diese Weise auf andere Fische, Hindernisse im Wasser oder sogar auf die Schritte von Menschen in der Nähe des Teiches aufmerksam werden. Tatsächlich können die Fische auf diese Weise zwischen den Schritten ihres Pflegers und denen eines Besuchers unterscheiden.

Muskulatur

Drei Typen von Muskelzellen kann man bei allen Wirbeltieren unterscheiden. Die glatte Muskulatur ist in den Wänden von Arterien zu finden, außerdem in den Darmwänden, wo sie für den Transport des Nahrungsbreis sorgt. Einen eigenen Typ stellt die Herzmuskulatur dar. Die gestreifte Muskulatur ist die dritte Form, aus der die Muskeln des Bewegungsapparates bestehen. Bei Fischen ist sie in w-förmigen, den Körper umfassenden Blöcken angeordnet, die als Myomere bezeichnet werden. Sie sorgen für den Vortrieb beim Schwimmen.

Das Skelett

Insgesamt verfügen Fische über deutlich mehr Knochen als andere Wirbeltiere. Beispielsweise setzt sich der menschliche Schädel aus 28 Knochen zusammen; der des Koi enthält rund drei Mal so viele. Das Skelett dient vor allem zwei Zwecken. Zum einen hat es eine Stützfunktion und stellt der Muskulatur Angriffspunkte zur Verfügung. Die Interaktion von Skelett und Muskeln ermöglicht die Bewegung des Körpers. Zum anderen schützt es empfindliche Gewebe und Organe, wie das Gehirn und die Augen.

Die Hauptbestandteile des Skeletts sind der Schädel, die Wirbelsäule, die Gürtel der Brust- und Bauchflossen, die verschiedenen mit den unpaarigen Flossen (Rücken-, After- und Schwanzflosse) in Verbindung stehenden Knochen sowie die Rippen, die die Bauchhöhle seitlich abstützen.

Die Verdauungsorgane

An Stelle von Zähnen im Kiefer besitzen Koi paarige Schlundknochen hinter den Kiemenbögen, die mit großen

Innere Organe

Die Kiemen dienen dem Gasaustausch. Kohlendioxid und Amminiak werden in das Wasser abgegeben und Sauerstoff wird von den roten Blutkörperchen aufgenommen. Salze werden aufgenommen und Wasser dringt durch osmotische Prozesse ein.

Schallwellen werden von der Schwimmblase aufgenommen und durch modifizierte Wirbel, den sogenannten Weberschen Apparat, verstärkt an das Innenohr weitergegeben.

Die paarigen Nieren halten Salze zurück und geben große Mengen wässerigen Urins ab, um das osmotische Gleichgewicht im Körper aufrecht zu erhalten.

Die Schwimmblase ist ein gasgefülltes Organ, das es den Koi erlaubt, in jeder beliebigen Tiefe im Wasser zu schweben, ohne dabei Energie aufzuwenden. Das Gas in der Schwimmblase ist zum größten Teil Sauerstoff, der aus dem Blut stammt. Wenn die Fische den Druck in der Schwimmblase senken wollen, geben sie Gas über eine Verbindung zur Speiseröhre ab.

Wirbelsäule

Koi sehen sehr gut.

Gehirn

Barteln (zwei Paar)

Das dreikammerige Herz (Atrium, Ventrikel und Sinus venosus) pumpt sauerstoffarmes Blut zu den Kiemen. Der Ventrikel erhält sauerstoffreiches Blut von der Koronararterie.

Die Nahrung wird im Darm mit Hilfe von Enzymen verdaut, Nährstoffe werden vom Blut aufgenommen. Der Rest wird als Kot abgegeben.

Die Milz speichert unreife Blutkörperchen und produziert Zellen des Immunsystems.

Am After werden nicht verwertbare Stoffe als Kot abgegeben. Durch die Urogenitalöffnung werden der von den Nieren produzierte Urin sowie Rogen oder Milch (Sperma) abgegeben.

Bei Koi ist die Leber sehr gut ausgebildet. Die im Darm gewonnenen Nährstoffe gelangen zur Leber, um verteilt oder gespeichert zu werden. Die Leber wandelt überflüssige Eiweiße in Ammoniak um und baut alte oder beschädigte Blutkörperchen sowie Giftstoffe ab.

Die Gonaden befinden sich auf beiden Seiten des Körpers. Die Ovarien produzieren die Eier und können sehr groß sein. Die Hoden erzeugen die Spermien (Milch).

Zähnen besetzt sind. Diese Schlundzähne zerkleinern das Futter, indem sie es an einer Kauplatte an der Schädelbasis zerreiben. Koi besitzen keinen Magen; die Speiseröhre geht unmittelbar in den Darm über. Hier wird das Futter verdaut, und die Nährstoffe werden vom Blut zur Leber transportiert. Die Leber ist ein großes Organ mit einer Vielzahl von Funktionen. Sie dient vor allem der Umwandlung der Nährstoffe, bevor sie zu den entsprechenden Geweben transportiert oder gespeichert werden. Die Leber nimmt auch die von den Geweben abgegebenen Abbauprodukte auf, verarbeitet beschädigte Blutkörperchen und zerlegt unerwünschte Eiweiße zu Am-

moniak. Jede giftige Substanz wird letztendlich von der Leber verarbeitet.

Osmoregulation

Die Osmoregulation, also die Regulation des Salzgehaltes in den Körperflüssigkeiten, ist ein sehr wichtiger physiologischer Prozess. Es ist sehr wichtig, die Salzkonzentrationen (hauptsächlich Natrium-, Kalium- Calcium- und Magnesiumsalze sowie Chloride und Phosphate) stabil zu erhalten. Der Körper von Süßwasserfischen enthält eine höhere Salzkonzentration als das umgebende Wasser. Da nach dem Prinzip der Osmose das Wasser durch eine se-

Osmoregulation im Süßwasser

Wasser dringt in den Körper aus der relativ salzarmen Umgebung ein.

Salze gehen durch Diffusion verloren.

Gewebe und Körperflüssigkeiten im Körper enthalten mehr Salze als das umgebende Wasser.

Durch Osmose dringt Wasser in die Kiemen ein.

Die Nieren scheiden Wasser aus und halten Salze zurück.

Chloridzellen in den Kiemenlamellen nehmen aktiv Salz aus dem umgebenden Wasser auf.

Große Mengen an wässrigem Urin werden ins Wasser abgegeben.

mipermeable Membran (die Haut) von einer geringer konzentrierten Salzlösung in die höher konzentrierte eindringt, nehmen Koi über Körperoberfläche und Kiemen ständig Wasser auf. Durch Diffusion verliert der Körper zusätzlich Salze in das umgebende Wasser. Dieser Prozess wird zu einem gewissen Grade durch sogenannte Chloridzellen in den Kiemen gemildert, die aktiv Salze aus dem Wasser aufnehmen. Koi lösen das Problem dadurch, dass ihre Nieren Salze aus dem Blut zurückhalten und große Mengen an stark verdünntem Urin produzieren. Da das Wasser durch osmotische Prozesse in den Körper eindringt, brauchen Koi nicht zu trinken.

Die Menge des eindringenden Wassers hängt außerdem von der übrigen Stoffwechselaktivität ab. Unter Stress, zum Beispiel beim Fang vieler Fische und der damit einhergehenden Unruhe, kann es geschehen, dass sie soviel Wasser aufnehmen, dass sie anschwellen und einen der Bauchwassersucht ähnlichen Zustand annehmen (siehe Seite 91). Die erhöhte Durchblutung zur Sauerstoffgewinnung lässt die Tiere dann mehr Wasser aufnehmen, als sofort durch die Kiemen ausgeschieden werden kann.

Die Kiemen – Struktur und Funktion

Die Kiemen stellen das Hauptatmungsorgan dar. Sie bestehen aus sehr zartem Gewebe, da sie den Transport von Sauerstoff vom Wasser in das Blut und die Abgabe von Kohlendioxid ermöglichen müssen. Koi leisten bei der Sauerstoffgewinnung erstaunlich viel. Ihre Kiemenfilamente oder Primärlamellen verfügen über eine sehr große Oberfläche, was durch die Auffaltung des als Sekundärlamellen bekannten Gewebes erreicht wird. Hier werden Blut und Wasser nur noch durch eine einzellige Gewebeschicht getrennt. Um eine maximale Sauerstoffanreicherung zu ermöglichen, durchfließt das Wasser die Kiemenlamellen in entgegengesetzter Richtung zum Blut, was als Gegenstromprinzip bezeichnet wird.

Die Kiemen sind der wichtigste Ort für die Ausscheidung von Eiweißabbauprodukten, von denen 82 % als Ammoniak und 8 % als Harnstoff abgegeben werden. Die restliche 10 % werden von den Nieren mit dem Urin ausgeschieden.

Die Tatsache, dass das Blut in den Kiemen einen derart engen Kontakt zum umgebenden Wasser hat, bedeutet, dass es abhängig von der Temperatur des Umgebungswassers entweder gekühlt oder erwärmt wird. Das die Kiemen verlassende sauerstoffreiche Blut wird zum einen zum Gehirn und zum anderen durch die dorsale Aorta zu den Geweben geleitet. Dieses Blutgefäß verläuft unter der Wirbelsäule und daher durch die Mitte des Körpers.

Die Schwimmblase

Die Schwimmblase stellt einen gasgefüllten Sack dar, der sich zwischen der Wirbelsäule und der Bauchhöhle befindet. Bei Koi ist die Schwimmblase in zwei Kammern unterteilt, wobei die Nieren sich zwischen den beiden Kammern befinden. Die Hauptfunktion der Schwimmblase ist es, den Auftrieb der Fische dem umgebenden Wasser anzupassen, so dass sie ohne Energieaufwand im Wasser schweben. Bei Koi ist noch eine Verbindung zwischen Schwimmblase und Vorderdarm vorhanden, die zum Beispiel bei barschartigen Fischen nicht mehr existiert. Tatsächlich können die Fische den Gasgehalt ihrer Schwimmblase verringern, indem sie Luft „ausspucken". Die Erhöhung des Gasgehaltes wird dagegen meistens eher durch vom Blut in die Schwimmblase abgegebenen Sauerstoff erreicht.

Bei Koi und vielen anderen Fischen (den sogenannten Ostariophysi) dient die Schwimmblase auch der Schallaufnahme und -verstärkung, die mittels zwischen Schwimmblase und Innenohr befindlicher kleiner Knochen (dem Weberschen Apparat) bewerkstelligt wird.

Gesundheitsvorsorge

Wenn eine große Anzahl von Tieren in menschlicher Obhut gehalten wird, gibt es Gelegenheiten, bei denen eines oder mehrere krank werden. Krankheiten treten besonders häufig bei schlechten Wasserbedingungen und unter Stress auf. Eine gute Teichpflege beinhaltet regelmäßige Wassertests, die nachweisen, dass Teich und Filter nicht mit organischen Stoffen belastet sind. Man sollte seine Fische gut beobachten, so dass man ungewöhnliches Verhalten erkennen kann, und ihnen qualitativ hochwertige Nahrung anbieten (siehe Seiten 102–107). Wenn Fische erkranken oder gar sterben, muss man umgehend die Ursache feststellen, um geeignete Maßnahmen ergreifen zu können.

Erste Maßnahme sollte immer die Überprüfung sämtlicher Wasserwerte sein, wenn auch nur, um diese Ursache sicher ausschließen zu können. Zusätzliche Belüftung des Wassers sollte immer erfolgen, es sei denn, die Symptome der Gasblasenkrankheit sind festzustellen (siehe Seite 81). Die Verstärkung der Belüftung hat zwei Vorteile. Zum einen werden die Koi besser mit Sauerstoff versorgt, was bei gestressten Tieren sehr wichtig ist. Zum anderen nimmt die Luft auch freies Ammoniak aus dem Wasser auf und transportiert es mit den Luftblasen zur Wasseroberfläche.

Wenn Sie die Ursache einer Erkrankung finden wollen, sollten Sie nach einem unter den erkrankten Fischen auftretenden Muster suchen.

Koi-Herpes-Virus

In der letzten Zeit ist eine Virus-Erkrankung, bekannt als Koi-Herpes-Virus, als Ursache von Todesfällen bekannt geworden. Verstärkende Faktoren sind durch Import verursachter Stress, Transport oder Haltungsfehler wie Überbesatz, schlechte Sauerstoffversorgung oder Belastung des Wassers mit Ammoniak und Nitrit.

Viele Krankheiten erzeugen Symptome, die mit denen des Koi-Herpes-Virus vergleichbar sind, aber meistens kommt es zu Hautablösungen, gefolgt von Kiemenzerstörung und dem Tod. Sicher kann die Krankheit nur anhand von Gewebeproben im Labor nachgewiesen werden. Koi können sich von der Krankheit erholen. trotzdem kann sie später wieder ausbrechen. Die DNA des Herpes-Virus wird in die der befallenen Zellen integriert. Unter Stresseinfluss kann das Virus wieder aktiv werden. Einmal infizierte Koi tragen das Virus ihr Leben lang, so dass sie andere Koi noch Monate oder Jahre später infizieren können. Da es keine Behandlung dieser Krankheit gibt, sollte man alle neu erworbenen Koi in Quarantäne halten, bevor man sie in den Teich einsetzt.

Wenn beispielsweise eine große Zahl von Koi verschiedener Größen betroffen ist, kann die Wasserqualität die Ursache sein. Insbesondere hohe Ammoniak- und Nitritkonzentrationen und ein geringer Sauerstoffgehalt kommen hier in Frage. Infektionserkrankungen durch Bakterien, Viren oder Parasiten treten dagegen zuerst bei wenigen Fischen auf. Die Zahl der befallenen Tiere wird jedoch ständig ansteigen.

Wenn nur ein einzelnes Tier betroffen und bei den anderen keine Veränderung festzustellen ist, handelt es sich wahrscheinlich um eine mechanische Verletzung. Verletzungen treten meistens in Folge ungeschickten oder wiederholten Herausfangens auf. Es ist also nicht sinnvoll, die Tiere regelmäßig zur Untersuchung einzufangen. Damit riskieren Sie nicht nur unnötige Verlet-

Stress trägt als wesentlicher Faktor zum Ausbruch des Koi-Herpes-Virus bei. Da der Transport ein wesentlicher Stress-Faktor ist, kann danach eine Infektion ausbrechen.

Wenn der Sauerstoffgehalt des Wassers sinkt, benehmen sich die Koi lethargisch und hören auf zu fressen. Sinkt die Sauerstoffkonzentration auf kritische Werte ab, schnappen die Tiere an der Wasseroberfläche nach Luft. Zusätzliche Belüftung ist jetzt notwendig.

zungen, sondern erzeugen auch kontinuierlichen Stress, der das Auftreten opportunistischer Infektionen ermöglicht (siehe Seite 93).

Manchmal ist es notwendig, entweder ein einzelnes Tier oder die gesamte Koi-Population medikamentös zu behandeln. In diesem Fall sollte ein auf Fischkrankheiten spezialisierter Tierarzt hinzugezogen werden.

Durch die Umwelt bedingte Erkrankungen

Schlechte Wasserqualität ist eine der Hauptursachen für Erkrankungen der Fische. Wenn die Bedingungen nicht verbessert werden, ist es unwahrscheinlich, dass die Tiere wieder gesund werden. Durch den in diesem Zusammenhang auftretenden Stress kommt es sehr oft zu infektiösen Folgeerkrankungen.

Der Sauerstoffgehalt

Im Sommer, wenn die Koi besonders aktiv sind und daher genügend Sauerstoff benötigen, kommt es durch hohe Wassertemperaturen oft zu einem kritischen Abfall in der Konzentration dieses Gases (siehe Seite 24). Koi benötigen mindestens 6 mg/l Sauerstoff, um zu wachsen, ihr Gewebe zu erneuern und sich vermehren zu können. Obwohl Koi auch bei Konzentrationen von 3 mg/l noch einige Zeit überleben können, stehen sie dabei unter deutlicher Stresseinwirkung.

Während der Sommermonate ist es nicht ungewöhnlich, im Koi-Teich konstant niedrige Sauerstoffkonzentrationen zu messen. Die Fische werden lethargisch und verweigern die Nahrungsaufnahme. Es wird immer wieder beobachtet, dass die Tiere nun an die Wasseroberfläche kommen und nach Luft schnappen, aber das ist wirklich die letzte Notmaßnahme. Nun ist die Situation wirklich kritisch, so dass Sie sofort mit starker Belüftung des Wassers reagieren müssen.

Wie wir auf Seite 26 gesehen haben, verbrauchen nicht nur Fische den im Wasser gelösten Sauerstoff, sondern auch Pflanzen, Algen und Bakterien. Wenn der Sauerstoffgehalt über Nacht extrem abfällt, finden Sie die größten und aktivsten Fische am anderen Morgen tot vor, während die anderen an der Wasseroberfläche nach Luft schnappen, obwohl sie am vorigen Tag kerngesund waren. Unabhängig davon, ob der Sauerstoffgehalt ständig niedrig ist oder ob in Folge des Algen- und Pflanzenwachstums nächtliche Defizite auftreten, stehen die Koi unter entsprechendem Stress.

Die Gasblasenkrankheit

Wenn sich im Winter die Luft gut im Wasser löst, kann es zum Auftreten der Gasblasenkrankheit kommen. Die physiologischen Folgen dieser Krankheit ähneln der Stickstoffnarkose oder der Deko-Krankheit der Gerätetaucher. Die Körpermuskulatur der Koi kann dabei in Krämpfe verfallen. Voraussetzung der Erkrankung ist die Übersättigung des Wassers mit Luft. Luft besteht zum größten Teil aus Stickstoff, so dass das Wasser hauptsächlich mit Stickstoff und einem kleinen Anteil anderer Gase übersättigt ist. Der Stickstoffanteil ist auch für das Entstehen der Gasblasenkrankheit zuständig. Wenn die Koi das übersättigte Wasser durch ihre Kiemen transportieren, dringt der Stickstoff durch die Kiemenlamellen in das Blut ein. Befindet sich das Gas nun im Blutkreislauf, kann es durch Veränderungen im Blutdruck wieder in Form von Gasblasen austreten und Luftembolien verursachen. Diese treten besonders im Gewebe der Flossen und zwischen den Flossenstrahlen, um die Augen herum, im Kiemengewebe und im Bereich des Maules auf. Gelegentlich bilden sich auch Luftblasen zwischen der Dermis und der Epidermis, so dass sich bei zu großem Druck ganze Hautpartien ablösen können.

Ist das Problem einmal erkannt und behandelt, erholen sich die betroffenen Koi in den meisten Fällen ohne weitere Maßnahmen. Sie können den Gasgehalt übersättigten Wassers durch starke Bewegung wieder herabsetzen, etwa indem Sie das Wasser gegen die Teichwand oder ein zu diesem Zwecke in den Teich gesetztes Objekt spritzen. Durch die Bewegung wird die Wasseroberfläche vergrößert, so dass überschüssige Gase wieder in die Luft entweichen können.

Ammoniak-Vergiftung

Wenn sich die Ammoniak-Konzentration im Teichwasser erhöht, produzieren die Koi als erste Reaktion mehr Schleim auf der Körperoberfläche und den Kiemen. Wenn sich die Konzentration weiter erhöht, kommt es zur Kiemenschwellung. Die Zellen der Kiemenlamellen schwellen an und sterben ab. Anfangs sind oft nur die Spitzen der sekundären Kiemenlamellen betroffen, so dass man von Keulenbildung spricht. Wenn der Ammoniakeinfluss bestehen bleibt, können ganze Kiemenbereiche miteinander verkleben. Die Koi bekommen daher Schwierigkeiten mit der Atmung und der Osmoregulation; es kann zur Bauchwassersucht kommen.

Wenn das Wasser frei von Ammoniak ist, haben die Koi keine Probleme damit, Ammoniak aus dem Körper über die Kiemen abzugeben. Steigt dagegen die Konzentration im Wasser, enthält der Fischkörper zwangsläufig die gleiche Ammoniakkonzentration, da kein Konzentrationsgefälle mehr vorhanden ist. Die Koi können also nur

Wenn man Salz in den Teich geben will, sollte man es zuerst in einem Eimer Wasser auflösen. Gibt man die Kristalle unmittelbar in den Teich, können die Fische Hautschäden davontragen.

so viel Ammoniak abgeben, dass die Konzentration in Wasser und Körper die gleiche ist. Die Anreicherung von Ammoniak im Körper führt zur Anhebung des Blut-pH-Wertes, was wiederum die Möglichkeiten des Fisches Sauerstoff aufzunehmen und Nährstoffe zu verarbeiten herabsetzt und damit auch das Wachstum der Tiere behindert.

Die Giftigkeit des Ammoniaks kann durch die Zugabe von Kochsalz (Natriumchlorid) oder dem im Handel erhältlichen Salz für Teiche und Aquarien vermindert werden. Das Salz überführt Ammoniak in Ammonium, das für die Fische weitaus weniger schädlich ist. Die Ammoniak-Konzentration im Teichwasser muss jedoch auf jeden Fall durch regelmäßige Teilwasserwechsel herabgesetzt werden. Der Umfang und die Häufigkeit der Wasserwechsel ist von der vorliegenden Wasserbelastung abhängig. Verschiedene mineralische Substanzen wie Zeolith sowie Kunstharz-Ionentauscher können die Ammoniakkonzentration durch Entfernen des Ammoniums herabsetzen (siehe auch Seiten 29–30).

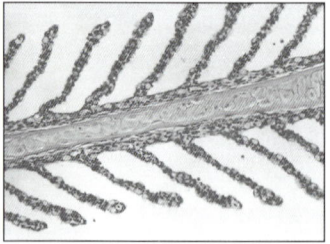

Auf diesem Bild kann sieht man eine primäre Kiemenlamelle mit den daran sitzenden Sekundärlamellen, die den intensiven Kontakt von Blut und Wasser ermöglichen.

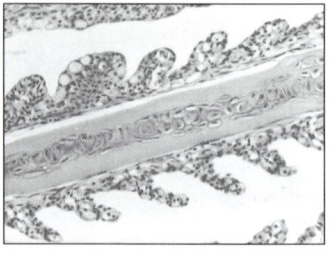

Der Einfluss von Ammoniak zerstört die feine Struktur der Kiemenlamellen. Zellen sterben ab, so dass die Lamellen kurz und dick werden. Diesen Zustand bezeichnet man auch als Kiemenschwellung.

Die Nitrit-Vergiftung

Nitrit ist das unmittelbare Abbauprodukt des Ammoniaks (siehe Seite 30) und für Koi ebenfalls sehr giftig. Da Nitrit die Haut reizt, kann man beobachten, dass sich die Koi bei zu hoher Konzentration häufig an festen Gegenständen reiben. Dieses Verhalten kann als Folge einer Parasiteninfektion missverstanden und daher falsch behandelt werden. Die Nitritvergiftung wird gelegentlich auch als „Braunes-Blut-Krankheit" bezeichnet, da sich Nitrit mit dem Hämoglobin in den roten Blutkörperchen zu Methämoglobin verbindet, das keinen Sauerstoff mehr aufnehmen kann und dem Blut eine bräunliche Farbe anstelle der charakteristischen roten gibt. Nitrit führt zur Entspannung der glatten Muskulatur und damit zur Erweiterung der Arterien, was wiederum zu einem Herz- und Kreislaufversagen führen kann. Außerdem gibt es Hinweise darauf, dass Nitrit die Effektivität des Immunsystems herabsetzt, so dass die ständige Einwirkung Schwächeinfektionen wie eine bakterielle Kiemeninfektion zur Folge haben kann.

Der Einfluss der Temperatur

Allgemein vertragen erwachsene Koi Temperaturen zwischen 3 und 25 °C. Da Karpfen ursprünglich aus Südeuropa stammen, liegen die bevorzugten Temperaturen wohl bei 15–22 °C. In den letzten Jahren gibt es in Japan einen Trend, Koi in ihrem ersten und zweiten Jahr in Fischhäusern zu überwintern, in denen eine Temperatur von mindestens 16 °C, meistens eher 18 °C herrscht. Das hat zur Folge, dass junge Koi recht empfindlich auf niedrige Temperaturen reagieren. Stress-Symptome treten bei ihnen bereits auf, wenn die Temperatur unter 14 °C fällt. Bei zu niedrigen Temperaturen werden Koi lethargisch, liegen häufig auf der Seite, schwimmen aber weg, wenn sie gestört werden. Oft ist die Haut geschädigt, so dass die Fische empfindlich für bakterielle Infektionen werden. Wenn junge Koi jedoch bereits während der Sommermonate in den Teich eingesetzt werden, sollten sie sich an den allmählichen Temperaturabfall im Herbst gewöhnen.

Das Immunsystem der Koi arbeitet temperaturabhängig und funktioniert in den warmen Sommermonaten am besten. Seine Effektivität nimmt im Herbst und frühen Winter nach und nach ab, um dann während der kältesten Monate auf seinem Tiefpunkt anzukommen. Der Frühling wird daher als die für Koi schwierigste Zeit angesehen, da ihr Immunsystem noch nicht richtig arbeitet, die Aktivität der Parasiten aber durch die geringen Temperaturerhöhungen bereits gesteigert wird. Das Immunsystem wird auch vom Ernährungszustand der Koi beeinflusst, und da sie im Winter kaum gefüttert worden sind, kann das im Frühjahr ebenfalls Folgen haben.

Koi tolerieren im Allgemeinen einen plötzlichen Temperatursturz eher als einen zu schnellen Temperaturanstieg. Die Wassertemperatur darf allerdings um zehn Grad innerhalb von 24 Stunden schwanken. Temperaturerhöhungen können den Sauerstoffgehalt des Wassers herabsetzen (siehe Seite 24); das Immunsystem der

Bei Temperaturen von 18 °C und mehr reagiert das Immunsystem junger Koi am besten auf Parasiten und Bakterien. Wenn die Wassertemperatur unter 10 °C fällt, arbeitet das Immunsystem nicht mehr besonders effektiv.

Einen Abstrich nehmen und testen

1 Unten: Halten Sie den Fisch fest und benutzen Sie einen Spatel oder ein anderes stumpfes Werkzeug, mit dem Sie vorsichtig vom Kopf zum Schwanz über die Seite streichen.

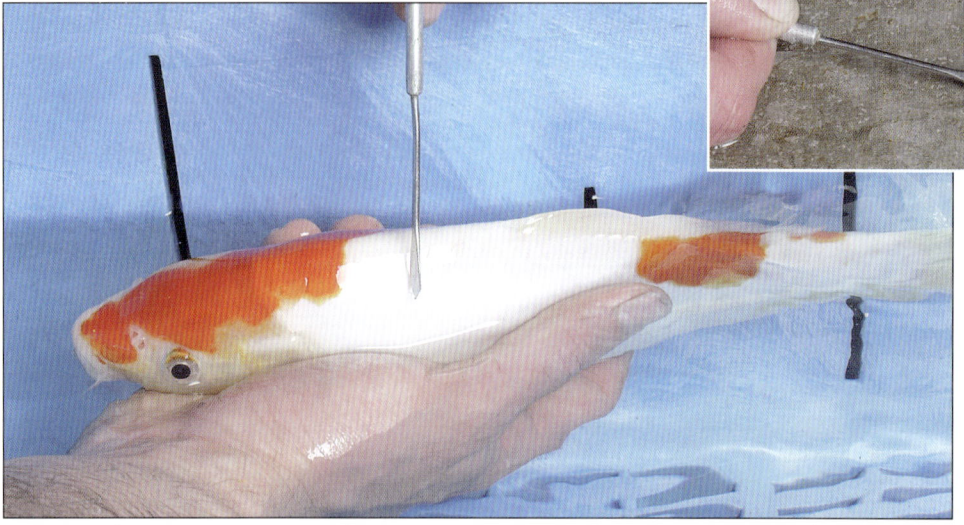

3 Links: Legen Sie vorsichtig ein Deckglas auf die Probe, so dass sie sich in einer dünnen, gleichmäßigen Schicht auf dem Objektträger verteilt.

2 Oben: Geben Sie den Schleimabstrich zusammen mit ein wenig Teichwasser auf einen Objektträger.

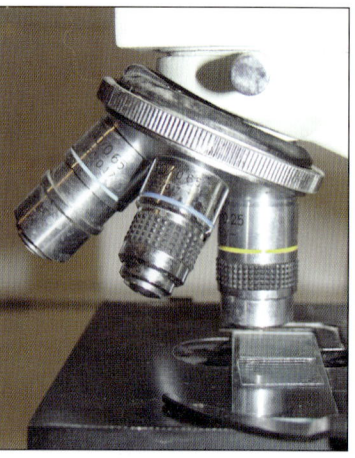

4 Rechts: Untersuchen Sie die Probe unter dem Mikroskop. Beginnen Sie mit geringer Vergrößerung und bewegen Sie den Objektträger, um nach Parasiten zu suchen.

Fische profitiert jedoch erst allmählich davon. Parasiten und Bakterien können allerdings ihre Chance nutzen und sich schnell vermehren.

Parasiten

Eine ganze Reihe verbreiteter Parasiten kann Koi befallen. Tritt ein Parasitenbefall auf, sollte man zuerst eine exakte Diagnose stellen, da die Gegenwart einiger Arten darauf hinweist, dass die Teichhygiene verbessert werden muss. Viele Parasiten lassen sich nicht mit dem bloßen Auge entdecken, so dass Sie ein Mikroskop zu ihrer Identifikation benötigen. Wenn Sie gerade mit der Koi-Haltung begonnen haben, sollten Sie sich auf jeden Fall von erfahrenen Pflegern oder spezialisierten Tierärzten beraten lassen. Sie benötigen einige Erfahrung, um beurteilen zu können, wann eine Infektion mit Parasiten behandelt werden muss. Wenn der Befall so gering ist, dass man im

Schleimabstrich lange suchen muss, um überhaupt einen Parasiten zu finden, ist keine Behandlung nötig. Es ist nämlich vollkommen normal, dass Koi eine begrenzte Anzahl an Parasiten beherbergen. Wenn allerdings große Parasitenmengen beim ersten Blick in das Mikroskop auffallen, ist es vermutlich nötig, den Fisch zu behandeln und sich Gedanken über die Teichhygiene zu machen. Die im Folgenden beschriebenen Parasiten sind diejenigen, die Sie am häufigsten bei Koi finden werden.

Einzeller

Die meisten Einzeller (Protozoen) leben frei im Wasser; manche jedoch befallen als Parasiten Fische.

Costia (*Ichthyobodo necator*) ist vermutlich der kleinste auf Koi angetroffene Hautparasit. Er ist ungefähr so groß wie ein rotes Blutkörperchen. Costia ist bohnen- oder kommaförmig und schwimmt mit Hilfe von zwei ungleich

Oben: *Ichthyobodo necator, auch Costia genannt,*
ruft Irritationen der Haut hervor. Befallene Koi
sehen durch ihre starke Schleimproduktion, mit
der sie auf den Parasiten reagieren, oft grau aus.
Die Haut kann auch blutunterlaufen wirken.

Unten: *Eine Schleimprobe, in der viele Chilodonel-*
la-Parasiten enthalten sind. Chilodonella befällt
Koi vor allem bei niedrigen Temperaturen und be-
schädigt die Haut. Infizierte Fische reiben sich
häufig an Gegenständen und springen.

langen, haarartigen Geißeln. Die Einzeller können bei Temperaturen von 2–30 °C leben, bevorzugen jedoch den kühleren Bereich dieser Spanne. Costia sticht die Zellen der Kiemen und der Haut an und ernährt sich von ihrem Inhalt. Wenn sie in großen Zahlen auftreten, können die Parasiten die Koi schädigen und schwächen, so dass Sekundärinfektionen die Folge sind. Die Irritation, die Costia in der Haut hervorruft, veranlasst die Fische, ihre Schleimproduktion zu verstärken. Daher wirkt die Haut betroffener Tiere meistens grau. Unter Stresseinfluss sind Koi für eine Costia-Infektion besonders empfänglich.

Chilodonella piscicola ist ein herzförmiger Parasit der Süßwasserfische. Die große Toleranz gegenüber Brackwasser führt dazu, dass eine Bekämpfung mit Kochsalz (Natriumchlorid) nicht möglich ist. Der Parasit bevorzugt Wassertemperaturen von 5–10 °C. Wie Costia sticht *Chilodonella* Hautzellen an, saugt ihren Inhalt aus und ist daher die Ursache für Hautschäden, Sekundärinfektionen und Störungen in der Osmoregulation.

Ichthyophthirius multifiliis ist an weißen Pünktchen in der Haut der betroffenen Koi zu erkennen. Daher bezeichnet man den Befall auch als „Weiße-Pünktchen-Krankheit". Dieser Parasit tötet weltweit sicher mehr in menschlicher Obhut gehaltene Fische als jede andere Fischkrankheit.

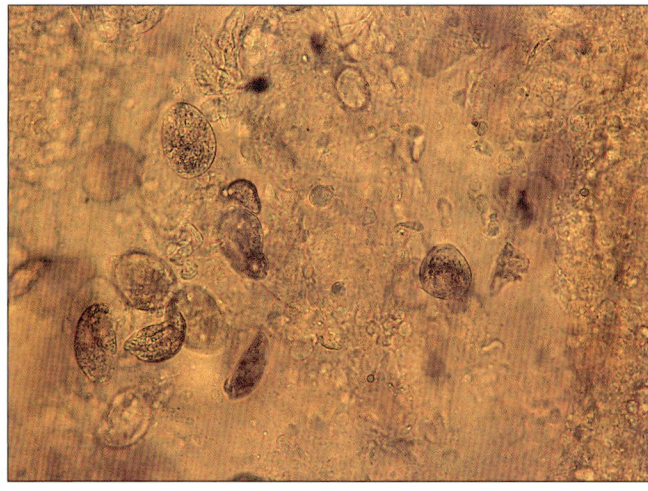

Die sichtbaren Pünktchen stellen das Adultstadium des Parasiten dar; sie befinden sich unter der Epidermis. Verlässt der Parasit den Fisch, zerreißt er diese dünne Zellschicht und hinterlässt eine mit vielen kleinen Verletzungen übersäte Haut. Bei starken Infektionen können sich ganze Hautpartien ablösen. Die durch *Ichthyophthirius* hervorgerufenen Wunden erschweren die Osmoregulation des Fisches und begünstigen Sekundärinfektionen mit opportunistischen Bakterien und Pilzen.

Nach dem Verlassen des Fisches teilen sich die Parasiten in bis zu 1000 infektiöse „Schwärmer", die aktiv den nächsten Fisch aufsuchen. Bei einer Temperatur von 20 °C wird dieser Zyklus in sieben Tagen vollendet. Bei kühlerem Wasser dauert es entsprechend länger. Das Auftauchen der Infektion hängt meistens mit auf die Fische einwirkendem Stress zusammen. Die medikamentöse Behandlung sollte so schnell wie möglich begonnen werden. Medikamente erreichen den Parasiten nur in dem Stadium, in dem er sich außerhalb des Fisches befindet. Man sollte daher die Behandlung möglichst schnell beginnen, um die weitere Vermehrung zu unterbinden.

Trichodina ist vermutlich der am leichtesten zu identifizierende „Parasit" bei Koi. An einem Ring aus kalkhaltigen „Zähnchen" ist er leicht zu erkennen. Trichodina ist kein Parasit im eigentlichen Sinne, da sich die Einzeller von im Schleim enthaltenen Bakterien, abgestorbenen Hautzellen und organischem Detritus ernähren. Ein zahlreiches Auftreten weist jedoch auf einen Fehler bei der Koi-Pflege hin. Auch wenn eine medikamentöse Behandlung kurz-

Oben: *Ein Speisekarpfen mit massiver Ichthyophthirius-Infektion, die mit bloßem Auge sichtbar ist. Die größeren Parasiten stehen kurz davor, sich vom Fisch zu lösen. In Folge der Infektion scheidet der Fisch verstärkt Schleim ab.*

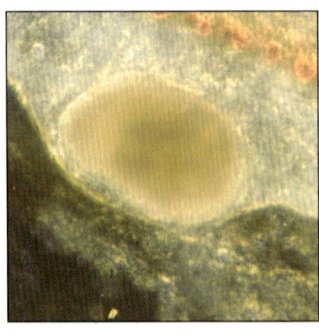

Oben: *Ichthyophthirius befällt auch das Kiemengewebe. Der Parasit ist hier vom dünnen Epithel umgeben. Die Schäden, die der Einzeller beim Zerstören des Gewebes hinterlässt, behindern Atmung und Osmoregulation.*

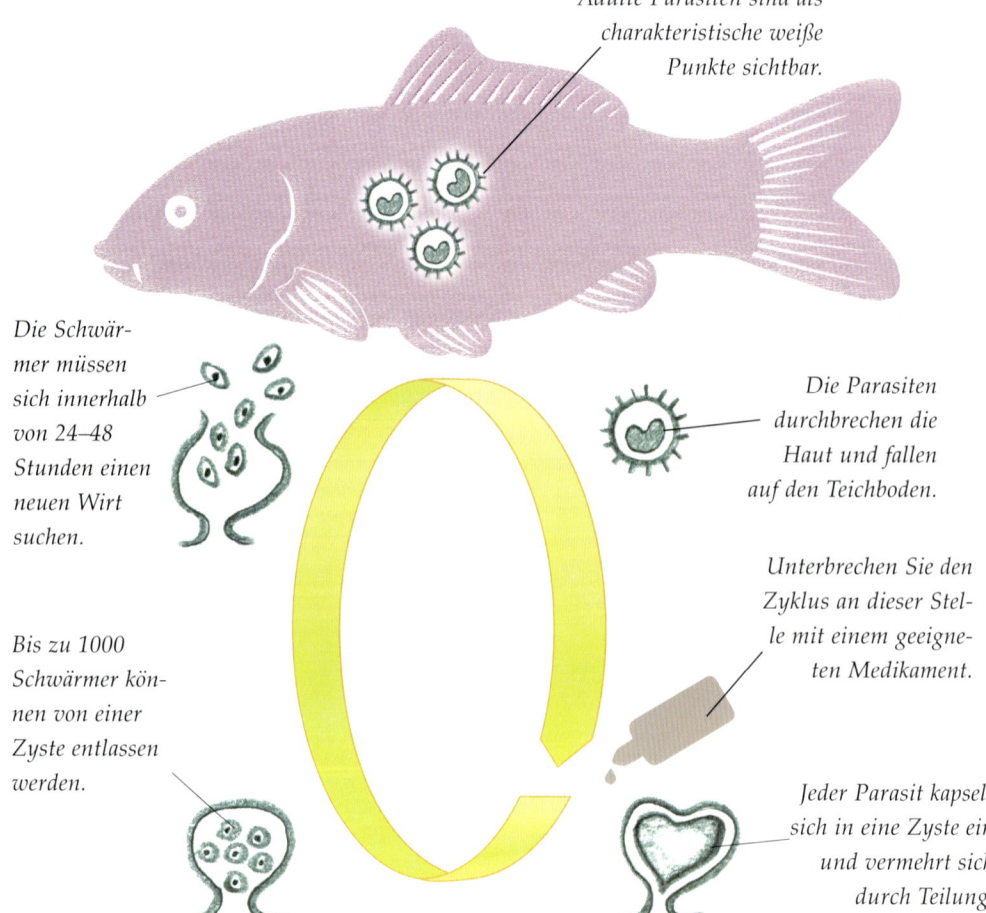

Adulte Parasiten sind als charakteristische weiße Punkte sichtbar.

Die Schwärmer müssen sich innerhalb von 24–48 Stunden einen neuen Wirt suchen.

Die Parasiten durchbrechen die Haut und fallen auf den Teichboden.

Unterbrechen Sie den Zyklus an dieser Stelle mit einem geeigneten Medikament.

Bis zu 1000 Schwärmer können von einer Zyste entlassen werden.

Jeder Parasit kapselt sich in eine Zyste ein und vermehrt sich durch Teilung.

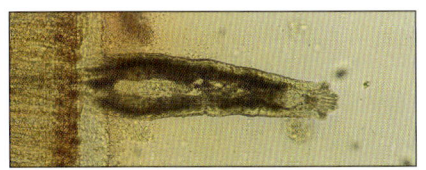

Oben: *Die Kiemenwürmer haften mit den Haken ihres sogenannten Haptors am Gewebe und strecken sich zu den Kiemenfilamenten, um Fressbares zu suchen.*

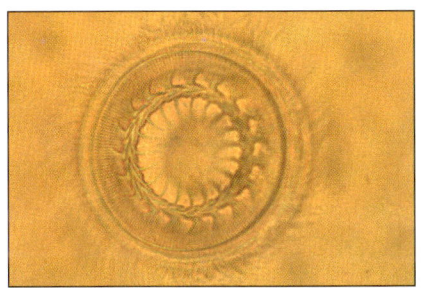

Oben: *An dem inneren Ring aus verkalkten Zähnchen, der die Struktur des Parasiten stützt, lässt sich Trichodina leicht erkennen. Der Kranz feiner Wimpern am Außenrand dient der Fortbewegung.*

Kiemenwürmer

Eine große Zahl von Kiemenwürmern kann die Kiemenfilamente zerstören und sowohl Sauerstoffaufnahme als auch Osmoregulation beeinträchtigen.

Töten Sie adulte Kiemenwürmer mit einem geeigneten Medikament ab.

Eier werden aus den Kiemen ins Wasser gespült und werden zu frei schwimmenden Larven.

Sobald sie über Cilien verfügen, suchen sie einen neuen Wirt auf.

fristig nötig sein sollte, löst man das Problem nur, indem man Filter und Rohrleitungen reinigt, in denen die Einzeller in organischem Material vorkommen. Das Auftreten großer *Trichodina*-Zahlen irritiert die befallenen Fische jedoch, die daraufhin noch mehr Schleim abgeben und damit wiederum mehr organische Partikel auffangen, von denen die Parasiten leben. Es ist nicht selten, dass frisch importierte Koi unter *Trichodina* leiden. Der Grund dafür besteht darin, dass dem Transportwasser oft Salz zugesetzt wird, um Stressauswirkungen entgegenzuwirken. Das führt zu einer erhöhten Schleimproduktion, so dass wiederum genügend organische Stoffe festgehalten werden, von denen die Einzeller leben können.

Würmer

Zwei Kategorien von Würmern trifft man bei Koi vor allem an: Haut- und Kiemenwürmer. Schwere Infektionen mit beiden weisen auf schlechte Wasserbedingungen hin, wie niedrige Sauerstoffkonzentrationen, größere Mengen organischen Materials oder Überbesatz. Die Würmer ernähren sich von der Epidermis der Haut oder der Kie-

men und verursachen dadurch Reizungen und übermäßige Schleimproduktion. Ein starker Befall wird daher manchmal auch als „Grauer-Schleim-Krankheit" bezeichnet. Die hinteren Enden beider Wurmgruppen sind mit einem Paar großer und einem Kranz kleiner Haken bewehrt. Die Haken verursachen massive Hautschäden, wenn sich die Würmer mit ihnen verankern. Außerdem können mit ihnen auch bakterielle Infektionen übertragen werden. Ein schwerer Befall (mehr als 30 Würmer pro Abstrich) sollte ernst genommen werden.

Kiemenwürmer (*Dactylogyrus* sp.) lassen sich durch vier kleine Augenflecke am vorderen Ende diagnostizieren. Erwachsene Würmer befinden sich auf dem Kiemengewebe und legen Eier, die mit dem Wasserstrom in den Teich abgegeben werden. Die Geschwindigkeit, mit der sich die Eier entwickeln, hängt von der Temperatur ab. Die Larve ist sehr aktiv und sucht sich schnell einen neuen Wirt. Schwere Infektionen lassen die Spitzen der Kiemenlamellen zu unförmigen Gebilden anschwellen.

Hautwürmer (*Gyrodactylus* sp.) findet man am Körper der Fische. Im Gegensatz zu Kiemenwürmern haben sie keine Augen und sind lebend gebärend.

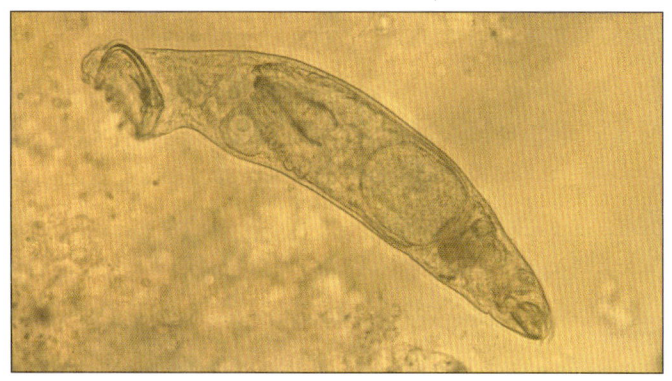

Oben: Hautwürmer bringen lebende Junge zur Welt, von denen hier eins im Körper der Mutter zu sehen ist. Oft findet man die Würmer in großer Anzahl auf der Haut der Koi vor, die darauf mit vermehrter Schleimproduktion („Grauer-Schleim-Krankheit") reagieren.

Mit bloßem Auge sichtbare Parasiten

Bei den bekanntesten mit bloßem Auge zu erkennenden Parasiten handelt es sich um Krebstiere: Ankerwürmer und Karpfenläuse. Diese Parasiten sind für Koi sehr schädlich und müssen daher schnell bekämpft werden, ehe sie sich im Teich vermehren können. Bei jeder Behandlungsmaßnahme müssen die Wassertemperatur und die Zeit, in der sich die Krebstiere vermehren können, berücksichtigt werden.

Ankerwürmer (*Lernaea cyprinacea*) durchlaufen einen recht komplexen Lebenszyklus. Nur das Weibchen lebt als Parasit. Sein dünner, fadenförmiger Körper, an dem oft zwei Eiersäcke zu erkennen sind, ragt unter einer Schuppe des befallenen Koi hervor. Die Eier werden ins Wasser abgegeben; ihre Schlupfzeit hängt von der Wassertemperatur ab. Die Jugendstadien dieser Krebse sehen völlig anders aus als die adulten und sind freilebend. Zur Zeit der Geschlechtsreife gehen Männchen und Weib-

Lebenszyklus des Ankerwurms

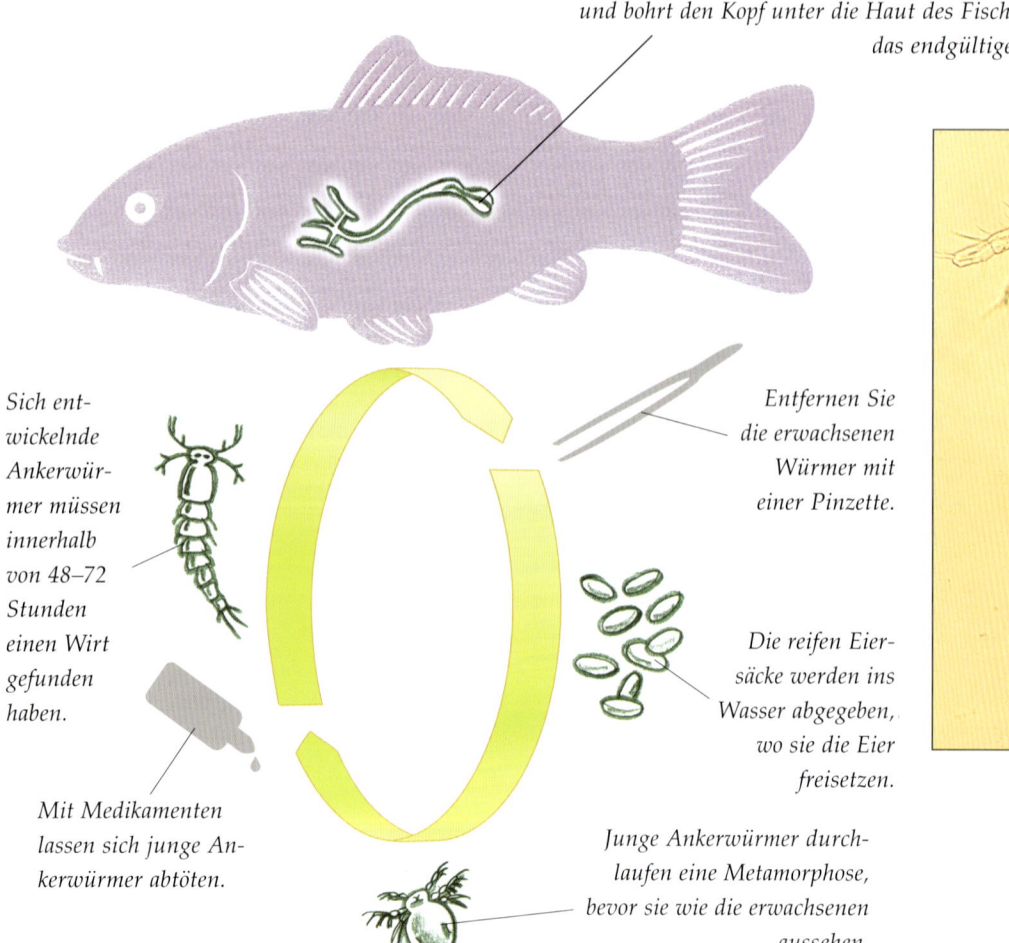

Nach der Paarung kriecht der weibliche Ankerwurm unter eine Schuppe und bohrt den Kopf unter die Haut des Fisches. Nun wandelt er sich in das endgültige parasitische Stadium um.

Sich entwickelnde Ankerwürmer müssen innerhalb von 48–72 Stunden einen Wirt gefunden haben.

Mit Medikamenten lassen sich junge Ankerwürmer abtöten.

Entfernen Sie die erwachsenen Würmer mit einer Pinzette.

Die reifen Eiersäcke werden ins Wasser abgegeben, wo sie die Eier freisetzen.

Junge Ankerwürmer durchlaufen eine Metamorphose, bevor sie wie die erwachsenen aussehen.

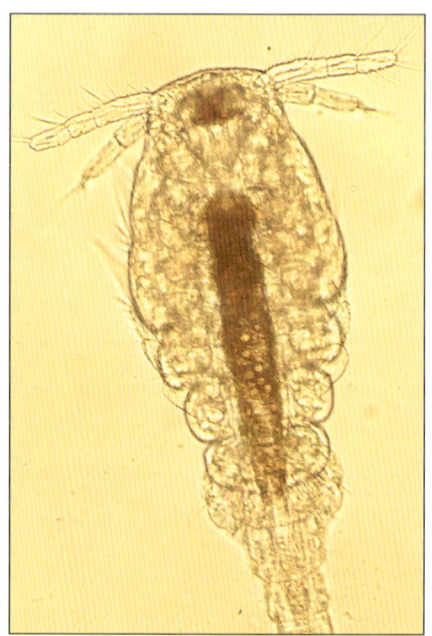

Lebenszyklus der Karpfenlaus

Die Paarung kann sowohl auf dem Fisch als auch im Teich stattfinden. Einige einzige Paarung reicht aus, um alle Eier zu befruchten.

Karpfenläuse häuten sich im Laufe ihres Lebens mehrfach, so dass sie in verschiedenen Größen auftreten.

Geben Sie ein geeignetes Medikament gegen Karpfenläuse ins Wasser.

Entfernen Sie alle Läuse mit Pinzetten.

Das Weibchen verlässt den Fisch zur Eiablage und kann bis zu 15 Tage ohne ihn leben.

Oben: *Karpfenläuse können recht gut schwimmen, bevorzugen es aber, zum Fressen auf dem Koi zu bleiben, wo sie sich mit zwei kleinen Saugscheiben unterhalb ihres Kopfes festhalten. Mit dem nadelartig spitzen Maul können Karpfenläuse die Haut des Wirtes durchbohren und sich von Blut und Gewebeflüssigkeiten ernähren.*

Junge Karpfenläuse gleichen bereits den erwachsenen. Sie können sofort nach dem Schlupf schwimmen und sich ernähren.

Die Eier werden in Ballen an verfügbarem Substrat, in Fadenalgen und selbst im Filter abgelegt. Die Schlupfzeit hängt von der Temperatur ab. Im Herbst gelegte Eier schlüpfen im Frühling.

chen zum parasitären Leben über, setzen sich im Kiemengewebe fest und paaren sich. Das Männchen stirbt danach. Das Weibchen wandert auf den Körper, um eine geeignete Stelle – meist an einer Schuppe – zu finden, an der es sich unter die Haut graben kann. Nun findet eine bemerkenswerte Verwandlung statt, bei der der Kopf sich in eine Verankerungseinrichtung verwandelt, die den Parasit einige Monate lang an seinem Platz hält. Während dieser Zeit ernährt er sich ununterbrochen vom Blut und vom Gewebe des Fisches. Oft findet man Geschwüre an der Verankerungsstelle vor.

Karpfenläuse (*Argulus japonicus*) sind tellerförmige Parasiten, die erwachsen einen Durchmesser von rund 1 cm erreichen können. Die Jungen sind Miniaturausgaben der adulten Tiere. Alle Altersstufen der Karpfenläuse ernähren sich vom Blut und den Körperflüssigkeiten der

Fische, indem sie deren Haut mit ihrem an eine Injektionsspritze erinnernden Maul durchbohren. Wenn eine Karpfenlaus einen Fisch befällt, gibt sie einen Stoff ab, mit dem andere Läuse angelockt werden. Als Folge eines massiven Befalls treten bei den Koi oft offene Läsionen und Geschwüre auf.

Karpfenläuse sind aktive Schwimmer. Die Weibchen legen ihre Eier oft an Pflanzen und Fadenalgen oder sogar im Filtersystem ab. Die Entwicklungszeit der Eier hängt von der Wassertemperatur ab; bei 16 °C sind es etwa sechs Wochen.

Bakterien
Bakterien, sowohl nützliche als auch schädliche, sind in jedem Teich vorhanden. Den bakteriellen Infektionen durch gute Hygiene vorzubeugen ist erheblich besser als

ein bereits aufgetretenes Problem zu heilen. Trotzdem können Infektionen auch im bestgeführten Teich auftreten. In vielen Fällen wird nur ein einzelnes Tier das Opfer einer bakteriellen Infektion. Manchmal reichen normale antibakterielle Medikamente aus; es kann jedoch auch sein, dass man zu einem Antibiotikum greifen muss. Es ist jedoch sehr wichtig, dass Antibiotika nur nach entsprechenden Resistenztests und nach Verschreibung durch den Tierarzt verabreicht werden, da die Resistenzbildung der Bakterien gegen diese Mittel sowohl im veterinär- als auch im humanmedizinischen Bereich gravierende Folgen hat. Da die Verabreichung von Antibiotika nur bei funktionierendem Immunsystem Sinn macht, sollten sie nicht bei niedrigen Temperaturen eingesetzt werden, wenn die Immunfunktionen nur eingeschränkt aktiv sind. Zum Schluss sollte man noch bedenken, dass Antibiotika beim Abtöten von Bakterien keineswegs selektiv vorgehen. Daher werden von ihnen nicht nur schädliche, sondern auch nützliche Bakterien vernichtet.

Die wohl am häufigsten auftretende bakterielle Infektion wird von *Aeromonas hydrophila* hervorgerufen, einem opportunistischen Krankheitserreger, der besonders geschwächte Fische befällt. Symptome sind offene Wunden und starke Geschwürbildung. In den letzten Jahren hat der Erreger eine zunehmende Immunität gegen Antibiotika entwickelt, so dass es mittlerweile nicht selten ist, dass keins der in der Veterinärmedizin angewandten Mittel mehr hilft.

Geschwüre

Koi verfügen über drei natürliche Barrieren gegenüber bakteriellen Infektionen: Schleim, Haut und Schuppen. Wenn eine dieser Barrieren oder gar alle drei durchbrochen werden, können opportunistische Bakterien wie *Aeromonas hydrophila*, die in allen Teichen vorkommen, das Gewebe angreifen. Unbehandelt bildet sich ein Loch, durch das die Bakterien bis zum Blutkreislauf vordringen und „Glotzaugen" (Exophthalmus) oder Bauchwassersucht hervorrufen. Zum Schluss stirbt der Fisch. Geschwüre haben ihre Ursache in einer Infektion oder schlechter Wasserqualität. Man kann sie vermeiden, wenn man gut auf das Verhalten der Tiere achtet, das Wasser regelmäßig auf Ammoniak und Nitrit überprüft und im Notfall die richtigen Maßnahmen ergreift. Wenn man den Wert mancher Koi-Sammlungen bedenkt, sollte man auch in ein Mikroskop investieren, da die meisten Krankheitserreger nicht mit dem bloßen Auge gesehen werden können.

Wenn Sie ein Geschwür bemerken, sollten Sie sofort mit der Behandlung beginnen. Besonders bei Temperaturen von mehr als 15 °C ist Eile geboten. Die einzige Methode, den Fisch effektiv zu behandeln, ist, ihn erst einmal zu betäuben. Es ist ansonsten unmöglich, einen Fisch außerhalb des Wassers festzuhalten, insbesondere wenn er mehr als 30 cm lang ist. Außerdem erspart man sich und dem Patienten so eine Menge Stress. Das am meisten verwendete Betäubungsmittel ist Tricain (MS 222),

Behandlung mit Propolis

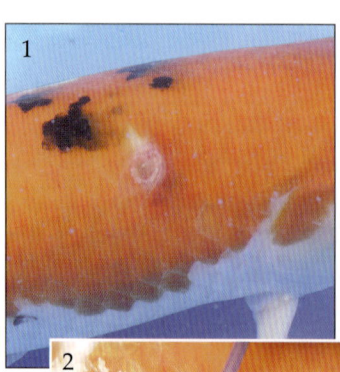
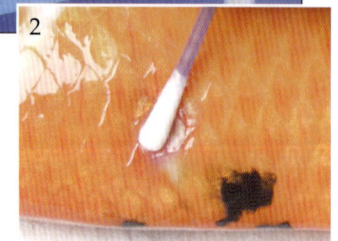

1 Typische kleine Wunde oder Geschwür.
2 Betäuben Sie den Koi und reinigen Sie die Wunde mit einem Baumwolltupfer.
3 Behandeln Sie die gereinigte Fläche mit Propolis-Spray, bis sie vollständig bedeckt ist. Das Spray desinfiziert die Wunde und verhindert, dass Bakterien in die tieferen Gewebeschichten vordringen.

Oben: *Lassen Sie das Spray antrocknen, bevor Sie den Koi wieder in den Teich setzen. Wiederholen Sie die Behandlung alle zwei bis drei Tage, wenn nötig. Verschwinden die Probleme nicht, fragen Sie einen Fachmann.*

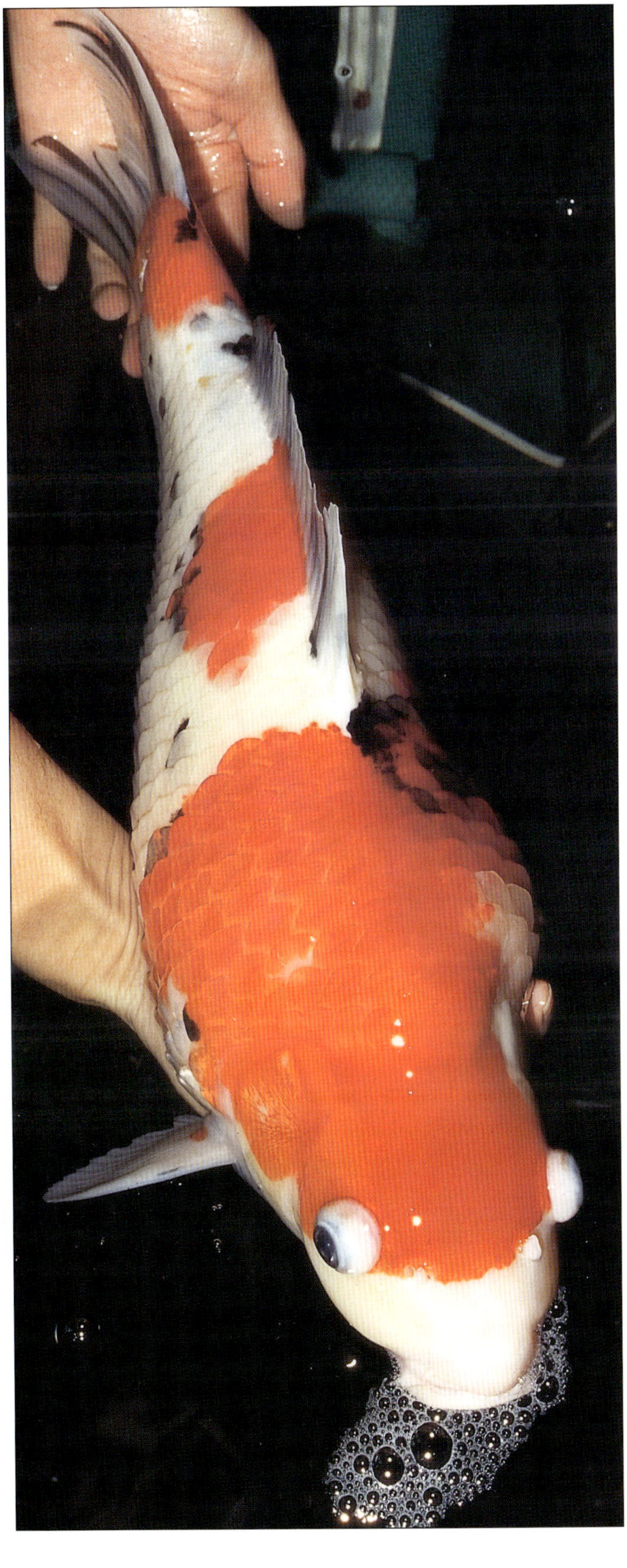

das man in einer Dosierung von 4,4 g/l mit Teichwasser ansetzt. Denken Sie daran, dass Sie das Mittel nur vom Tierarzt bekommen können und dass es in verschiedenen Ländern nicht zugelassen ist.

Überführen Sie den Fisch vorsichtig in die Betäubungslösung, um nicht weiteren Schaden anzurichten. Nach einigen Minuten wird der Fisch sich auf die Seite legen. Nehmen Sie ihn aus dem Wasser und überprüfen Sie, ob er auch wirklich betäubt ist. Sicher möchten Sie nicht, dass er während der Behandlung zu sich kommt. Legen Sie den Koi auf ein feuchtes Tuch und bedecken Sie seine Augen, um ihn weiter zu beruhigen.

Mit Hilfe eines Baumwolltupfers üben Sie nun vorsichtigen, aber festen Druck auf die Schuppen um das Geschwür herum aus, wobei Sie vom Kopf zum Schwanz hin arbeiten. Abgestorbene Schuppen werden sich lösen und dem darunter liegenden Gewebe die Heilung ermöglichen. Säubern Sie die gesunden Schuppen mit einem Baum-

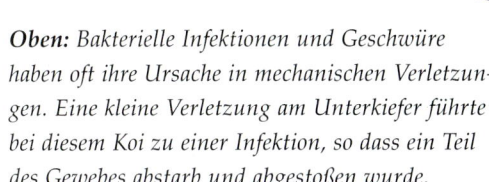

Oben: Bakterielle Infektionen und Geschwüre haben oft ihre Ursache in mechanischen Verletzungen. Eine kleine Verletzung am Unterkiefer führte bei diesem Koi zu einer Infektion, so dass ein Teil des Gewebes abstarb und abgestoßen wurde.

Links: *Ein Sanke mit Glotzaugen und Bauchwassersucht. Da sich Wasser im Gewebe angesammelt hat, stehen die Schuppen ab. Dieses Symptom wird gelegentlich als „Tannenzapfen" bezeichnet. Da der Schädel als Knochenkapsel keine Schwellung erlaubt, treten die mit Wasser gefüllten Augen aus ihm hervor.*

Behandlung eines Geschwüres

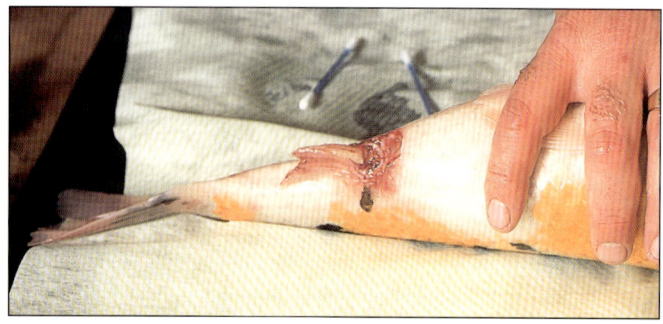

1 Oben: Wenn der Fisch betäubt ist, legen Sie ihn auf ein feuchtes Tuch, um die Haut zu schonen. Kopf und Augen sollten mit dem Tuch bedeckt werden. Auf diese Weise wird verhindert, dass der Fisch plötzlich zu springen beginnt.

2 Oben: Suchen Sie nach Parasiten wie Ankerwürmern oder Karpfenläusen, die die Urhaber des Geschwürs sein könnten. Mit einem Baumwolltupfer entfernen Sie totes Gewebe und reinigen die Umgebung. Entfernen Sie bagestorbene Schuppen mit einer Pinzette.

3 Oben: Wenn die betroffene Stelle gereinigt ist, sollten Sie eine antiseptische Lösung aufbringen, die zum Schutz mit einer dünnen Schicht wasserfesten Gels abgedeckt werden kann.

4 Oben: Setzen Sie den Fisch vorsichtig in einen schwimmenden Korb und belüften sie ihn, um dem Koi das Erwachen aus der Narkose zu erleichtern. Bald sollte er wieder normal schwimmen.

wolltupfer, um die Bakterien zu entfernen, und trocknen Sie die Wunde mit einem Papiertuch. Säubern Sie den Bereich mit einer antibakteriellen Lösung und bringen Sie eine antiseptische Tinktur auf. Nun bringen Sie ein Versiegelungsmittel auf, damit die Tinktur nicht abgewaschen wird. Das Mittel sollte auf Schleimhäuten haften. Cremes für die Behandlung von wunden Stellen im menschlichen Mundbereich haben sich als ideal erwiesen. Sie sollten drei bis vier Tage lang auf dem Fisch verbleiben. Nach der Behandlung hängen Sie den Fisch in einem Korb in den Teich ein und installieren einen Ausströmerstein in der Nähe seines Kopfes, damit er wieder zu sich kommt.

Es kann je nach Größe des Geschwürs notwendig sein, die Behandlung nach etwa einer Woche zu wiederholen.

Sie sollten dem Fisch jedoch auf jeden Fall die Chance zur Selbstheilung geben. Wenn Sie bemerken, dass sich eine weiße Haut über der Wunde entwickelt, ist der Fisch auf dem Wege der Heilung. Hartnäckige Geschwüre, die auf diesem Wege nicht abheilen, bedürfen auf jeden Fall der Behandlung durch einen Tierarzt.

Viren

Es gibt zwar keine Behandlung einer Virus-Infektion, aber glücklicherweise werden die meisten Koi-Pfleger wohl nicht mit einer ernsthaften Viren-Erkrankung konfrontiert werden. Obwohl die Frühlingsvirämie der Karpfen (SVC) eine bei Karpfen ernstzunehmende Erkrankung ist, ist zur Infektion ein unmittelbarer Kontakt mit erkrankten Fischen nötig. Da die Krankheit vor allem wilde Karpfen befällt, sollte man es vermeiden, Fische aus Flüssen oder natürlichen Teichen in den Koiteich einzusetzen.

Die am meisten verbreitete Virus-Erkrankung bei Koi sind die Karpfen-Pocken, die von einem Herpes-Virus hervorgerufen werden. Die Pocken erscheinen auf der Körperoberfläche als weiße, wachsartige Knoten, die normalerweise verschwinden, wenn die Wassertemperatur in Frühjahr und Sommer ansteigt. Manchmal leidet ein Koi zwei oder drei Jahre lang an Karpfenpocken, bevor die Knötchen plötzlich verschwinden.

„Pilzinfektionen"

Koi mit einem geschwächten Immunsystem neigen zur Entwicklung von „Pilzinfektionen", bei denen es sich eigentlich um Infektionen mit parasitären Algen handelt. Auch schlechte Wasserbedingungen oder Schäden durch Parasiten oder Verletzungen können zu dieser Erkrankung führen. Besonders gestresste Tiere sind gefährdet, da die natürliche Abwehr von Infektionen hier nicht mehr in vollem Maße gewährleistet ist. Wenn ein Koi infiziert worden ist, entsteht ein Geflecht aus baumwollähnlichen, oft schmutzigbraunen Fäden, in dem sich Schmutz und Detritus verfangen. Manchmal erscheinen die Fäden auch grün, wenn sich photosynthetisch aktive Algen darin festsetzen. Die Erkrankung kann sich sehr schnell verbreiten, innerhalb von 24 Stunden einen Koi vollständig befallen und sehr tief in das Muskelgewebe hinab reichen.

Stress

Stress spielt bei dem Ausbruch von Krankheiten bei Koi eine große Rolle. Wie sehr die Empfindlichkeit der Tiere erhöht wird, hängt von verschiedenen Faktoren ab, wie die Stärke des Stress, seine Einwirkungsdauer, die Konditi-

on des Tieres, ob es laichreif und wie alt es ist. Verschiedene Stressfaktoren addieren sich in ihrer Wirkung. Kurzzeitiger Stress, wie der Angriff eines Räubers oder eine Fangaktion, führen zu einer Kampf-oder-Flucht-Reaktion. In den Blutkreislauf ausgeschüttetes Adrenalin führt dazu, dass der Herzschlag beschleunigt und die Blutgefäße verengt werden. Gleichzeitig wird den Muskeln Glukose als Brennstoff zur Verfügung gestellt. Hormone regen den Stoffaustausch an den Kiemen an, was jedoch auch zu erhöhter Wasseraufnahme und Bauchwassersucht führen kann. Hauptsächliche Aufgabe der Hormone ist es, dem Koi eine schnelle Reaktion auf die Stressursache und eine schnelle Flucht zu erlauben.

Langfristig einwirkender Stress oder Situationen, in denen mehrere verschiedene Stressfaktoren vorliegen, führen zur Ausschüttung des Hormons Cortisol. Cortisol regt die Freisetzung von Glukose und den Ionenaustausch an, der normalerweise vor allem über die Kiemen stattfindet. Unter lang andauerndem Stress wird auch der Darm in einer Weise einbezogen, dass Ionen und Salze mit einer erhöhten Urinproduktion verloren gehen. Die Hauptfunktion von Cortisol ist es, die Energie für die Bewältigung des Dauerstresses bereitzustellen; die Nebenwirkungen sind die Schwächung des Immunsystems sowie die Herabsetzung von Wachstum und Vermehrung. Die Auswirkungen des Hormons auf das Immunsystem sind gravierend, da sie die Koi empfänglich für Sekundärinfektionen machen, die nur schwer unter Kontrolle zu bringen sind.

Es ist interessant, dass der durch den Fang oder einen Kälteschock verursachte Stress zur Freigabe von Adrenalin und Cortisol führt. Beide Hormone haben einen synergistischen Effekt: Das eine verstärkt die Aktivität des anderen.

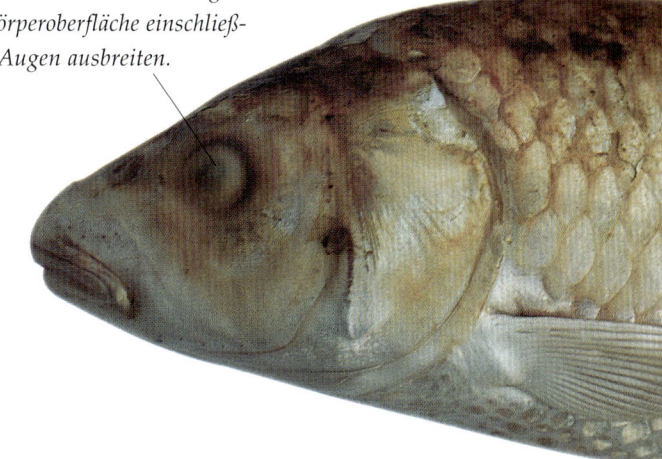

Der „Pilz" kann sich über die gesamte Körperoberfläche einschließlich der Augen ausbreiten.

Oben: *Tatsächlich handelt es sich bei den „Pilzfäden" um chlorophyllfreie, parasitisch lebende Algen aus der Verwandtschaft der Heterokontophyten.*

Rechts: *„Pilzinfektionen" treten in nahezu jedem Gewässer auf, wenn die Haut der Koi durch eine mechanische Verletzung oder durch Umwelteinflüsse vorgeschädigt ist.*

Behandlungstabelle

Behandeln Sie Ihre Koi immer mit größter Vorsicht. Es ist wichtig, den genauen Inhalt von Teich und Filteranlage zu kennen. Folgen Sie den Angaben des Medikamenten-Herstellers genau. Wenn Sie Mengenberechnungen vornehmen, fragen Sie noch eine zweite Person. Man hat sich schnell um einen Dezimalpunkt verrechnet. Eine Überdosis macht die Behandlung übrigens nicht wirkungsvoller, sondern schadet den Tieren. Behandeln Sie Ihre Fische niemals auf Verdacht! Sind sie sich Ihrer Diagnose nicht ganz sicher, ziehen Sie auf jeden Fall einen Tierarzt hinzu!

Da viele Medikamente einen antibakteriellen Effekt haben, sollten Sie die Wasserqualität ständig kontrollieren, da die Filterbakterien in Mitleidenschaft gezogen werden können.

Messen Sie Medikamente sorgfältig ab; geben Sie sie nie in konzentrierter Form in den Teich. Füllen Sie eine Gießkanne mit Teichwasser, geben das Medikament hinzu und verteilen den Inhalt über die Teichoberfläche.

Acriflavin
Anwendung: Infektionen durch Parasiten, Bakterien und „Pilze".
Dosis: 5–10 mg/l in Wasser gelöst.
Mögliche Probleme: Viele Erreger sind in Folge des häufigen Gebrauches bereits resistent gegen das Mittel geworden.

Chloramin-T
Anwendung: Behandlung von *Ichthyobodo necator* (Costia), *Trichodina* sp., *Ichthyophthirius*, Hautwürmern, bakteriellen Infektionen.
Dosis: Abhängig von Wasserhärte, pH-Wert und Temperatur.

pH-Wert	weiches Wasser (mg/l)	hartes Wasser (mg/l)
6	2,5	7
6,5	5	10
7	10	15
7,5	18	18
8	20	20

Mögliche Probleme: Chloramine-T kann in weichem Wasser giftig wirken. Man sollte ein anderes Mittel benutzen. Nicht in Gegenwart von Metallen anwenden! Hohe Dosen können toxisch sein. Beginnen Sie immer mit einer niedrigen Dosis und erhöhen Sie sie, wenn nötig. Nicht in Verbindung mit Formalin oder Benzalkonium-Chlorid benutzen.

Formalin
Anwendung: Infektionen durch Einzeller und Würmer.
Dosis: 37–40-prozentiges Formalin in 15–25 mg/l.
Mögliche Probleme: Formalin verringert den Sauerstoffgehalt des Wassers und reizt die Kiemen. Überprüfen Sie daher den Sauerstoffgehalt des Wassers vor und während der Behandlung. Man sollte sicherheitshalber zusätzliche Ausströmersteine installieren. In weichem, saurem Wasser und bei höheren Temperaturen wird Formalin zunehmend toxisch. Verwenden Sie die Lösung nicht mehr, wenn sich bei Temperaturen von 8 °C und weniger ein weißer Niederschlag aus Paraformaldehyd abgesetzt hat. Wenden Sie Formaldehyd nicht bei unter Stress stehenden oder unter Verletzungen und Geschwüren leidenden Koi an. Pflanzen reagieren sehr empfindlich auf Formalin.

Leteux-Meyer-Mixtur
Anwendung: Die Mixtur stellt eine Kombination aus Malchitgrün und Formalin dar. Die Wirkung der kombinierten Chemikalien ist stärker als die einer jeden einzelnen. Ein gut wirksames Mittel bei *Ichthyophthirius* und anderen Infektionen durch Protozoen.
Dosis: 0,1/l Malachitgrün mit 25 mg/l Formalin (37–40 %).
Mögliche Probleme: Die Mischung setzt den Sauerstoffgehalt des Wassers herab und sollte nur bei 5 mg/l Sauerstoff und mehr eingesetzt werden. Bei höheren Temperaturen nimmt die Giftigkeit zu. In manchen Ländern ist die Anwendung von Malachitgrün nicht erlaubt.

Malachitgrün
Anwendung: Das Mittel wird gegen *Ichthyophthirius* und „Pilz"-Erkrankungen angewendet. Für die Behandlung von Koi muss zinkfreies Malachitgrün verwendet werden. Die Chemikalie hat einige ungewöhnliche Eigenschaften. In saurem Wasser ist sie grün gefärbt und wasserlöslich, wohingegen sie in basischer Umgebung farblos, wasserunlöslich, aber fettlöslich ist. Die Anwendung von Malachitgrün ist problematisch, da das Mittel Mutationen und damit Krebs hervorrufen kann. In der Nutzfischhaltung ist die Anwendung daher verboten, und in manchen Ländern ist Malachitgrün grundsätzlich verboten. In anderen ist es weiterhin für die Behandlung von Zierfischen zugelassen.
Dosis: 0,1 mg/l
Mögliche Probleme: Malachitgrün ist ein wirksames Atmungsgift, gegen das es kein Gegenmittel gibt. Die Wirkung nimmt mit regelmäßiger Behandlung zu. Der Sauerstoffgehalt des Wassers wird zusätzlich herabgesetzt. Sie sollten also sowohl vor als auch während der Behandlung Maßnahmen zur zusätzlichen Belüftung des Wassers ergreifen. Mit steigender Wassertemperatur wird das Medikament giftiger. Außerdem wird die Giftigkeit auch durch einen niedrigen pH-Wert gesteigert.

Organophosphat-Insektizide
Anwendung: Benutzt für Würmer, Karpfenläuse, Ankerwürmer, Egel. In manchen Ländern ist die Anwendung von Organophosphaten für die Behandlung von Fischen nicht gestattet.

Dosis: Nach Angabe des jeweiligen Herstellers.

Mögliche Probleme: Organophosphate sind wirksame Nervengifte; manche scheinen auch krebserregend zu wirken. Die Wirkungen der Mittel auf die Fische addieren sich, sogar wenn einzelne Behandlungen mit mehrwöchigem Abstand erfolgt sind. Verschiedene Fischarten reagieren sehr empfindlich auf den Einsatz von Organophosphaten.

Kaliumpermanganat

Anwendung: Gegen einzellige Parasiten und bakterielle Infektionen von Haut oder Kiemen.

Dose: 2 mg/l

Mögliche Probleme: Kaliumpermanganat wirkt bei hohem pH-Wert giftig, da es dann Ausfällungen von Mangandioxid auf den Kiemenlamellen ablagert. Ist organisches Material in Filter und Teich vorhanden, wird die Wirksamkeit des Medikaments dadurch herabgesetzt. Verwenden Sie Kaliumpermanganat auf keinen Fall in Kombination mit Formalin oder Salz.

Quaternäre Ammoniumpräparate (Actomar B 100 ®)

Anwendung: Die Mittel werden für die Behandlung bakterieller Infektionen von Kiemen und Haut benutzt und wirken besonders gegen sich im Schleim vermehrende Bakterien. Nach der Behandlung sollten Sie die Koi in reines Wasser setzen.

Dosis: nach Angabe des Herstellers.

Mögliche Probleme: Das Mittel ist in weicherem Wasser und mit höheren Temperaturen zunehmend giftig.

Kochsalz (Natriumchlorid)

Anwendung: Kann gegen Protozoen und „Pilze" verwendet werden, als mildes Bakterizid und um osmotischen Stress zu verringern.

Dosis: Kurzbad bei 20 mg/l zehn Minuten lang mit Belüftung. Für die Behandlung im Teich 3 mg/l.

Mögliche Probleme: Salz wird nicht abgebaut und verdunstet auch nicht, so dass es nur mit Hilfe einiger Teilwasserwechsel entfernt werden kann.

Salz-Kurzbäder

Unten: Es geschieht häufig, dass Koi ihre Orientierung verlieren, wenn sie in ein Salzbad gesetzt werden. Wenn der Fisch orientierungslos bleibt oder Anzeichen von Stress zeigt, sollte man ihn sofort wieder in den Teich zurücksetzen. Benutzen Sie immer eine zusätzliche Belüftung, wenn Sie Salz-Kurzbäder einsetzen.

Rechts: Verwenden Sie einen Dichtemesser mit geeigneter Skala (Salztester), um die Salzkonzentration zu messen. Für ein Kurz-Tauchbad sollten Sie eine Konzentration von 20 g/l ansetzen.

Verwendung von Kaliumpermanganat

Oben: Wenn Sie eine Kaliumpermanganat-Lösung ansetzen, messen Sie die Chemikalien sorgfältig ab und vergewissern Sie sich, dass alle Kristalle gelöst sind, bevor Sie die Koi einsetzen. Achten Sie genau auf die Badezeit und lassen Sie die Fische nicht länger im Bad als nötig, da ihnen die Chemikalie schaden kann.

Oben: Wenn der Koi in die Lösung gesetzt worden ist, sollte man ihn sorgfältig beobachten. Wenn er Unruhe zeigt, muss man ihn gleich in den Teich zurücksetzen. Nach der Behandlung sollte man den Fisch in eine Schüssel sauberen Wassers setzen, um die Chemikalien abzuspülen.

Der Kauf der Koi

Der Kauf von Koi ist sowohl eine Freude als auch eine Verpflichtung, da alle Fische – unabhängig von ihrem Wert – Anspruch auf eine bestmögliche Pflege haben. Der Kauf und Verlust preiswerter Fische vor der vollständigen Funktionsfähigkeit des Filtersystems ist daher nicht zu entschuldigen. Wenn Fische in Ihren Teich gelangen, sollten sie vom ersten Tag an eine stressfreie Umgebung genießen können. Sie sollten sich deshalb erst dann Fische anschaffen, wenn Sie diese Bedingungen erfüllen können.

Der Kauf von Koi ist dank heutiger Versandtechniken nicht mehr so Zeit raubend, wie er einmal war. Und wenn Sie Ihren Teich beheizen, brauchen Sie auch nicht mehr zu befürchten, dass die neu importierten Tiere Probleme mit der Anpassung an das Klima bekommen werden. Heute ist es sogar möglich, nach Japan zu fliegen, um Koi unmittelbar beim Züchter zu kaufen, oder Tiere über das Internet zu erwerben. Trotzdem ist ein persönlicher Besuch bei einem guten Koi-Händler sicher für die meisten Interessenten der erste Schritt. Dieses Kapitel enthält Ratschläge für Auswahl und Kauf, wie Sie sie sicher nach Hause bringen, und ob eine Quarantäne nötig sein wird.

Das Herkunftsland

Es macht Sinn, die besten Koi zu kaufen, die Sie bekommen können. Auf lange Sicht sind die Kosten für die Fische verglichen mit denen für den Teich und den ständigen Kosten für das Futter, Medikamente und die Elektrizität gering.

Die japanischen Koi sind die besten der Welt und von daher sicher ihr Geld wert. Aber auch Fische aus Israel, den USA, Südafrika, China, Singapur und Zypern haben ihre Freunde. Doch nur in Japan können erfahrene Züchter von den langen, heißen Sommern und dem speziellen Mineralgehalt des Teichschlamms profitieren, die für Wachstum und Hautzustand so wichtig sind.

Sogar „normale" japanische Tiere können durchaus mit den besten Koi anderer Länder konkurrieren. Sie sind eine gute Wahl für diejenigen, denen es lediglich auf einen farbenfreudigen Anblick ankommt. Mit höherer Qualität steigt auch der Preis, aber die Balance zwischen dem, was Sie sich wünschen, und dem, was Sie bezahlen können, ist einer der Aspekte dieses Hobbys.

Wann sollte man kaufen?

Die Japaner fischen ihre Teiche im Oktober oder Anfang November ab, so dass die schönsten Fische in dieser Zeit angeboten werden. Außerdem verbessert das kühlere Wetter die Transportbedingungen, da in kaltem Wasser mehr Sauerstoff enthalten ist. Aber auch zu anderen Jahreszeiten garantieren ausgeklügelte Verpackungsmethoden sowie vorsichtige Temperaturanpassungen eine sichere Reise im Frachtraum eines Flugzeugs.

Es ist üblich, dass die Händler im Herbst die besten Koi für ihre Kunden aussuchen oder einen ganzen Teichinhalt zu einem günstigen Preis aufkaufen. Liebhaber, die etwas wirklich Besonderes suchen, können die Händler gelegentlich begleiten. Die Fische können entweder sofort verschickt oder gegen eine Gebühr noch ein weiteres Jahr beim Züchter bleiben, um heranzuwachsen. Das Risiko trägt der Käufer, aber der Erfolg kann groß sein.

Ein Händler und sein Kunde beim Kauf von Koi in Japan. Die Vorauswahl wird herausgefangen und näher betrachtet, bis die endgültige Wahl gefallen ist.

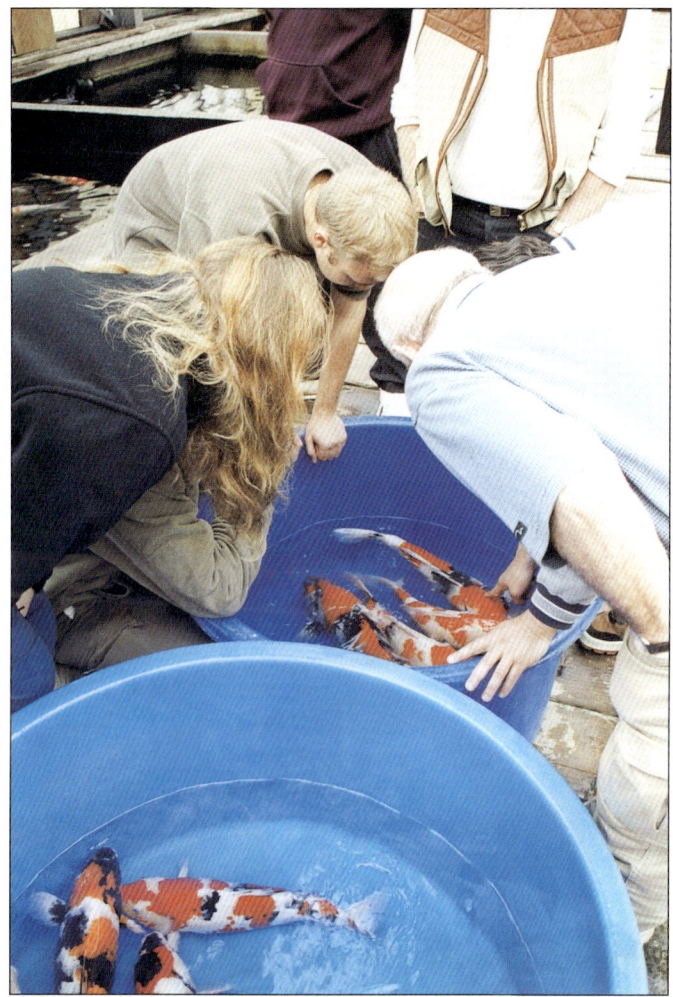

Oben: Es ist wichtig, sich die Fische aus der Nähe in einem blauen Gefäß bei Tageslicht anzusehen. Die Käufer sind vermutlich mehr vom jeweiligen Fisch als vom verlangten Preis angetan. Auf jeden Fall sollte man sich für den Kauf Zeit nehmen.

Einige Händler fahren im Frühjahr noch einmal nach Japan, um im Herbst übrig gebliebene Koi zu kaufen. Oft können die Fische in Gruppen verschickt werden, um der Nachfrage im Sommer gerecht zu werden. Einfache und mittlere Koi werden eher von Großhändlern gekauft. Sie bieten dem Züchter garantierte Preise für gesunde, farbenfreudige Tiere an. Diese Tiere, besonders die kleineren, werden das ganze Jahr über angeboten. Eigentümer beheizter Teiche und Quarantänebecken können das ganze Jahr über Koi kaufen. Ansonsten ist es besser, die Fische nach dem Kauf beim Händler unterzubringen, bis die Temperaturen 10 °C übersteigen.

Wo kaufe ich?

Gute Koi-Händler erzählen Ihnen nicht immer, was Sie hören möchten, und verkaufen Ihnen auch keinen Fisch, bis sie überzeugt sind, dass Ihr Teich geeignet ist. Lassen Sie sich davon nicht abschrecken. Es bedeutet, dass sie sich ihrer Verantwortung bewusst sind. Auf Dauer sind diese Händler für ihre Kunden eine wichtige Quelle von Informationen und Unterstützung.

Wenn möglich, sollten Sie Koi nur von einem spezialisierten Händler kaufen. Aquarien- oder Heimtiergeschäfte bieten seltener Koi hoher Qualität an und können Ihnen bei Fragen zu ihrer Pflege nicht so gut helfen. Der Kauf in etablierten Geschäften birgt das geringste Risiko; es werden jedoch ständig neue eröffnet. Wenn Sie ein neues Geschäft betreten, lassen Sie sich von Ihrem ersten Eindruck leiten. Sind die Räumlichkeiten gut geplant und sauber? Benutzen die Mitarbeiter verschiedene Netze für unterschiedliche Teiche oder Behälter und desinfizieren sie sie nach der Benutzung? Bietet der Händler neben den Fischen auch das nötige Zubehör an? Das Wasser sollte gut gefiltert und klar sein, damit sich die Koi wohl fühlen und damit Sie sie besser sehen können. Wenn einige Fische krank sind oder sich offensichtlich unwohl fühlen, sollten Sie hier nicht kaufen, es sei denn, die Tiere wurden bewusst von den anderen abgetrennt.

Koi über das Internet kaufen

Viele Koihändler bieten mittlerweile ein eigene Website an. Hier finden Sie für gewöhnlich eine Beschreibung der

Unten: Das Internet kann eine Vorstellung von den angebotenen Fischen vermitteln. Es ersetzt jedoch nicht die persönliche Betrachtung.

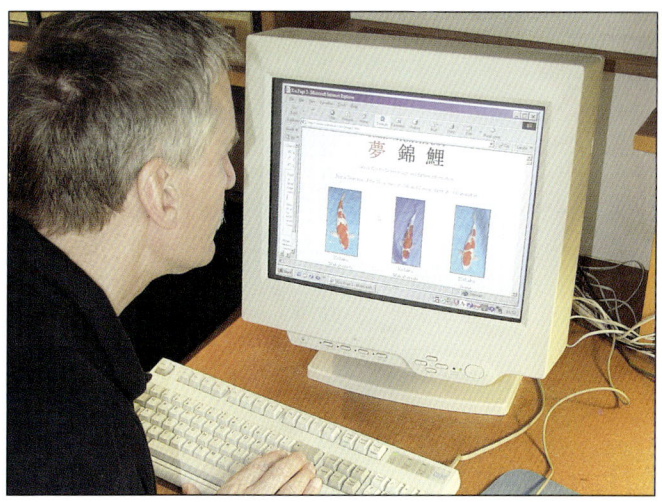

Firma sowie eine Liste der angebotenen Koi und der Produkte, die Sie per E-Mail bestellen können. Da im Internet mittlerweile eine passable Bilddarstellung möglich ist, ist diese Form der Kommunikation sehr beliebt geworden. Die Koi werden mit einer detaillierten Beschreibung und einem Bild vorgestellt, so dass sich der Käufer ein Bild von ihnen machen kann, ohne den Fisch selbst gesehen zu haben.

Links: Diese Koi haben sich vom Transport erholt und befinden sich nun gut eingewöhnt nach Ablauf der Quarantäne im Teich des Händlers. Sie hier zu kaufen ist vielleicht nicht die aufregenste, aber dafür die sicherste Methode.

Unten: Je weniger die Fische umgesetzt werden, desto besser. Hier wird ein Koi im Netz vorgeführt. Zur näheren Betrachtung kann er in einen Behälter gesetzt werden.

Wenn es sich bei dem Anbieter um einen renommierten Händler handelt, werden manche Käufer das Gesehene akzeptieren und den Fisch direkt bestellen. Ein Kurier-Service kann die unmittelbare Auslieferung übernehmen. Allerdings können selbst die besten Fotografien einen falschen Eindruck erwecken, so dass man immer vorsichtig sein sollte, einen Koi zu kaufen, den man nicht persönlich gesehen hat.

Mit ein wenig mehr an technischer Ausstattung kann ein Händler während eines Japan-Besuches einen Koi für Sie auswählen. Der Händler fertigt während seines Besuches Digitalaufnahmen der besten Koi an, die er sieht, und verschickt sie per E-Mail an sein Geschäft oder direkt an interessierte Kunden.

Die Qual der Wahl

Wenn Sie noch keine große Erfahrung besitzen, sollten Sie sich während Ihrer Einkäufe von einem erfahrenen Koi-Pfleger begleiten lassen. Nehmen Sie sich viel Zeit und kaufen Sie nicht, bevor Sie wirklich den Fisch gesehen haben, den Sie besitzen möchten. Auch nach der Quarantäne beim Händler können Koi noch kleinere Haut- oder Flossenschäden aufweisen. Diese Verletzungen heilen bei guter Pflege bald aus, so dass die Fische ein guter Kauf sein können. Als Einsteiger sollten Sie jedoch nur makellose Tiere erwerben.

Viele Anfänger sind der Meinung, dass Sie Jungfische kaufen und selbst heranwachsen lassen sollten. Obwohl Sie mehr kosten, sind jedoch Tiere mit mehr als 30 cm Länge widerstandsfähiger und stellen daher eine bessere

Checkliste für den Koi-Kauf

Pluspunkte

- Gute Körperform und Hautqualität
- Gute Anordnung des Körpermusters (in Formen wie dem Showa)
- Gut geformter Kopf
- Richtige Proportionen von Flossen und Körper
- Seitensymmetrie
- Gerade Wirbelsäule
- Gute Haltung

Minuspunkte

- Flossenschäden oder fehlende Flossen
- Geröteter After oder abstehende Schuppen (Zeichen einer bakteriellen Infektion)
- Narben oder fehlende Schuppen unterhalb der Seitenlinie (von oben nicht sichtbar)
- Ankerwürmer oder Karpfenläuse
- „Verpilzungen"
- Gebrochene Rücken- oder Schwanzflossenstrahlen
- Flossenklemmen
- Kiemenbewegung nicht gleichmäßig oder zu schnell (Kiemenschaden)
- Beschädigte oder fehlende Augen.
- Beschädigte oder gerötete Barteln
- Träges Verhalten
- Orientierungslosigkeit
- Senkrechte Position im Wasser
- Sehr dünner Körper, vor allem hinter den Kiemen
- Raue Körperoberfläche (mangelnde Schleimproduktion)
- Teils fehlende oder nach außen gebogene Kiemendeckel

Allgemeines

- Fragen Sie nach dem Geschlecht des Fisches (Sie wollen nicht für ein Weibchen bezahlen und ein Männchen erhalten).
- Sehen Sie sich den Fisch gut an (erst in der Schüssel, dann im Beutel), ob alle Flossen in Ordnung sind.

Investition dar. Bei begrenztem Budget sollten Sie besser einen größeren Fisch als drei ober vier kleine kaufen und Ihre Sammlung entsprechend langsam aufbauen.

Wenn Sie ein interessantes Tier entdeckt haben, beobachten Sie sein Verhalten genau. Es sollte ohne Anstrengung in einer Gruppe mit den anderen Koi schwimmen und sich nicht ständig an der Wasseroberfläche oder am Wassereinlauf aufhalten. Achten Sie auf die gleichmäßige, langsame Bewegung der Kiemendeckel und dass sich beide Kiemendeckel gleichzeitig bewegen. Außerdem sollten Sie den Fisch auf Wunden und Verletzungen, trübe Augen, Außenparasiten (Ankerwürmer oder Karpfenläuse), abstehende Schuppen oder Löcher untersuchen.

Dann bitten Sie den Händler darum, den Koi zur näheren Inspektion herauszufangen. Größere Tiere sollte man

in eine flache Senke schwimmen lassen und sie in einen schwimmenden Behälter oder ein weiches Netz überführen. Kleinere kann man mit einem Umsetzschlauch, einem langen Netz mit offenem Ende, herausfangen.

Nun überprüfen Sie den Koi (möglichst bei Tageslicht) noch einmal auf Wunden und Parasiten. Bitten Sie den Händler darum, einen der Kiemendeckel anzuheben. Die Kiemen sollten hellrot, frei von Schleim und nicht verklebt sein. Schauen Sie von oben, ob das Tier Verkrümmungen an Wirbelsäule oder Schwanzwurzel aufweist, und ob es sich mit seinen Brustflossen gerade hält.

Fragen Sie den Händler nach dem Muster und der Qualität der Haut; für Einsteiger ein schwieriges Gebiet. Falls Sie es noch nicht wissen, sollten Sie auch den Namen der Farbform erfragen. Das stellt keine Blamage dar, und Sie können nur dazulernen.

Kein Koi ist perfekt. Der Fisch wird Vor- und Nachteile aufweisen, wobei bei einem Tier guter Qualität die Vorteile deutlich überwiegen sollten. Bevor der Transportbeutel verschlossen wird, sollten Sie einen Blick auf die Bauchregion werfen. Begutachten Sie die Augen und die Barteln, und vergewissern Sie sich, dass Maul und Kiefer nicht deformiert sind, wie es bei Showa häufig der Fall ist.

Der doppelte oder dreifache Plastikbeutel sollte gerade genug Wasser enthalten, um den Rücken des Fisches zu bedecken, und mit Hilfe einer Sauerstoffflasche gefüllt werden. Gelegentlich wird für einen langen Transport ein mildes antiseptisches Mittel beigegeben. Der Beutel wird nun mit Gummiringen verschlossen.

Nach dem Kauf des Fisches liegt es in Ihrer Verantwortung, den Koi heil nach Hause zu transportieren. Wenn es dunkel ist, leiden die Tiere unter geringerem Stress. Wickeln Sie den Transportbeutel daher in dunkle Folie oder Zeitungspapier ein und legen Sie ihn in einen stabilen Karton. Noch besser ist eine Styropor-Box mit Deckel geeignet, wie sie üblicherweise für den Fischtransport benutzt wird. Vermutlich wird Ihnen Ihr Händler eine Box geben können. Durch die isolierende Wirkung

Benutzen Sie einen Umsetzschlauch, ein langes, unten offenes Netz.

Vorbereitung für den Transport

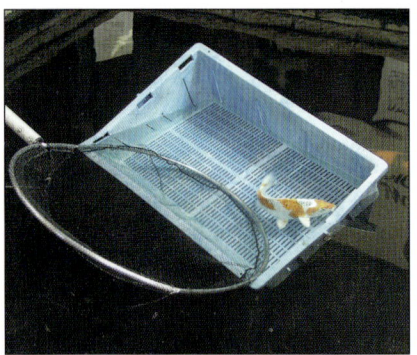

1 Dieser Kujaku hat das Interesse eines Kunden geweckt und wird vorsichtig vom Fangnetz in einen schwimmenden Korb überführt, so dass ihn sich der potenzielle Käufer aus der Nähe ansehen kann.

2 Von oben sieht er gut aus – keine Verletzungen, gute Haut und schönes Muster. Seine Haltung im Korb weist auf keine Probleme hin.

Der Händler dreht den Fisch zur genauen Untersuchung der Unterseite herum.

3 Wenn der Käufer zufrieden ist, wird der Koi in einen Beutel überführt. Vor dem Verschluss des Beutels erfolgt noch eine genaue Überprüfung.

4 Der Koi erhält in dem doppelten Beutel gerade so viel Wasser, dass seine Rückenflosse bedeckt ist. Der Rest wird mit Sauerstoff aufgefüllt. Nun wird der Beutel zum Transport in eine Styroporbox gelegt.

des Styropors sollte sich die Wassertemperatur in der Box während des Transportes nicht allzu sehr verändern. An sehr warmen Tagen können allerdings Kühlakkus aus dem Gefrierfach dazu beitragen, dass keine Überhitzung eintritt. Man sollte die Akkus jedoch zur Vermeidung direkten Kontaktes mit den Beuteln mit Zeitungspapier oder einem Handtuch einwickeln.

Wenn die Fische sehr groß sind, sollte man Beutel oder Box so in den Kofferraum oder den hinteren Fußraum des Fahrzeugs legen, dass sie nicht verrutschen können. Auf diese Weise stoßen sich die Fische beim plötzlichen Bremsen nicht. Transportieren Sie die Boxen nicht im vorderen Fußraum oder auf dem Schoß des Beifahrers, da sie dort zu warm werden und im Falle eines Unfalls beschädigt werden könnten. Vermeiden Sie auf der Fahrt jegliche Umwege und fahren Sie vorsichtig ohne heftige Fahrmanöver nach Hause.

Bei der Ankunft sollten Sie den Beutel öffnen, seinen Rand zu einem Kragen aufrollen, und ihn auf der Oberfläche des Teiches oder Quarantänebehälters schwimmen lassen. Das hat den Zweck, die Wassertemperatur des Beutels an die der Umgebung anzugleichen und sollte nicht länger als 20 Minuten dauern. Es ist nutzlos, den Beutel allmählich mit Teichwasser zu füllen, um die Fische an einen möglicherweise abweichenden pH-Wert zu gewöhnen. Um Sinn zu machen, müsste dieser Prozess viel länger dauern. Koi nehmen vermutlich durch zu langes Verweilen im Transportwasser mehr Schaden als durch kleinere Veränderungen in den Wasserwerten. Nehmen Sie den Fisch nun vorsichtig mit der Hand oder einem Umsetzschlauch heraus. Setzen Sie das Tier in den Teich und schütten Sie das verbliebene Wasser im Beutel in den Ausguss.

Wenn die Fische in ein relativ kleines Quarantänebecken gesetzt werden, sollte man eine oder zwei Stunden später den Ammoniak-Gehalt des Wassers messen. Koi neigen dazu, verstärkt Ammoniak abzugeben, wenn sie von belastetem Wasser in sauberes gesetzt werden, so dass bald ein Teilwasserwechsel nötig sein wird. Lassen Sie die Neuankömmlinge für einige Tage in Ruhe und füttern Sie sie auf keinen Fall während dieser Zeit. Wenn möglich, sollten sie das Quarantänebecken oder den Teich mit einem Netz überspannen, da die Tiere anfangs zum Springen neigen.

Die Quarantäne

Ob man neue Fische in Quarantäne halten sollte oder nicht, ist eine der meistgeführten Debatten unter Koi-

Liebhabern. In Japan besitzen viele Züchter eigene Becken, in denen Fische untersucht und gegebenenfalls behandelt werden können und wo sie vor dem Transport zur Ruhe kommen können.

Die Händler-Quarantäne ermöglicht es den Koi wiederum, den Stress der Reise zu überwinden. Erschöpfte Koi reagieren natürlich empfindlicher auf Erkrankungen, die ihnen ansonsten nichts anhaben könnten. Im warmen Quarantänebecken verraten sich die üblichen Protozoen (insbesondere *Ichthyophthirius*) jedoch schnell und können erfolgreich behandelt werden. Andere, ernstere Erkrankungen haben jedoch zum Teil weitaus längere Inkubationsperioden oder werden von noch weitgehend unbekannten Umwelteinflüssen ausgelöst. Die Quarantäne beim Händler ist daher keine absolute Garantie dafür, dass ein Fisch keine Krankheit überträgt, die nicht den Besatz eines ganzen Teiches auslöschen könnte. Einige Händler führen keine Quarantänehaltung durch. Das ist akzeptabel, solange die Kunden informiert und keine offensichtlich gestressten Fische angeboten werden.

Das Hauptargument gegen die Quarantänehaltung ist, dass sie eine weitere mit Stress verbundene Umweltveränderung auf dem Weg vom Händler zu Ihrem Teich darstellt. Natürlich macht es auch keinen Sinn, wenn Sie Ihre ersten Fische alle gemeinsam in die Quarantäne bringen, da sich Infektionen dort genauso gut wie im Teich ausbreiten können.

Folgekäufe sind natürlich etwas anderes. Unabhängig von Preis und Herkunft kann jeder hinzugekaufte Koi Infektionen einschleppen. Gegen Viren gibt es keine Gegenmittel, und auch Bakterien sind bereits gegen viele Medikamente resistent. Von daher sollte man neue Tiere separat halten, um möglicherweise neu auftauchende Krankheitserreger zu entdecken. Die Dauer der Quarantäne

bleibt jedem Pfleger selbst überlassen, und es gibt keine absolute Garantie, dass nicht noch Monate nach dem Kauf eines Fisches eine Erkrankung auftritt. Aber nicht nur die Dauer der Quarantänezeit ist wichtig; die Qualität der Unterbringung und andere Faktoren, beispielsweise die Wassertemperatur, sind ebenso von Bedeutung.

Die Quarantäneumgebung

Ein Quarantänebecken sollte einen perfekten Teich im Kleinen widerspiegeln. Sie können ein fertiges System kaufen; die meisten Liebhaber bauen jedoch ihr eigenes in der Garage oder im Treibhaus. Es gibt hier keine obere Grenze. Achten Sie jedoch darauf, dass 2250 l Inhalt nicht unterschritten werden. Beliebt ist ein gemauertes oder aus Fiberglas bestehendes, in den Boden eingelassenes Becken, das mit vorgeformter, faltenfreier Folie ausgekleidet ist. Obwohl Sie sich nicht für Teiche eignen, sind geschlossene Außenfilter für Quarantänebecken eine gute Wahl. Wie alle Filter sollten sie vor dem Einsetzen der Koi eingefahren sein. Wenn Sie das Quarantänebecken zum ersten Mal füllen, sollten Sie sein Volumen messen, damit sie gegebenenfalls wissen, wie Sie Medikamente dosieren müssen.

Das Becken sollte beheizt werden. Wenn Sie ihren Teich mit Gas beheizen, können Sie eine Schleife des Heizungssystems abzweigen. Ansonsten sollten Sie einen elektrischen Durchflussheizer benutzen. Aus verschiedenen Gründen sollte die Temperatur mehr als 16 °C betragen. Einerseits regt die Wärme den Vermehrungszyklus der Parasiten an, so dass sich jede Infektion schnell zeigen sollte. Andererseits wird auch das Immunsystem der Fische leistungsfähiger. Gewebeheilung, Filtereffizienz und die Wirksamkeit einiger Medikamente hängen von höheren Temperaturen ab, und nicht zuletzt ist der Appetit warm gehaltener Koi besser.

Das Quarantänebecken sollte gut belüftet und frei von Vorsprüngen sein, an denen sich die Fische verletzen könnten. Um Energie zu sparen, isolieren Sie die Wände von außen mit Styroporplatten und installieren Sie eine belüftete Abdeckung, die die Wärme hält und die Fische vor dem Herausspringen bewahrt.

Lassen Sie den Beutel zur Temperaturanpassung kurze Zeit auf der Wasseroberfläche schwimmen. Im Sommer kann die Sonneneinstrahlung allerdings zur Überhitzung führen.

Das richtige Futter

Wenn in den Sommer-Monaten die Wassertemperatur ihren Höhepunkt erreicht, gibt es nichts Schöneres für den Koi-Liebhaber, als seine Fische in Erwartung von Futter zu sich schwimmen zu sehen. Koi fressen erst dann gut, wenn die Wassertemperatur 15 °C übersteigt. Die Tiere beim Fressen zu beobachten, ohne sie jedoch zu stören, gehört zu den regelmäßigen Aufgaben des Pflegers. Man kann bei der Gelegenheit kontrollieren, ob Verletzungen, Geschwüre oder große Parasiten wie Karpfenläuse oder Ankerwürmer (siehe Seite 88/89) aufgetreten sind.

Ein erstes Krankheitsanzeichen bei einem Koi ist ein schlechter Appetit bei Temperaturen, bei denen die Mitbewohner des Teiches gut fressen. Es ist auch wichtig zu überprüfen, ob alle Koi fressen. Manche Tiere können

Koi fressen eigentlich vom Boden. Ihr Verhalten beim Fressen kann aber besser überwacht werden, wenn man den Fischen schwimmendes Futter reicht. Mit den Brustflossen halten sich die Koi in ihrer Position und nehmen das Futter mit dem vorstreckbaren Maul auf.

eine Fütterung verpassen, aber beim nächsten Mal wieder mit gutem Appetit fressen.

Ein Grund für die Futterverweigerung kann die Größe der Futterstücke sein. Bieten Sie immer Futter an, das auch der kleinste Koi im Teich leicht herunterschlucken kann. Obwohl die Wachstumsrate bei Koi vor allem von der Futteraufnahme abhängt, spielen auch andere Faktoren wie die Temperatur, die Wasserqualität und die Besatzdichte des Teiches eine Rolle. Bei optimalen Temperaturen und Wasserbedingungen wachsen Koi in einem schwach besetzten Teich sehr schnell.

Futtersorten

Koi sind Allesfresser. Sie nehmen sowohl tierisches als auch pflanzliches Material an, obwohl sie Wasserinsekten und ihre Larven bevorzugen. Allerdings enthalten nur wenige Koiteiche eine Bepflanzung und einen natürlichen Bodengrund, so dass das Futter vollständig vom Pfleger angeboten werden muss.

Der Hauptbestandteil vieler käuflicher Futter sind Eiweiße (Proteine). Hochwertige Futter enthalten von Fischen stammende Proteine. Die Überfischung der Meere hat sich jedoch auf die Verfügbarkeit und den Preis von Fischmehl ausgewirkt. Von daher werden andere tierische oder auch pflanzliche Eiweißquellen wie Soja genutzt.

Obwohl der Proteingehalt des Futters für die Reparatur und das Wachstum der Gewebe sehr wichtig ist, können diese Stoffe nicht gespeichert werden, so dass die Tiere sie hauptsächlich als Ammoniak und in geringerem Maße als Urin abgeben. Das ist einer der Hauptgründe,

Die Koi in diesem Teich nehmen das angebotene Futter gierig an. Bei dieser Gelegenheit kann man überprüfen, ob die Tiere Wunden oder größere Parasiten aufweisen.

Pellet-Futter

Diese großen Pellets sind ideal, um erwachsene Koi zu füttern.

Mittelgroße Pellets sind für Teiche mit verschieden großen Koi geeignet.

Die kleinsten Pellets werden ein oder zwei Jahre alten Koi angeboten.

Pellets mit Spirulina-Algen haben einen hohen Gehalt an Proteinen, Vitaminen und Jod.

produziert, die im Darm der Koi leben. Das ist ein wichtiger Grund, Antibiotika nur dann anzuwenden, wenn es unbedingt nötig ist, da mit den schädlichen auch die nützlichen Bakterien abgetötet werden. Obwohl nur kleine Vitaminmengen erforderlich sind, führt ihr Fehlen zu schweren Krankheiten oder gar zum Tod der Tiere.

Viele Vitamine sind nicht sehr stabil. Der Produktionsprozess der Pellets beeinflusst daher den Vitamingehalt der verwendeten Rohprodukte. Um dem entgegenzuwirken, werden dem Futter meistens Vitaminmischungen zugesetzt (siehe Seite 105).

Koi-Futter enthält außerdem Mineralien wie Calcium und Phosphor, die für den Knochenaufbau wichtig sind, und Elemente wie Magnesium, die im Stoffwechsel eine Rolle spielen. Natrium und Kalium sind für die Funktion der Nervenzellen wichtig und beeinflussen als Chloride die Osmoregulation (siehe Seite 78).

Schließlich gibt es noch eine Vielzahl von Spurenelementen, die zwar nur in geringer Menge benötigt werden, aber dennoch notwendig sind. Sie umfassen Elemente wie Eisen, Kupfer, Mangan, Zink und Jod. Obwohl Süßwasserfische Mineralien über die Kiemen direkt aus dem

Schwimmende Sticks

Weizenkeim-Sticks sind ideal für die kälteren Jahreszeiten wie Herbst und Frühling.

Diese Sticks enthalten ein Gemisch aus Farb-, Weizenkeim- und Hauptfutter. Ideal im Sommer.

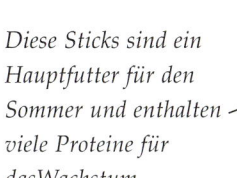

warum Sie sparsam füttern sollten. Wenn das Teichwasser mit Ammoniak belastet ist, leiden Ihre Koi unter der schlechten Wasserqualität.

Fettsäuren, allgemein als „Fette" bezeichnet, sind der zweitwichtigste Bestandteil des Fischfutters. Fette stellen für Fische eine wichtige Energiequelle dar und helfen bei der Aufnahme fettlöslicher Vitamine. Einige Fettsäuren werden als essenziell bezeichnet; ohne sie würden Koi unter Wachstumsstörungen, Flossenschäden und Leber- und Herzproblemen leiden.

Kohlenhydrate sind ebenfalls im Futter enthalten. Einige sind ebenfalls als Energiequellen wichtig. Koi können ihre Bestandteile zur Produktion von nichtessenziellen Fettsäuren verwenden.

Vitamine sind lebensnotwendig, unterscheiden sich aber in ihrer Zusammensetzung. Sie müssen im Futter enthalten sein, da sie von den Fischen in zu geringer Menge oder überhaupt nicht produziert werden können. Einige der essenziellen Vitamine werden von Bakterien

Diese Sticks sind ein Hauptfutter für den Sommer und enthalten viele Proteine für das Wachstum.

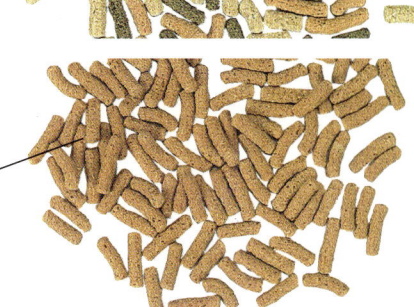

Leckerbissen

Orangen sind eine gute Vitamin-C-Quelle und unterstützen das Immunsystem und verringern Stress.

Knoblauch und damit versetzte Futtermittel stellen für Koi Leckerbissen dar. Man kann Sie damit auch an die Handfütterung gewöhnen.

Einige Liebhaber verfüttern Salatköpfe an ihre Koi, die das Futter auch gern annehmen. Salat enthält Vitamin C und verschiedene Nährstoffe.

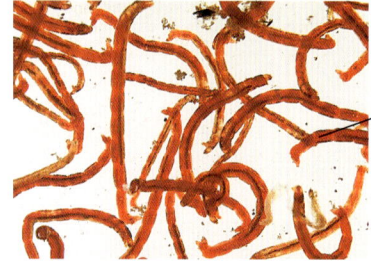

Lebende rote Mückenlarven werden von den Koi bevorzugt. Gefrorene müssen vor dem Verfüttern aufgetaut werden.

Koi fressen sehr gern Shrimps, die eine gute Eiweißquelle darstellen. Verfüttern Sie sie im Sommer, wenn die Wassertemperatur hoch ist.

Graubrot enthält Weizenkeime und Vitamine, sollte wegen der Kohlenhydrate aber sparsam verfüttert werden.

Wasser aufnehmen können, ist es wegen der geringen Konzentration dieser Stoffe im umgebenden Wasser notwendig, sie mit der Nahrung zuzuführen.

Sie können unter einer Vielzahl von Futtermarken und -sorten wählen. Wenn Sie jedoch die Sorte wechseln, sollten Sie immer damit beginnen, ein wenig des neuen Futters mit dem alten zu mischen. Nach sieben bis zehn Tagen können Sie den Anteil des neuen Futters langsam erhöhen und den des alten herabsetzen. Ein plötzlicher Wechsel zu einer neuen Marke oder einer anderen Futtersorte wird von den Koi oft mit Futterverweigerung quittiert.

Farbverstärkung

Koi werden wegen ihrer prächtigen Farben bewundert, und Futterzusätze können die natürliche Färbung noch verstärken. Im Sommer ist es üblich, farbverstärkende Zusätze unter das normale Futter zu mischen. Diese Zusätze enthalten Shrimp-Mehl und Extrakte der Alge *Spirulina platensis*, die in Japan für die Verstärkung der roten Farbe verantwortlich gemacht wird. Denken Sie jedoch daran, dass sich die Verteilung der roten Farb-

muster bei einem Koi im Laufe seiner Entwicklung zum erwachsenen Tier ändern kann. Obwohl die entsprechenden Futter die Rohstoffe enthalten, die zur Produktion der roten Farbstoffe notwendig sind, können sie jedoch nicht den genetisch gesteuerten Abbau der Farbe bei einem einzelnen Tier beeinflussen.

Leckerbissen und Zusätze

Koi nehmen gern einige Leckerbissen an, die sie gleichzeitig mit Vitaminen und Mineralien versorgen. Kopfsalat ist ein derartiges Zusatzfutter. Beim ersten Verfüttern sollten Sie die einzelnen Blätter auf die Teichoberfläche streuen. Bereits nach wenigen Minuten beginnen die Koi zu fressen. Nach einigen Wochen können Sie auch gleich die ganzen Köpfe in das Wasser werfen. Die Koi werden die Blätter abreißen und nur den Strunk übrig lassen.

Orangen sind ebenfalls ein beliebtes Futter. Zerschneiden Sie sie in Segmente, wobei Sie die Schale daran lassen können. Die Koi werden das Fruchtfleisch fressen, so dass die Schale übrig bleibt. Sowohl Salat als auch Orangen sind eine wertvolle Vitamin-C-Quelle. Dieses Vitamin ist für das Wachstum, die Gewebeerneuerung und die

Flossenreparatur wichtig. Wenn die Fische gefressen haben, sollten Sie Orangenschalen und Salatstrünke entfernen. Denken Sie daran, dass die Verfütterung dieser Stoffe das Wasser für einige Tage trüben kann.

Seltsamerweise lieben Koi Knoblauch, so dass ein mit ein wenig Knoblauch versehenes Futter ein Leckerbissen für sie ist. Gerne werden auch Shrimps, Graubrot und Lebendfutter wie weiße und rote Mückenlarven gefressen. Bieten Sie weder Erbsen noch Mais an, da beides von den Koi nur schwer verdaut wird und sehr viele Kohlenhydrate enthält, so dass die Fische übermäßig fett werden.

In den letzten Jahren ist das Interesse an natürlichen Zusatzprodukten zum Koi-Futter sehr gestiegen. Sie sollen das Immunsystem stärken und damit zur Gesundheit der Tiere beitragen. Einige dieser Produkte sind bereits in verschiedenen Futtermischungen enthalten; andere neue und wirksamere Zusätze werden als Pulver angeboten, das sich unter das verwendete Futter mischen lässt. Auch diese Stoffe werden bald in handelsübliches Koi-Futter eingearbeitet werden.

Futter je nach Jahreszeit

Die von den Koi verzehrte Futtermenge schwankt je nach Jahreszeit. Im Sommer, wenn sie am aktivsten sind, fressen sie mehrmals am Tag. Bei optimalen Temperaturen und ausreichendem Futterangebot wachsen die Fische schnell, wohingegen sie im Winter kaum Futter annehmen und langsam wachsen. Dieses Wachstums-

Unten: Diese jungen Koi drängen sich um ein Orangenstück, fressen das Fruchtfleisch und lassen nur die Schale übrig. Entfernen Sie die Schalen nach der Fütterung.

Zusatz-Futter

Diese Pellets enthalten natürliche Inhaltsstoffe, die Gesundheit und Farbenpracht fördern.

Durch Hefe-Derivate sollen diese Flocken das Immunsystem unterstützen.

Einige Produkte, die das Immunsystem unterstützen und die bakterielle Belastung reduzieren sollen, werden dem Futter als Pulver beigemischt.

muster spiegelt sich in den Schuppen der Koi wieder. So wie man das Alter eines Baumes an den Jahresringen abschätzen kann, so lässt sich auch an den Schuppen der Koi das Alter des Fisches abzählen.

Die Fütterung im Sommer

Das im Sommer aufgenommene Futter wird von den Koi für die Energiegewinnung, die Gewebereparatur, das Wachstum und die Nährstoffspeicherung für den nächsten Winter benutzt. Erwachsene Koi produzieren außerdem Rogen und Milch (Sperma) für das nächste Jahr. Wenn das Wasser zwischen 18 und 20 °C warm ist, werden Koi oft mit sehr eiweißhaltigem Futter ernährt, um das Wachstum zu fördern. Die Verarbeitung der Eiweiße hängt von der Umgebungstemperatur ab. Bei 15 °C verdauen Koi etwa 87 % der im Futter enthaltenen Proteine, bei 20–25 °C dagegen 89 %. Diese Prozentsätze verringern sich bei schlechter Sauerstoffkonzentration jedoch deutlich.

Herbst und Frühjahr

Wenn die Wassertemperatur im Herbst sinkt, nimmt auch der Appetit Ihrer Fische ab. Verringern Sie nun die angebotene Futtermenge und wechseln Sie nach und nach zu einem auf Weizenkeimen basierenden Futter. Koi können Weizenkeime besser bei kühleren Temperaturen verdauen. Sinkt die Temperatur jedoch unter 8–10 °C, stellen die Fische die Nahrungsaufnahme vollständig ein. In einem ungeheizten Teich werden Koi während der kältesten Jahreszeit überhaupt nicht fressen. Ist die Wassertemperatur in einem beheizten Teich hoch genug, nehmen die ihre Koi auch das ganze Jahr über Nahrung an.

Schätzen des Gewichts

Die Körperlänge wird ohne Schwanz gemessen.

Benutzen Sie die Kurve, um das Gewicht eines Koi abzuschätzen. Laichreife Weibchen wiegen etwas mehr.

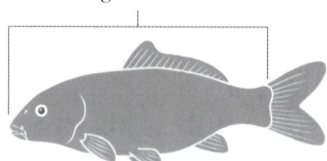

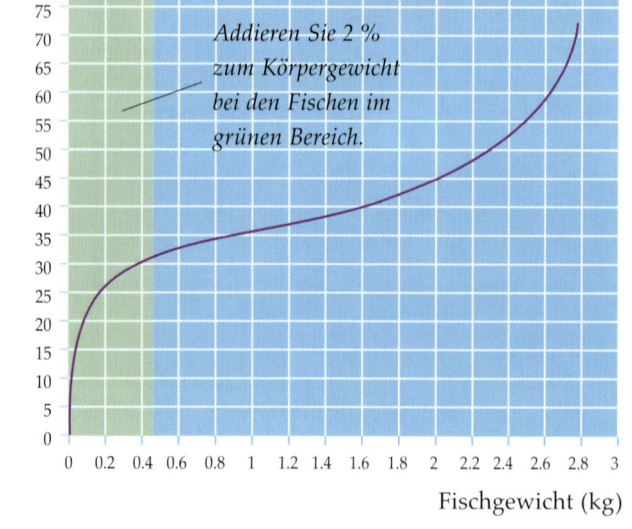

Addieren Sie 2 % zum Körpergewicht bei den Fischen im grünen Bereich.

Fischlänge (cm) / Fischgewicht (kg)

Wenn im Frühling die Wassertemperatur sich wieder auf 10 °C zubewegt, suchen die Koi wieder nach Futter. Beginnen Sie mit Weizenkeim-Futter und mischen Sie das Sommer-Futter bei, wenn das Wetter wärmer wird.

Wie viel Futter ist nötig?

Die Frage nach der Futtermenge bewegt viele Koi-Liebhaber. Technisch gesehen fressen Koi-Babys (Jungfische bis zu einem Alter von einem Jahr) 5–10 % ihres Körpergewichtes an Futter, wenn das Wasser 20 °C warm ist. Ältere Jungfische fressen bei dieser Temperatur etwa 5 %, und geschlechtsreife Tiere (drei Jahre und älter) etwa 2 % ihres Körpergewichtes an Futter. Das bedeutet, dass bei 20 °C ein erwachsener Koi von 1 kg Gewicht täglich etwa 20 g Futter bekommen sollte.

Bei niedrigeren Temperaturen – etwa 10–15 °C – braucht man Koi eigentlich nur ein Mal am Tag zu füttern. Wenn die Wassertemperatur steigt, füttern Sie bis zu zwei oder drei Mal am Tag bei 20 °C. Verfüttern Sie nur so viel, wie die Fische in zwei bis drei Minuten fressen können. Sobald das Futter gereicht wird, steigt die Aktivität der Koi sprunghaft. Wenn sie bereits das erste Futter aufgenommen haben, fressen sie etwas langsamer. Es ist besser, weniger und öfter zu füttern. Ein Übermaß an Futter schadet den Koi zwar nicht zwangsläufig. Das Futter wird dann jedoch nicht mehr richtig verdaut und belastet Wasser und Filtersystem, wenn es ausgeschieden wird. Entfernen Sie daher nicht gefressenes Futter aus dem Teich, da es sonst zu einer Schadstoffquelle wird.

Füttern im Urlaub

Die Ferien können das Fütterungsmuster im Sommer für kurze Zeit unterbrechen. Am besten ist es, jemanden darum zu bitten, Pumpen, Filter und Belüftung täglich zu

Unten: Diese Skala erlaubt Ihnen, die tägliche Futterration Ihrer Koi bei 20 °C zu ermitteln. Lesen Sie beim Gesamtgewicht Ihrer Tiere die entsprechende Futtermenge ab.

Tägliche Futtermenge bei 20°C (68°F)

Gesamtgewicht der Fische (kg)

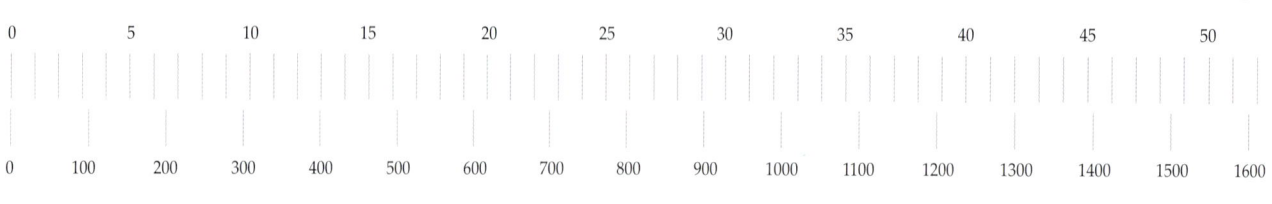

tägliche Futtermenge (g)

Manchmal gewöhnt man alle Koi an die Handfütterung, wenn man eine Form wie den hier gezeigten Chagoi einsetzt. Diese Fische sind weniger schreckhaft und fressen schnell aus der Hand, worauf die anderen Koi bald ihrem Beispiel folgen.

überprüfen. Gleichzeitig können die Fische sparsam gefüttert werden. Wenn der Helfer keine Erfahrung mit Fischen hat, sollte man die einzelnen Portionen vorbereiten. Es ist sicher nicht sinnvoll, die Fütterung im Sommer vollständig zu unterbrechen. Wenn es sich jedoch nicht vermeiden lässt, sollten Sie Folgendes unternehmen. In den beiden Wochen vor dem Urlaub bieten Sie immer geringere Futtermengen an; am Tag der Abreise wird die Fütterung eingestellt. Zwei Wochen überstehen die Fische ohne Probleme. Nach der Rückkehr füttern Sie zuerst wenig; steigern Sie dann die Futtermenge bis zum üblichen Umfang.

Viele Koi-Ausstellungen finden im Sommer statt. Um ernsthafte Probleme mit der Wasserqualität in den Ausstellungsbecken zu vermeiden, ist es sinnvoll, die Tiere mit entleertem Darm auszustellen. In den zwei Wochen vor der Show sollte man die Futtermenge daher reduzieren und drei bis vier Tage vorher kein Futter mehr anbieten. Sie werden natürlich trotzdem ein paar Insekten, Insektenlarven und sogar Fadenalgen aufnehmen.

Fütterung per Hand

Viele Koi-Liebhaber füttern ihre Tiere gern aus der Hand, doch das erfordert einige Geduld. Füttern Sie die Fische immer am gleichen Platz und warten Sie am Teich, bis die Fische satt sind. Nähern Sie sich immer mehr, bis die Koi Sie mit der Fütterung in Zusammenhang bringen. Bieten Sie einige Leckerbissen wie Garnelen oder Graubrot an und halten Sie das Futter ruhig in das Wasser, bis sich die Fische nähern. Anfangs kann es leicht geschehen, dass die Koi Sie mit Wasser bespritzen, wenn sie das Futter erlangen wollen. Wenn die Koi sich jedoch an diese Form der Fütterung gewöhnt haben, werden Sie das Futter viel ruhiger aus Ihrer Hand nehmen. Einige Formen, besonders Chagoi und Ochiba Shigure, sind dafür bekannt, zutraulicher zu sein. Es beschleunigt auf jeden Fall den Prozess, wenn ein Koi das Futter aus der Hand nimmt, da die anderen es ihm bald gleichtun werden.

Futter kaufen und lagern

Einer der Hauptfehler ist es, große Mengen an Futter zu kaufen und dann die gleiche Sorte für viele Monate zu verfüttern. Obwohl die Futtermittel-Hersteller mittlerweile einen mehr als genügenden Vitamingehalt garantieren, zerfallen viele Vitamine schnell, wenn der Sack geöffnet und sein Inhalt Licht und Luft ausgesetzt ist. Ein Sack Futter wird einen Monat nach dem Öffnen die Hälfte seines Vitamingehaltes eingebüßt haben, und danach zerfallen die Vitamine noch schneller. Um die Fische hinreichend mit Vitaminen zu versorgen, sollte man daher kleinere Gebinde kaufen, die sich innerhalb von drei bis vier Wochen verbrauchen lassen. Ebenso sollten Sie das Weizenkeim-Futter, das am Ende des Herbstes noch übrig ist, nicht bis zum Frühling aufbewahren, sondern lieber neues kaufen.

Lagern Sie Fischfutter immer an einem dunklen, trockenen Ort und benutzen Sie einen luftdichten Behälter, da durch diese Maßnahmen der Vitaminverlust gemildert wird. Feuchtes Futter regt außerdem das Wachstum vieler Formen von Schimmelpilzen an, deren Stoffwechselprodukte für Fische oft giftig sind. Werfen Sie also jegliches Futter weg, das mit Wasser in Berührung gekommen ist.

Ausstellungen

Ob Sie Ihre Koi auf Ausstellungen präsentieren möchten, ist einzig und allein Ihre Entscheidung. Wenn Sie auf einer größeren nationalen Veranstaltung einen Preis gewinnen, bestätigt sich natürlich Ihr lange gehegter Verdacht – dass Ihre Fische sich mit den besten des Landes messen können! Es ist ein befriedigendes Gefühl, wenn die von Ihnen getroffene Auswahl der Koi und die Pflege, die die Tiere in beste Kondition gebracht hat, von erfahrenen Preisrichtern bestätigt wird. Andererseits setzt die Teilnahme an einer Ausstellung die Tiere dem Stress der Reise aus. Außerdem liegt die Verantwortung für ihr Wohlergehen während der Dauer der Ausstellung nicht mehr in Ihren Händen. Gelegentlich tauchen Probleme auf, etwa mit der Wasserqualität. Wie schnell und gut diese Probleme gelöst werden, charakterisiert die Qualität der Veranstaltung. Den Organisatoren ist bekannt, dass jegliche Gefährdung der Koi-Gesundheit die Aussteller fernhält. Von

Das Publikum misst sich gern in seinem Fachwissen mit den Preisrichtern, aber obwohl die Besucher die Koi gut sehen können, dürfen sich nur die Preisrichter hinter der Barriere aufhalten. Bei dieser westlichen Ausstellung befinden sich alle Fische eines Ausstellers in einem Becken.

daher ist der Standard der Koi-Shows heute sicher höher als je zuvor.

Dieses Kapitel beginnt mit der Vorbereitung der Fische, die ihnen die bestmöglichen Chancen für eine Auszeichnung geben soll, und behandelt auch die Problematik des Transportes. Die verschiedenen Ausstellungsformen werden ebenfalls vorgestellt.

Vorbereitung auf die Ausstellung

Die natürlichen Eigenschaften eines Koi von Ausstellungsqualität können durch seine Pflege verbessert oder ruiniert werden. Preisrichter achten nicht nur auf die gute Ausprägung der Farben und Zeichnungen, sondern bewerten auch die Gesundheit der Tiere. Es hat keinen Sinn, einen Koi unter Krankheitsverdacht, mit Verletzungen, Verformungen oder Parasitenbefall auszustellen. Derartige Fehler führen zur sofortigen Disqualifikation, und Sie haben eine unnötige Reise gemacht und Ihren Ruf beschädigt.

Einige Koi sind keine guten Ausstellungstiere. Im eigenen Teich sehen sie zwar gut aus, aber unter dem Stress des Herausfangens und der ungewohnten Umgebung röten sich ihre weißen Hautpartien, da winzige Kapillargefäße reißen. Durch Erfahrung lernen Sie, welche Tiere Sie besser nicht zu Ausstellungen mitnehmen sollten.

Auch wenn Sie sehr vorsichtig sind, können vor allem große Koi beim Transport kleine Schäden wie Scheuerstellen oder eine eingerissene Flosse erleiden. Auch wenn der Fisch zur Ausstellung zugelassen wird, sollten Sie sich doch überlegen, ob es nicht besser ist, ihn sofort wieder nach Hause zu schicken. Sie haben nämlich das Recht, jederzeit Fische aus der Ausstellung zu entfernen, von denen Sie annehmen, dass sie Probleme bekommen.

Erfahrene Aussteller besuchen mehrere Veranstaltun-

Die Qualität eines Koi spielt keine Rolle, wenn das spezielle Tier schlecht auf die Ausstellungsumgebung reagiert. Dieser Showa zeigt eine Rötung der weißen Hautpartien, die durch das vom Stress verursachte Platzen von Kapillargefäßen hervorgerufen wurde. Andere Tiere verhalten sich ungewöhnlich oder zeigen verblasste Farben.

gen im Jahr, nehmen aber nicht unbedingt die gleichen Fische zu jeder mit. Auf diese Weise können sich die nicht präsentierten Tiere während dieser Zeit erholen.

Die Größe eines Koi kann seine Chancen vergrößern oder verringern. Beispielsweise gibt es bei durch die BKS (British Koi Keeper Society) durchgeführten Veranstaltungen in Großbritannien sieben Größenkategorien: 1: bis zu 20 cm; 2: 20–30 cm; 3: 30–40 cm; 4: 40–50 cm; 5: 50–60 cm; 6: 60–70 cm; 7: 70 cm und größer.

Das bedeutet, dass ein 52 cm langer Koi in Kategorie 5 unter Umständen gegen einen fast 8 cm größeren antreten muss. Meistens wird man diese Tiere noch etwas heranwachsen lassen, um ihnen eine bessere Chance einzuräumen. In geheizten Teichen gehaltene Koi wachsen

schnell, was für Ausstellungszwecke von Vorteil ist. Sie können bereits im Alter von vier oder fünf Jahren in den höheren Kategorien ausgestellt werden und zeigen dabei noch die Hautqualität junger Fische.

In der Vorbereitungszeit auf die Ausstellung können Sie (neben gutem Futterangebot und guter Wasserqualität) zusätzlich etwas für die Tiere tun. Die Zugabe von Montmorillonit-Erde zum Futter oder direkt in den Teich ersetzt Mineralien, die dem Wasser mit der Zeit verloren

Montmorillonit-Erde sollte in Teichwasser aufgeschwemmt und dann in den Oberflächenablauf gegeben werden.

Unten: *Die regelmäßige Gabe von farbverbesserndem Futter mittels Automat ist eine gute Taktik vor der Ausstellung. Danach sollte eine Fastenperiode folgen (siehe Seite 107).*

Oben: *Frische Leckerbissen wie Kopfsalat können Show-Koi das gewisse Etwas geben. Auf jeden Fall sollten sie abwechslungsreiches Futter bekommen, für das sie ein wenig „arbeiten" müssen.*

gehen. Ein Futterautomat, der über den Tag verteilt regelmäßig kleine Futterportionen abgibt, fördert das Wachstum und belastet den Filter weniger als zwei umfangreiche Fütterungen morgens und abends. Hochwertiges Farbfutter, das die normale Nahrung zwei bis drei Wochen lang vor der Ausstellung ergänzt, betont die Farben Hi (Rot) und Sumi (Schwarz). Einige Koi-Liebhaber schwören auf natürliches Zusatzfutter, wie Garnelen, Regenwürmer, Kopfsalat und Orangen. Diese Leckerbissen helfen den Koi, die Fastenperiode vor der Ausstellung in bester Kondition zu überstehen. Das ist wichtig, damit die Fische nicht ihr Transportwasser oder das Wasser in den Ausstellungsbehältern belasten.

Der Transport der Koi

Wenn Sie Koi bei einem Händler kaufen, werden die Fische in doppelte Plastikbeutel mit Sauerstoff verpackt und ohne Verzögerung nach Hause gebracht. Die gleiche Prozedur ist für den Transport zu einer oder von einer Ausstellung notwendig; nun müssen Sie sich allerdings selbst darum kümmern. Ein Luxus-Reisebehälter wird gelegentlich von Händlern angeboten, für deren Ruf es natürlich förderlich ist, wenn ein von ihnen verkaufter Fisch einen Preis gewinnt. Er besteht aus einem frei stehenden, aus weichem, halbtransparentem Kunststoff bestehenden Becken mit Verschluss, das einen oder mehre-

Netze und Körbe

Bei der Auswahl eines Netzes sind verschiedene Punkte zu berücksichtigen. Die Gesamtlänge mit dem Stiel sollte die Tiefe des Teiches um mindestens 90 cm übertreffen, da das Netz sonst schwer zu handhaben ist. Der Stiel sollte aus stabilem, aber leichtem Material bestehen, etwa aus Holz oder Aluminium. Kunststoff und Karbonfiber-Stiele biegen sich und sind daher kaum in ihrer vollen Länge zu gebrauchen. Holzstiele sind sehr leicht zu handhaben, da sie leichter als Wasser sind. Aluminiumstiele sind zwar relativ schwer, werden aber als Teleskopstiele angeboten, so dass ihre Länge variabel ist. Der Teleskopauszug kann stufenlos in jeder beliebigen Position arretiert werden.

Die Netze sind meistens rund und werden mit 45, 50, 60 und 75 cm Durchmesser angeboten. Das Nylongewebe sollte fein genug sein, so dass sich die Flossen der Fische nicht darin verfangen. Verwenden Sie ein flaches Netz, da längere nur schwer im Wasser zu bewegen sind.

Ein schwimmender Korb ist nützlich, um Fische darin zu untersuchen, ohne dass sie im Netz zappeln. Diese Körbe werden mit einem Deckel angeboten, der mit einem Verschluss gesichert werden kann. Auf diese Weise wird vermieden, dass die Fische entkommen und sich verletzen können.

Links: *Um an einer Ausstellung teilzunehmen, wird dieser Koi vorsichtig eingefangen. Manche Tiere gewöhnen sich daran und schwimmen freiwillig ins Netz; ansonsten ist etwas Geduld nötig.*

Unten: *Zur letzten Kontrolle vor dem Transport wird der Fisch in einer schwimmenden Schüssel untersucht. An diesem kritischen Punkt ist natürlich die kleinste Beschädigung zu vermeiden.*

Rechts: Die Verwendung eines Umsetzschlauches ist besonders schonend. Der Fisch wird mit dem Kopf voran durch das offene Ende entlassen, so dass Schuppen und Flossen nicht beschädigt werden.

re geschützte Ausströmer enthält, die von einer Sauerstoff-Druckflasche betrieben werden. Man kann einen derartigen Behälter auch selbst herstellen; in den meisten Fällen genügt jedoch der ordinäre Plastikbeutel.

Wenn Sie zum Fang des Koi bereit sind, sollten Sie eine schwimmende Schüssel oder einen Korb in das Wasser setzen und zur besseren Sicht die Pumpen abschalten. Wenn Sie das Netz ins Wasser tauchen, werden die meisten Fische zum Boden des Teiches flüchten. Bewegen Sie das Netz langsam und vermeiden Sie es, die Fische zu jagen, da Sie mit dem Rand des Netzes sonst leicht ein Tier verletzen können. Treiben Sie den gewünschten Koi vorsichtig in eine Ecke oder flache Stelle des Teiches, von der er nicht entkommen kann. Wenn der Fisch sich an der Teichwand umdreht, versuchen Sie, ihn in der Mitte des Netzes zu fangen. Heben Sie das Netz nun vorsichtig an und versuchen Sie dabei, den Kopf des Tieres in Richtung des Netzes zu halten. Wenn der Koi sich in Richtung des Netzrandes befindet, wird er versuchen, herauszuspringen. Falls das geschieht, sollte man ihn nicht daran hindern, da sonst die Verletzungsgefahr recht groß ist. Befindet sich der Koi in der Nähe der Wasseroberfläche, sollte man ihn nicht aus dem Wasser heben, da er dann im Netz umherspringt und dabei Schuppen verlieren oder sich die Flossen einreißen kann. Drücken Sie den Rand der Schüssel oder des Korbes mit dem Netzrand unter Wasser, so dass der Fisch hineingleiten kann. Wenn Sie das Netz wegziehen, schwimmt der Behälter auf und der Fisch ist sicher gefangen.

Fangen Sie Ihre Tiere erst kurz vor dem Transport heraus, um ihnen eine unnötige Zwischenhälterung zu ersparen. Doppelte oder sogar dreifache Beutel sind eine Sicherheitsmaßnahme gegen eventuelle Undichtigkeiten.

Falls die Fische nicht sehr klein sind, sollte man sie separat verpacken. Verschiedene Mittel werden angeboten, die die Koi beruhigen und ausgeschiedenen Ammoniak neutralisieren sollen.

Geben Sie nur so viel Wasser zu, dass der Rücken der Tiere bedeckt ist, wenn die Beutel auf der Seite liegen. Füllen Sie den Rest mit Sauerstoff auf. Sie sollten eine eigene Druckflasche mit zur Ausstellung bringen, da Sie sich nicht darauf verlassen können, dass eine vorhanden ist. Blasen Sie die Beutel nicht mit dem Mund auf; anstelle von Sauerstoff geriete nun Kohlendioxid in den Beutel.

Verschließen Sie den Beutel mit starken Gummiringen, von denen Sie stets genügend in Reserve haben sollten. Verpacken Sie die Beutel in Styroporboxen und achten Sie darauf, dass die Boxen während des Transportes nicht rutschen. Wählen Sie die kürzeste Route zur Ausstellung und unterbrechen Sie die Reise nicht unnötig.

Nach der Ausstellung wiederholt sich der Prozess des Einpackens. Benutzen Sie den Umsetzschlauch, um die Fische aus dem Netz zu heben. Ansonsten können leicht Unfälle geschehen, da der Boden oft nass und rutschig ist.

Wieder zuhause angekommen, verabreichen einige Liebhaber ihren Tieren ein kurzes Salzbad, während andere sie direkt in den Teich setzen. Beobachten Sie die Fische auf jeden Fall für einige Tage gut. Insbesondere *Ichthyophthirius* wird oft durch veränderte Wassertemperaturen ausgelöst. Die Organisatoren von Ausstellungen werden zwar versuchen, konstante Temperaturen zu erhalten, aber Wasserwechsel oder Sonneneinstrahlung können zu Schwankungen führen. Sie sollten Ihr Teichwasser eine oder zwei Stunden nach dem Einsetzen der Ausstellungstiere auf Ammoniak überprüfen, da die Fische dazu neigen, diesen Schadstoff nun verstärkt auszuscheiden.

Verschiedene Ausstellungsformen
Der erste Anreiz zur Veranstaltung von Ausstellungen liegt bereits auf Vereinsebene vor, da hier gezeigt werden

kann, wie gut die Mitglieder ihre Fische aussuchen und wie sorgfältig sie sich um sie kümmern. Der Besuch anderer Teiche gibt einen ersten Eindruck, aber zwischen reinen Vermutungen und einem Wettbewerb besteht ein großer Unterschied.

Vereinsausstellungen können nur für die Mitglieder bestimmt sein, oder es können auch Außenstehende zugelassen werden. Je nach Verein oder Verband kann eine Ausstellung im japanischen oder westlichen Stil ausgerichtet werden. Auch die Einteilung der Kategorien nach Größen und Formen kann sich von Ausstellung zu Ausstellung unterscheiden.

Ausstellungen im westlichen Stil

Die wichtigste Ausstellung in Großbritannien ist die „BKKS National Show", die jährlich im westlichen Stil abgehalten wird. Man muss sich als Aussteller bereits einige Wochen vorher anmelden. Man sollte bereits am Freitagabend oder spätestens am Samstagmorgen vor dem Einlass des Publikums eintreffen. Nach der Ankunft meldet man sich beim Veranstalter, der die Anmeldung überprüft und einem ein Ausstellungsbecken zuweist. Die Fische werden nun im ungeöffneten Transportbeutel in das Ausstellungsbecken gegeben, wo der Beutel zur Temperaturanpassung für 30 Minuten an der Wasseroberfläche schwimmt. Dann werden die Koi ins Becken gelassen.

Am ersten Morgen der Ausstellung werden die Fische auf ihren Gesundheitszustand hin überprüft und nach Größen und Formen eingeteilt. Die hier beteiligten Frei-

willigen nehmen nicht an der späteren Bewertung der Tiere teil. Die Koi werden in einem schwimmenden Korb mit daran angebrachtem Maßstab gemessen. Bei erfahrenen Personen dauert dieser Prozess nur Sekunden. Falls ein Fisch sich genau auf der Grenze zweier Kategorien befindet, hat der Eigentümer das Recht, eine zweite Messung zu verlangen. Beim Messen wird auch die jeweilige Form oder Varietät der Koi aus einer Liste von 13 möglichen Klassen herausgesucht, die Behälternummer notiert und ein Foto gemacht. Heute haben Digitalkameras die Polaroid-Kameras ersetzt, so dass die Bilder direkt in einem zentralen Computer gespeichert werden und bei der Preisverleihung angezeigt werden können. Der Eigentümer unterschreibt das erstellte Formular und behält davon eine Kopie, die ihn als Besitzer ausweist.

Nun können sich die Preisrichter die Fische ansehen. Bei BKKS-Ausstellungen werden sie nach den Vorgaben des „Judging and Standards Committee (JSC)" ausgebildet. Meistens arbeiten ein erfahrener und ein in der Ausbildung befindlicher Richter als Paar zusammen. Wenn es unter den Preisrichtern Unstimmigkeiten bezüglich der Einteilung oder der Bewertung der Fische geben sollte, liegt die letzte Entscheidung beim dienstältesten Richter.

Zuerst bestimmen die Preisrichter die ersten und zweiten Plätze in jeder der sieben Größen- und 13 Formenkategorien, sofern alle bei der Ausstellung vertreten sind. Von diesen Tieren werden erste, zweite und dritte in allen Größen ausgewählt, unabhängig von der Varietät. Dann werden aus dieser Liste ein Baby Champion (Größen 1 und 2), ein Adult Champion (Größen 3 und 4) und ein Mature Champion (Größen 5, 6 und 7) gewählt. Diese drei sind nun die Bewerber um den Platz des Grand Champion. Der Baby Champion gewinnt dabei allerdings fast nie, da die besonderen Fähigkeiten, die man braucht, um einen Koi mit guter Körperform, Hautqualität und schönem Farbmuster aufzuziehen, in die Bewertung einbezogen werden. Es „gehört sich nicht", die Preisrichter während ihrer Arbeit anzusprechen. Nachdem die Ergebnisse bekanntgegeben wurden, schadet es jedoch nicht, sie nach den Gründen ihrer Entscheidung zu fragen.

Wie in Japan ist der Grand Champion oft ein Go Sanke (Kohaku, Sanke oder Showa). In einigen Ausstellungen wird auch der beste Tategoi bewertet, also der Fisch mit dem besten Entwicklungspotenzial, sowie der beste selbst gezüchtete sowie der größte Koi.

Während der Ausstellung sollten die Behälter ständig auf Sauerstoff- und Ammoniakgehalt sowie fallenden pH-Wert untersucht werden. Man sollte Kot vom Boden absaugen und Teilwasserwechsel vornehmen. Besucher sollte man davon abhalten, ihre Finger ins Wasser zu halten, gegen die Behälter zu treten oder andere Dinge zu tun, die die Fische gefährden könnten. Die Ausstellungsräume sollten auch nachts bewacht werden, da viele der Fische sehr wertvoll sind.

Am Sonntag werden die Ergebnisse bekanntgegeben. Die Preisverleihungen finden am Ende des Tages statt. Danach bereiten die Aussteller ihre Fische auf die Reise vor und fahren mit ihnen nach Hause.

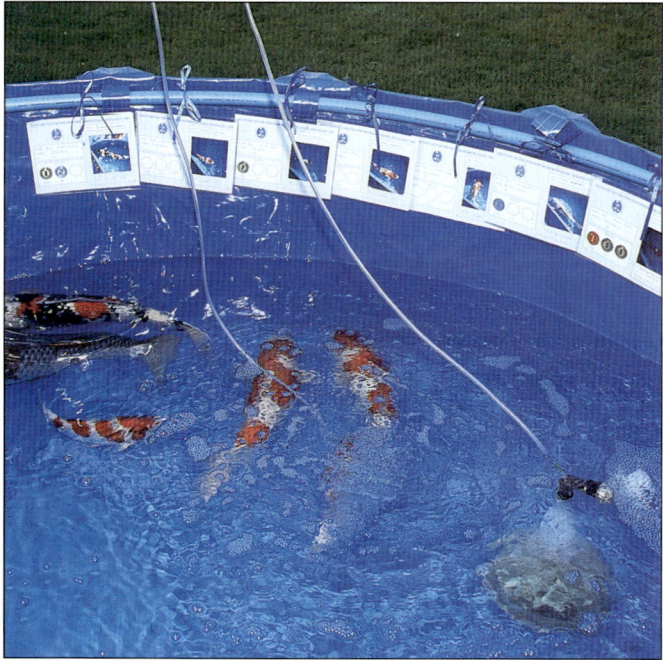

Links: Nach den ausgehängten Urkunden zu urteilen, hat sich für den Besitzer dieser Koi die Ausstellung gelohnt. Beachten Sie die starke Belüftung, die nur für die Preisrichter oder zum Fotografieren kurz abgestellt wird.

Oben: Bei einer Ausstellung in England arbeitet ein erfahrener Preisrichter mit einem noch auszubildenden zusammen, der auf diese Weise lernt. Es kann drei Jahre oder länger dauern, ein vollwertiger Preisrichter zu werden.

Links: Die Entgegen-nahme der Koi geschieht bei der All Japan Show schnell und mit professioneller Effizienz.

Rechts: Gleiche Größe, aber verschiedene Farb-formen – das japanische System kommt den Preisrichtern entgegen.

Rechts: Koi werden in diesen fahrbaren Wannen zu ihren Becken gebracht, und nur selten wird dabei Wasser verschüttet.

Japanische Ausstellungen

In Ausstellungen japanischen Stils werden die Koi der gleichen Größe und Form im gleichen Becken zusammengesetzt, unabhängig davon, wem sie gehören. Während der Beurteilung können Sie mehrfach umgesetzt werden. Das ermöglicht den unmittelbaren Vergleich zwischen Fischen sehr ähnlicher Qualität, was den Beurteilungsprozess beschleunigt und ein faireres Ergebnis gewährleistet.

Die All Japan Show

Diese wichtigste Koi-Ausstellung findet im Januar in der Umgebung von Tokio statt. Organisatoren sind die „All Japan Nishikigoi Dealers Association" und die „Zen Nippon Airinkai". Die fünf Tage während Ausstellung steht sowohl Liebhabern als auch Profis offen; die Fische müssen jedoch von den Händlern angemeldet werden, die auch bei der Durchführung der Veranstaltung mitwirken. Die Kategorien ähneln den in Großbritannien üblichen, mit der Ausnahme, dass es in Japan separate Kategorien für Doitsu und Goshiki gibt. Die Zahl der Größenkatego-

rien ist höher, und wegen der Unterschiede zwischen männlichen und weiblichen Koi werden die Geschlechter ab der Größe 10 (55,88–60 cm) getrennt bewertet.

Die Preisrichter, unter denen auch viele aus dem Ausland sind, suchen die ersten und zweiten Plätze in allen Größen und Formen aus, wobei die besten mit anderen in ihrer Größe in ein separates Becken gesetzt werden. Von diesen werden die Gewinner jeder Größe unabhängig von ihrer Varietät ausgesucht. Man bezeichnet diese Fische als „Kokugyo". Nun wird ein Hauptpreis in fünf Kategorien vergeben – Baby Koi (Yogyo), Young Koi (Wakagoi), Adult Koi (Sogyo), Mature Koi (Seigyo) und Jumbo (Kyogoi). Aus diesen wird der Grand Champion ausgesucht. Dieser Fisch muss 80 cm oder mehr messen. Die Wachstumsrate und die Endgröße ihrer Koi zu verbessern ist das Ziel vieler heutiger Züchter, so dass immer mehr Koi in Jumbo-Größe in der All Japan Show zu sehen sind.

Alternative Ausstellungsformen

Die japanische Ausstellungsform beinhaltet ein etwas größeres Risiko der Infektion und der Parasitenübertragung als die westliche Form. Hier werden alle Tiere eines Ausstellers im gleichen Behälter untergebracht, in dem sie während der Ausstellung verbleiben. Von der Logistik und von den Anforderungen an das Gedächtnis der Preisrichter her sind solche Veranstaltungen nur schwer zu bewältigen. Letztendlich ist für die Aussteller in Großbritannien diese Ausstellungsform jedoch die am besten geeignete.

Nach der Bedrohung durch Krankheiten wie die Frühjahrsvirämie der Karpfen (SVC) und verschiedene bakterielle Infektionen plädieren viele Vereine für fotografische Ausstellungen. Dabei verlassen die Fische ihren Teich nicht. Stattdessen besucht ein Presirichterteam die Teilnehmer, macht sich Notizen und fotografiert die Fische. Die eigentlichen Entscheidungen fallen erst, wenn die Unterlagen zusammengetragen worden sind. Die Vereinsmitglieder können dann anhand der Fotos das Geschick der Preisrichter beurteilen.

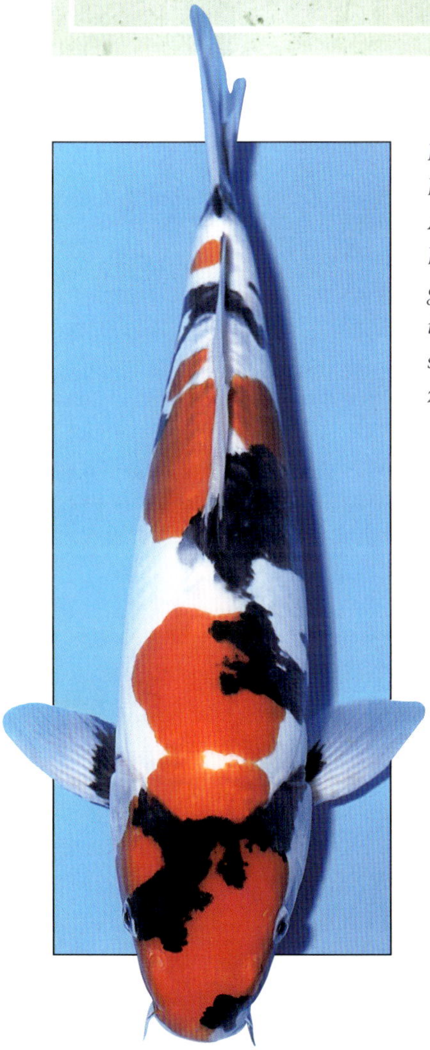

Links: Ein 40 cm großer Doitsu Showa bei der All Japan Show 2001. Doitsu haben hier ihre eigene Klasse, was fairer ist, als sie gegen voll beschuppte Fische antreten zu lassen.

Rechts: Der Grand Champion 2001, ein 90 cm langer Kohaku eines taiwanesischen Liebhabers. Die jugendliche Haut und das klar definierte Rot (Hi) sind bei einem Koi dieser Größe außergewöhnlich.

Koi züchten

Hochwertige Koi zu züchten ist eine Herausforderung, der sich die Liebhaber schon seit Jahrhunderten stellen. In diesem Kapitel führen wir Sie in die Welt japanischer Züchter ein, die das Wunder vollbringen, in jeder Saison eine Vielzahl von fantastischen Koi zu produzieren. Wir untersuchen dann, wie wir dieses Wissen umsetzen können, um die Nachzucht von Koi in unseren Teichen zu verbessern.

Wenn man die richtigen Voraussetzungen schafft, laichen Koi normalerweise im späten Frühjahr oder frühen Sommer ab. Die Kunst des professionellen Züchters besteht nun darin, eine spezielle Koi-Varietät regelmäßig und mit gleich bleibendem Ergebnis zu vermehren. Mit etwas Glück erhält man so nach einigen Jahren ein perfektes Exemplar. Wie bei vielen gezielt gezüchteten Tierarten, etwa Katzen, Hunden und Pferden, entsteht so eine reinrassige Linie. Diese umfasst eine Zuchtgruppe von nahezu perfekten Männchen und Weibchen, die zur Erzielung perfekter Nachkommen zusammengebracht werden. Das gleiche Prinzip gilt auch für die Koi-Zucht.

Ein abgestuft gebauter Teich mit natürlichem Bodengrund in Japan. Diese Teiche findet man in der gesamten Niigata-Provinz. Sie enthalten Montmorillonit-Tone, die den Jungfischen und Tategoi im Sommer ein schnelles Wachstum erlauben.

Koi-Zucht in Japan

Obwohl Koi erfolgreich in Fernost, Israel, Südafrika, den USA und Europa gezüchtet werden, ist Japan immer noch die Heimat der Nishikigoi. Wir werden uns also ansehen, was die japanischen Züchter so erfolgreich macht.

Verschiedene japanische Gegenden sind für die Koi-Zucht bekannt, etwa Hiroshima, Shizuoka, Saitama, Toyama und Kyushu. Die Provinz Niigata ist jedoch von allen die berühmteste. Hier findet man besonders viele bekannte Züchtereien. Kawasawa, Shinoda, Hosokai und Dainichi sind Namen aus dem „Who is who" der Koi-Züchter.

Moderne Züchter haben, auch wenn sie in der Tradition ihrer Väter stehen, oft Fischzucht studiert und die Welt bereist, um etwas über Fischgenetik und Zuchtmethoden zu lernen. Teichwirtschaft umfasst in Japan nicht nur die Vermehrung und die Aufzucht der Jungfische. Einige Farmer kaufen Jungfische oder sogar Eier und nutzen ihre eigenen Teiche zur Aufzucht. Dabei handelt es sich nicht um Betrug, sondern um die Antwort darauf, dass viele der besten Züchter nur begrenzten Platz für die Aufzucht der Fische besitzen.

Obwohl die Teiche groß sind und vielen Koi Platz bieten, stehen sie nur für die Wachstumsperiode im Sommer zur Verfügung. Sie werden beim Abfischen im Oktober geleert und erst im folgenden Mai wieder besetzt. Das Winterquartier liegt meistens in der Nähe des Hauses des Züchters. Die Überwinterung der Tategoi (Fische mit viel versprechendem Potenzial) und der Zuchttiere findet in Teichen statt, die in treibhausähnlichen Gerbäuden angelegt wurden.

Japan und die Koi-Zucht wären ohne die berühmten „Schlammteiche" nicht denkbar, in denen Jungfische und Tategoi aufwachsen. Diese künstlich erstell-

Links: *Yamabuki Ogon in einem typischen Winterquartier. Die Teiche sind bis zur Grenze besetzt, so dass viele Koi während der Frühjahrs-„Ernte" verkauft werden. Die Tategoi werden zurückgehalten, bis sie wieder in die Teiche gesetzt werden können.*

Oben: *Tausende von Kohaku in einem Innenteich. Sobald jemand herantritt, drängen sich die Fische in Erwartung von Futter übereinander. Beachten Sie die Belüftungsmaschine im oberen Teil des Bildes, die mit ihren Paddeln die Wasseroberfläche bewegt.*

ten Teiche liegen an Abhängen in der Nähe von Reisfeldern, für die sie früher einmal die Wasserversorgung darstellten. Heute erweist sich die Koi-Zucht natürlich als lukrativer als der Reisanbau. Neue Teiche werden von Maschinen ausgehoben. Der Boden wird maschinell gestampft, so dass der Ton wasserundurchlässig und glatt wird (dadurch lassen sich die Koi später besser fangen). Die Teichgröße ist variabel und kann von 60 m² bis zu mehreren Hektar reichen. Die Tiefe hängt von der Größe der darin gehaltenen Fische ab: bis zu 1 m für Jungfische, 3 m und mehr für größere Koi. Die Besatzdichten reichen bei Jungfischen von 8000 bis zu 15000 Tieren auf 100000 l Wasser. Dadurch kann der Bestand dis zu vier Mal pro Sommer ausgedünnt werden.

Die Sommer in Japan sind sehr warm (über 30 °C), so dass die Teiche stark belüftet werden müssen. Dazu werden große Kompressoren oder mit Paddeln versehene Geräte verwendet, die die Wasseroberfläche bewegen.

Beide Methoden bringen Luft beziehungsweise Sauerstoff – die bestmögliche Belüftung – ins Wasser ein.

Abgesehen von Menschen gibt es nur ein Lebewesen, das den Koi Schaden zufügen kann. Die hartnäckigen Reiher können, wie überall auf der Welt, dem Züchter Probleme bereiten. Daher werden sowohl gespannte Nylon-Schnüre als auch bewegliche Vogelscheuchen verwendet, sobald die Teiche besetzt sind.

Die Vorbereitung der Teiche

Anfang des Frühjahrs werden die Teiche komplett entleert, so dass sie austrocknen können. Nun wird dem Schlamm Kalk zugesetzt, der nicht nur eventuell noch vorhandene Parasiten abtötet, sondern auch den pH-Wert des weichen, sauren Gebirgsquellwassers anhebt, mit dem der Teich befüllt wird. Der Züchter gibt außerdem Phosphate und Mineralien auf den Teichboden, bevor er wieder festgestampft wird. Neben einem hohen

Die Koi-Ernte

Links: Ein sehr großer Naturteich wird mit Wasser gefüllt, bevor die Koi der neuen Saison eingesetzt werden. Der Schlamm ermöglicht es den Fischen, am Bodengrund nach Futter zu suchen, wie es alle Karpfen von Natur aus tun.

Rechts: Um die großen Koi abzufischen, werden die Fische mit Netzen in Richtung Ufer getrieben. Helfer in langen Wathosen fangen die potenziellen Preisträger per Hand und setzen sie in die schwimmenden Behälter, in denen die Koi auf den Abtransport warten.

Oben: Nachdem sie aus den schwimmenden Körben herausgenommen wurden, werden die großen Koi in Container überführt und mit Lastwagen zum Verkauf oder zum Winterquartier transportiert.

Säuregehalt bringt das Quellwasser auch viele Mineralien mit, so dass es sich sehr schnell grün färbt.

Wenige Tage vor dem Ablaichen wird den Teichen Hühnerdung zugefügt, so dass Millionen von Infusorien (Einzeller und andere mikroskopisch kleine Lebewesen) entstehen, die der Brut als Nahrung dienen. Die Larven benötigen große Mengen dieses Futters, um von Anfang an gut zu wachsen. Tategoi fressen diese Kleinstlebewesen ebenfalls gern, wenn sie aus ihrem Winterquartier wieder in die Teiche zurückkehren.

In der Zwischenzeit werden auch die im Haus gelegenen Ablaichteiche vorbereitet. Sie werden gründlich gereinigt, und die Filter werden mit neuem Muschelkalk gefüllt, um den pH-Wert des Wassers anzuheben. Diese Becken werden mit dem gleichen Wasser befüllt wie die Außenteiche. Die Zuchttiere, Oyagoi genannt, werden nun nach Geschlechtern getrennt in die Teiche gesetzt.

Laichvorbereitungen

Im Mai werden die Teiche für das Ablaichen vorbereitet. Ein großes rechteckiges Absperrnetz von 1 m Tiefe wird in den Teich eingesetzt, damit sich die Fische nicht an den Teichrändern beschädigen können. Ein weiches, künstliches Ablaichmedium (kin-ran) wird zur Anregung des Ablaichens auf den Boden des Netzes gelegt. Über fünf Jahre alte Weibchen und mindestens vier Jahre alte Männchen werden üblicherweise zur Zucht verwendet. Die Erfahrung hat gelehrt, dass jüngere Weibchen nicht ausreichend Eier erzeugen, wohingegen die Männchen nicht genügend Milch (Sperma) produzieren, um alle Eier zu befruchten, so dass die Zucht nicht lohnend wäre.

Zum Ablaichen werden ein Weibchen und drei Männchen zusammengesetzt. Meistens laichen die Fische innerhalb von zwei Tagen ab. Das Weibchen gibt die Eier in das künstliche Ablaichmedium ab, das am Netz befestigt wurde, und die Männchen besamen sie. Die geeignete Wassertemperatur dafür ist 17 °C. Das Laichen findet meistens am frühen Morgen statt und dauert etwa fünf bis neun Stunden. Ein erwachsenes Weibchen kann dabei bis zu 400000 Eier abgeben. Ein Mitarbeiter des Züchters ist während dieser Zeit ständig zugegen, um darauf zu achten, dass die Tiere sich nicht verletzen und um die

Kondition des Weibchens zu überprüfen. Nach dem Ablaichen werden die Zuchttiere in andere Teiche umgesetzt, damit sie sich erholen können. Außerdem sollen sie davon abgehalten werden, den gerade abgegebenen Laich aufzufressen.

Der Teich mit der schlüpfenden Brut wird nun mit einer schwachen Malachitgrün-Lösung behandelt, um eine Infektion der Eier mit *Saprolegnia* zu verhindern. Nach dem Ablaichen wird das Wasser ständig auf Ammoniak- und Nitritkonzentration sowie den Sauerstoffgehalt untersucht. Wenn nötig, wird Quellwasser langsam zulaufen gelassen, um einen vrosichtigen Wasserwechsel durchzuführen. Das Wasser wird ständig stark belüftet, um den nötigen hohen Sauerstoffgehalt zu erzielen. Abhängig von der Wassertemperatur schlüpfen die Larven in drei bis fünf Tagen.

Die Larven

Nach dem Schlupf erinnern die Larven an kleine transparente Glassplitter mit Augen und einem Dottersack, der ihre erste Nahrungsquelle darstellt. Innerhalb des ersten Tages füllt sich ihre Schwimmblase mit Gas, so dass sie sich horizontal im Wasser halten und frei schwimmen können. Die Larven sind nun etwa 7 mm lang und blass gelblich gefärbt. Bald bewegen sie sich in kurzen Sprüngen vorwärts, um nach Futter zu suchen. In diesem Stadium werden sie vorsichtig in das nährstoffreiche Wasser eines Teichs überführt, um während des Sommers heranzuwachsen.

Die erste Auslese findet einige Wochen später statt. Der Teich wird mit feinen Netzen, die Verletzungen vermeiden sollen, vorsichtig abgefischt. Etwa 80 % der Fische – Tiere mit Missbildungen, schwachen Farben oder geringer Größe – werden aussortiert. Der Rest – Tiere, die

Die Tosai (ein Jahr alte Koi) werden für einen Kunden mit der Hand ausgesucht. Die Transaktionen finden nicht ohne Verhandlungen statt. Letztendlich wird für einen bestimmten Preis eine geeignete Gruppe von Tategoi zusammengestellt.

bereits Ansätze guter Farben oder Muster zeigen – werden behalten. Zu dieser Zeit sind sie etwa 1,25 cm lang.

Im späten Juli, wenn die Brut etwa 2,5 cm lang ist, findet eine zweite Auslese statt. Nun werden etwa 50 % der Jungfische behalten. Ihr Futter wird jetzt mit staubfeinem Trockenfutter angereichert, das in Behältern in und um die Teiche herum aufgeschwemmt wird. Die dritte Auslese findet im August statt; nun bleiben etwa 60 % der Fische übrig. Die nun etwa 5 cm langen Jungfische werden mit Pellets gefüttert. Im späten Oktober, wenn die Koi etwa 10 cm lang sind, werden die Teiche vollständig abgefischt. Nur die besten Tosai-Koi (weniger als ein Jahr alt) werden für die Aufzucht in den Innenteichen ausgewählt, von denen manche auch beheizt sind. Ungefähr 30 % der Fische werden getötet und der Rest billig verkauft, meistens per Auktion. Diese Koi werden manchmal in Ländern wie Thailand und Taiwan aufgezogen und als „japanische Koi" recht preiswert verkauft. Sie können nun ermessen, warum die Qualität der aus Japan kommenden Fische so hoch ist; jeder Koi hat hier vier Auswahlverfahren überstanden.

Künstliche Methoden

In einigen Ländern wird das aus der Hypophyse von Speisekarpfen gewonnene Hormon Gonadotropin benutzt, um ein spontanes Ablaichen anzuregen. Die Methode ist ansonsten vor allem in der Nutzfischzucht gebräuchlich, etwa bei Forellen und Lachsen. Japanische Züchter lehnen dies allerdings ab, da auf diese Weise die wertvollen Zuchttiere gefährdet werden können. Außerdem lassen sich mit der natürlichen Methode ohnehin mehr Koi erzeugen, als die Züchter sinnvoll aufziehen können.

Andere Methoden beinhalten die Einpflanzung eines Microchips unter die Schuppen der Elterntiere. Die Fische können nun im Rahmen eines Brutprogrammes eindeutig identifiziert werden, wenn es darum geht, eine bestimmte Züchtung zu realisieren. Wenn die erzielten Nachzuchttiere mit den Eltern identisch sind (oder, im Falle einer Kreuzung, die gewünschte neue Form ergeben), kann man die Eltern in Bezug auf die gewünschten Merkmale als reinerbig betrachten. Wenn die Nachkommen dagegen eine Vielzahl verschiedener Formen beinhalten, ist zumindest eines der Elternteile mischerbig. Die auf diese Weise gesammelten Informationen werden ausgewertet und bei zukünftigen Paarungen miteinander verglichen, um die Zuchtlinien zu perfektionieren.

Züchten Sie Ihre eigenen Koi!

Die eigene Zucht von Koi kann die Erfüllung eines Traumes bedeuten. Es gibt nichts Vergleichbares wie die Herausforderung, ein lebendes Wesen in die Welt zu bringen und an seiner Entwicklung beteiligt zu sein. Im Falle des Koi verfolgen Sie sein Wachstum vom Moment des Schlupfes bis zum erwachsenen Tier. Die folgenden Hinweise ermöglichen Ihnen, in die Fußstapfen erfahrener japanischer Züchter zu treten und vielleicht sogar einen Favoriten für Ihre örtliche Ausstellung zu erhalten. Sie sollten die Koi-Zucht allerdings nicht zu ernst betreiben. Gehen Sie davon aus, dass Sie den bekannten japanischen Züchtern keine ernsthafte Konkurrenz machen können. Auch in kleinem Rahmen ist die Koi-Zucht nicht billig, weder in Bezug auf das Geld noch auf die Zeit. Auf jeden Fall ist es aber eine lohnende Erfahrung für Sie.

Oben: Eine Koi-Gruppe beim Ablaichen. Die Männchen haben das Weibchen in eine Ecke gedrängt und regen es dazu an, seine Eier in die Fadenalgen (links) abzugeben.

Natürliches Ablaichen

Koi sind wie die meisten Fische ovipar: Sie legen Eier. Nach der Abgabe fallen die Eier auf den Boden des Teiches oder auf darin befindliche Gegenstände und haften dank ihrer klebrigen Oberfläche an Pflanzen oder anderen Objekten. Nun beginnt der Kampf ums Überleben, den die stärksten, aber nicht zwangsläufig die schönsten Fische gewinnen werden.

Bei guter Wasserqualität und einer Temperatur von 17 °C oder höher laichen die Tiere ohne Ihr Zutun ab. Wenn sich das Wasser im Frühjahr erwärmt, müssen Sie mit massenhaften Laichaktivitäten rechnen. Die Tiere laichen in Gruppen ab und produzieren dabei Unmengen von Nachwuchs, dessen Qualität allerdings nicht immer die beste ist. Die Größe sowie die Farben und Farbmuster dieser Fische werden meistens nicht zufrieden stellend sein, obwohl die Tiere einen perfekten Gesundheitszustand aufweisen können.

Geschlechtsunterschiede

Oft stellen Koi-Liebhaber die Frage, wie sie überhaupt das Geschlecht ihrer Fische feststellen können. Tatsächlich tun sich auch professionelle Züchter bei kleinen Koi damit schwer. Koi von weniger als 25 cm Länge sind meistens noch nicht geschlechtsreif; erst danach ent-

---

Grundlagen der Genetik

Von jedem Elternteil erbt ein Koi genau ein Gen, das für eine oder mehrere Eigenschaften verantwortlich ist. Wenn Sie einen Schuppenkarpfen mit einem schuppenlosen (Doitsu) verpaaren, könnten Sie erwarten, jeweils Tiere mit und ohne Schuppen zu erhalten. Das ist nicht immer der Fall. Das dominante Gen kann die Wirkung des anderen (des rezessiven) vollständig überdecken. Der erste Schritt bei der Zucht ist die Auswahl geeigneter Elterntiere. Wählen Sie zu einem Weibchen mindestens drei geeignete Männchen. Die Elterntiere müssen nicht in jeder Hinsicht perfekt sein. Wenn Sie eine gute Färbung erzielen wollen, wählen Sie ein Tier bezüglich dieser Eigenschaft aus. Die anderen Merkmale des Fisches sind dann sekundär. Nach einigen Sommern werden Sie es geschafft haben, alle wichtigen Eigenschaften in Ihren Nachzuchten zu vereinen.

wickeln sich die Geschlechtsorgane. Weibchen kann man dann an einer größeren Leibesfülle erkennen, wohingegen Männchen von oben betrachtet schlanker wirken. Bei Männchen sind auch meistens Brust- und Bauchflossen länger, wobei die Bauchflossen auch spitzer ausgezogen als bei den Weibchen sind.

Ablaichbereite Männchen zeigen den sogenannten Laichausschlag, feine weiße Knötchen auf dem Kopf, den Kiemendeckeln und der Vorderkante der Brustflossen. Sie werden oft vom unerfahrenen Liebhaber mit einer *Ichthyophthirius*-Infektion verwechselt, so dass man sich den Unterschied gut einprägen sollte. Auf den Brustflossen fallen die Knötchen am stärksten auf und sind in einigermaßen regelmäßigen Reihen angeordnet, die sich leicht rau anfühlen. Die Männchen setzen sie ein, um das Weibchen durch ständige Berührungen zum Ablaichen zu bewegen.

Wenn Sie geeignete Zuchttiere ausgesucht haben, sollten Sie Männchen und Weibchen Anfang des Frühjahrs trennen, bevor es zum Ablaichen kommen kann.

Planen des Ablaichens

Es macht Sinn, das Ablaichen vorzubereiten, so dass Sie die Kontrolle über die Paarung haben. Es ist von Vorteil, wenn Sie Ihren Teich mit schwimmenden Netzkäfigen unterteilen können. Wenn das nicht möglich ist, benötigen Sie ein getrenntes Ablaichbecken. Nutzen Sie eins der beiden Systeme, um Ihre Tiere vor dem Ablaichen voneinander zu trennen. Sie können sich die Netzkäfige aus feiner Gardine, die Sie an einem Rahmen aus stabilen Rohren mit 40 oder 50 mm Durchmesser befestigen, selber herstellen. Benutzen Sie 90°-Winkel, um die Rohre

miteinander zu verbinden, so dass sich das Netz im Wasser befindet, wenn es entsprechend beschwert wird. Der Ablaichbereich wird nun vollständig vom Netz umschlossen, das die Fische schützt und die Eier auffängt.

Nun folgen Sie dem Vorbild der erfahrenen Züchter und spannen Ablaichbürsten über den Boden des Käfigs, um den Fischen ein Ablaichmedium zu bieten. Diese Methode ist gut geeignet, da es bei der Paarung recht rau zugeht. Oft werden die Fische, besonders die Weibchen, einige Schuppen dabei einbüßen. Setzen Sie die Elterntiere (ein Weibchen, drei Männchen) einige Tage vor dem erwünschten Ablaichtermin in das Netz.

Alternativ können Sie auch die im Handel erhältlichen Ablaichkästen benutzen, die bereits mit Ablaichbürsten bestückt sind. Diese bestehen aus feinen Nylonfäden, die an einem Kern aus Draht befestigt sind, und ähneln den Filterbürsten, sind aber viel länger. Diese Ablaichbürsten werden im Teich angebracht und dienen der Imitation von Wasserpflanzen. Nach dem Ablaichen können die mit Eiern bedeckten Bürsten entfernt und in einem separaten Teich für den Schlupf untergebracht werden.

Die schwimmenden Ablaichkästen sind ähnlich wie die Netzkäfige gebaut, aber viel kleiner und meistens rund. Nach dem Ablaichen können Sie den Kasten umdrehen, was die Eier und Larven vor ihren Eltern schützt, obwohl sie in der gleichen Umgebung bleiben können. Diese Methode ist sowohl für die Zuchttiere als auch für den Nachwuchs geeignet und erzeugt den geringsten Stress.

Sie können ein Ablaichbecken aus jedem großen Behälter bauen, der eine große Oberfläche und die Möglichkeit bietet, Filter und Belüftung zu installieren. Überprüfen Sie allerdings immer, woher die Behälter kommen

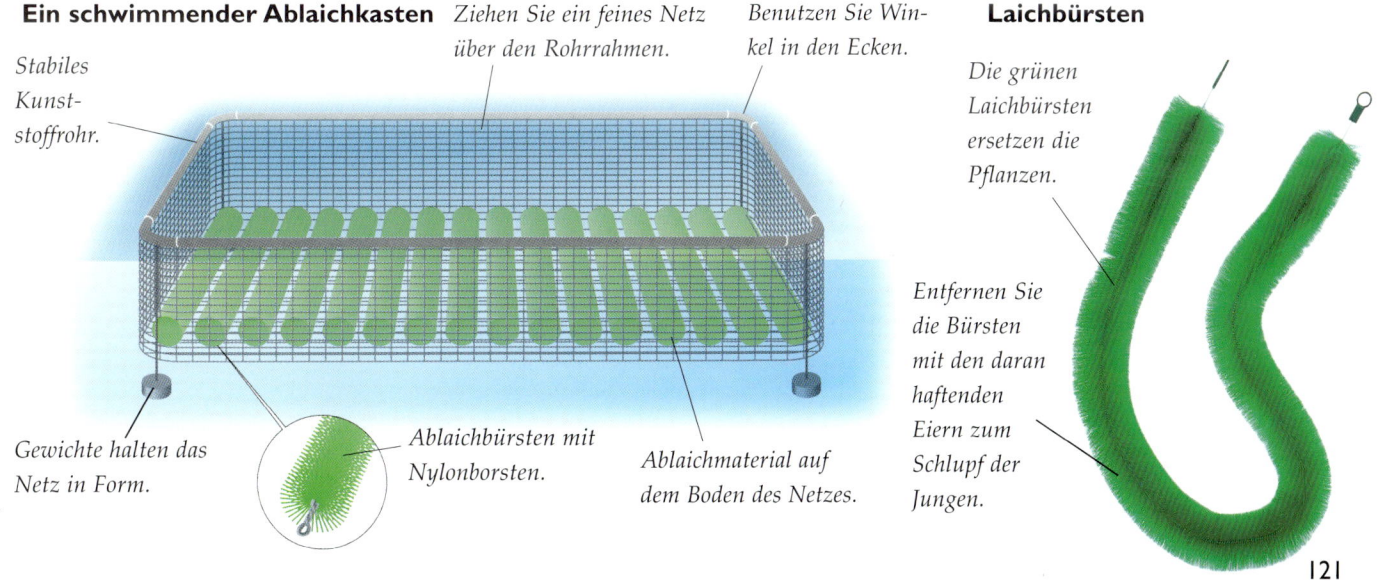

Ein schwimmender Ablaichkasten

Stabiles Kunststoffrohr.

Ziehen Sie ein feines Netz über den Rohrrahmen.

Benutzen Sie Winkel in den Ecken.

Gewichte halten das Netz in Form.

Ablaichbürsten mit Nylonborsten.

Ablaichmaterial auf dem Boden des Netzes.

Laichbürsten

Die grünen Laichbürsten ersetzen die Pflanzen.

Entfernen Sie die Bürsten mit den daran haftenden Eiern zum Schlupf der Jungen.

Futter für kleine Jungfische, das alle nötigen Inhaltsstoffe für das Wachstum enthält.

Dieses Futter besteht aus feinem Pulver, das eine Woche alte Koi mit den nötigen Nährstoffen versorgt.

und was sich vorher darin befunden haben mag. Verschiedene Stoffe oder Flüssigkeiten könnten sich für die Fische als hochgiftig erweisen. Ein vorhandenes Quarantänebecken kann ebenfalls zeitweilig als Laichbehälter genutzt werden. Füllen Sie Ihren Ablaichbehälter mit aus dem Teich entnommenem Wasser, so dass es keinen Unterschied in der Wasserqualität gibt. Das reduziert für die Elterntiere den Stress des Umsetzens.

Das Ablaichen

Nun sollten Sie ähnlich wie ein professioneller Züchter vorgehen. Säubern Sie das Ablaichbecken (wenn Sie eins benutzen) und vergewissern Sie sich, dass Wasserqualität und Belüftung perfekt sind. Setzen Sie das gleiche Geschlechterverhältnis an, also ein Weibchen zu mindestens zwei oder drei Männchen. Damit sollte die Befruchtung aller Eier gewährleistet sein. Wenn die Koi ablaichbereit sind, werden die Männchen das Weibchen bald durch das Wasser jagen und schubsen, um es zur Abgabe der Eier anzuregen.

Das Ablaichen findet üblicherweise in den frühen Morgenstunden nach einer warmen Nacht statt. Wenn Sie früh genug aufstehen, bietet sich Ihnen ein faszinierender Anblick. Die Morgenstille wird vom Geräusch der im Wasser platschenden Fische unterbrochen, und die Teichoberfläche scheint zu kochen. Das Ablaichen wird sich noch über den frühen Vormittag hinziehen. Dann

wird der Teich geradezu unheimlich still. Nun sollte man zuerst die Elterntiere aus dem Ablaichbereich entfernen. Fangen Sie Ihre Tiere aus dem schwimmenden Netzkäfig oder dem Ablaichbehälter heraus oder drehen Sie den Ablaichkasten um. Damit retten Sie die Eier vor ihren eigenen Eltern, die den frischen Laich sonst als erstklassigen Kaviar betrachten würden. Die Eier können an Ort und Stelle belassen oder in ein Becken mit gleicher Wasserqualität überführt werden. In beiden Fällen sollten Sie das Ablaichmedium mit den daran haftenden Eiern für etwa 10–15 Minuten in einer schwachen Malachitgrün-Lösung (drei Teile Malachitgrün auf eine Million Teile Wasser) sterilisieren. Einige Züchter sind jedoch der Ansicht, dass durch die Chemikalie Schäden an den Jungen verursacht werden können und lehnen den Gebrauch ab.

Aufzucht der Jungen

Abhängig von der Wassertemperatur schlüpfen die Jungen nach vier bis sieben Tagen, wenn auch nicht alle gleichzeitig. Nach dem Schlupf ernähren sich die Jungen für zwei oder drei Tage von ihrem Dottersack; danach benötigen sie eine regelmäßige Versorgung mit feinstem flüssigen oder trockenem Futter. Bieten Sie ihnen eine eiweißreiche Kost an, aber achten Sie darauf, das Wasser nicht zu sehr zu belasten. Am besten füttert man wenig, dafür aber häufig, und untersucht das Wasser ständig im Hinblick auf Ammoniak-, Nitrit- und Sauerstoffgehalt.

Belüften Sie das Wasser gut, aber nicht so stark, dass die Brut Schaden nimmt. Durch Ausströmersteine hervorgerufene starke Wasserströmungen können die Jungen nämlich gegen die Teichwände schleudern. Wenn sie in einem separaten Becken aufgezogen werden, sollte die Filterströmung nicht so stark sein, dass sie in den Filter gesaugt werden. Damit sich in der relativ kleinen Wassermenge nicht zu viele Schadstoffe konzentrieren, sollten Sie einen schwachen Wasserzufluss installieren, so dass ständig eine geringe Menge an Wasser ausgetauscht und große Wasserwechsel vermieden werden.

Jungfischfutter ist sowohl in flüssiger als auch in trockener Form im Handel erhältlich. Wählen Sie ein Flüssigfutter für Eier legende Fische. Es enthält Extrakte, die der Entwicklung der für die Jungen wichtigen Infusorien förderlich sind. Geben Sie die Flüssigkeit aus einer Tropfflasche zwei bis vier Mal am Tag in das Wasser. Das entsprechende Trockenfutter besteht aus einem staubfeinen Pulver, das jedoch in ähnlicher Weise wie das Flüssigfutter geeignet ist.

Nach einigen Wochen unter guten Bedingungen werden die Jungfische auch zerriebene Futterflocken oder zerstoßene Pellets annehmen. Sie können auch Montmorillonit-Ton in das Wasser geben, um ihm wichtige Mineralien und Spurenelemente zuzufügen. Da Koi keinen Magen besitzen, sollte man wenig, aber regelmäßig füttern. Für tropische Fische gedachtes Flockenfutter ist als Zusatzfutter gut geeignet, da es Spurenelemente und sowohl tierische als auch pflanzliche Stoffe enthält. Man kann auch gefrorene rote Mückenlarven oder Wasserflöhe aus dem Handel verfüttern. Diese Methode ist sicherer als der Fang von Lebendfutter, da Sie niemals sicher sein können, sich nicht doch Parasiten oder Krankheitserreger einzuschleppen.

Suchen Sie bereits früh nach Tieren, die größer als ihre Geschwister sind. Möglicherweise fressen sie andere Jungfische. Setzen Sie diese „Räuber" in ein separates Becken oder töten Sie sie, wenn sie Deformationen aufweisen. Wenn die Jungen 5 cm groß sind, können sie bereits gutes Trockenfutter aufnehmen, entweder Flocken oder Mini-Pellets. Danach können Sie Ihr normales Trockenfutter verwenden.

Geben Sie immer auf die Wasserqualität Acht. Eins der Probleme bei der Koi-Zucht außerhalb Japans ist das Fehlen der langen, heißen Sommer. Die zusätzlichen Sommerwochen verschaffen den japanischen Koi einen großen Wachstumsvorsprung. Im frühen Herbst sollten Sie sich daher überlegen, ob Sie das Wasser beheizen oder die Jungfische in einem geheizten Raum unterbringen wollen. Ein großes Aquarium in einem Schuppen, einer Garage oder einem Treibhaus ist der beste Platz für die Überwinterung. Im Frühjahr können die Fische dann in bestem Gesundheitszustand in den Gartenteich zurückkehren.

Oben: *Dieser Taisho Sanke ist wegen seiner guten Anlagen im Alter von einem Jahr als Tategoi ausgesucht worden.*

Rechts: *Der gleiche Fisch einige Jahre später. Beachten Sie, wie sich die schwarze Färbung an den richtigen Stellen über einem sehr guten Kohaku-Muster entwickelt hat. Der Züchter hatte vermutlich schon eine gute Vorstellung von dieser Entwicklung.*

Zuchtbuch

Denken Sie daran, ein Zuchtbuch über Ihre Erfolge und Misserfolge anzulegen. Es sollte detaillierte Informationen über die Zuchttiere enthalten. Ein Tagebuch der Zucht, in dem Informationen wie das Wetter und ähnliche verzeichnet sind, kann Ihnen beim Aufbau der Zucht behilflich sein und möglicherweise zur Qualitätssteigerung bei den nächsten Generationen beitragen. Notieren Sie auch die Todesfälle infolge von Krankeiten oder Verletzungen. Die Informationen werden Ihnen in Zukunft nützlich sein.

Die Auswahl

Wie der professionelle Züchter werden Sie sich damit abfinden müssen, dass das Töten überschüssiger Tiere notwendig ist. Viele Jungfische werden an natürlichen Ursachen sterben. Einige werden deformiert sein und schlechte Farben oder Muster aufweisen, so dass sie aussortiert werden müssen. Ein geeignetes Betäubungsmittel vom Tierarzt ist hier die beste Lösung. Setzen Sie eine stärkere Lösung als gewöhnlich an und lassen Sie die Fische so lange darin, bis sie ohne zu leiden gestorben sind. Mit fortschreitendem Wachstum der Tiere sind möglicherweise weitere Auswahlschritte notwendig.

Zweiter Teil

Einleitung

Anfänger stellen gelegentlich bei einem Koi die Frage: „Um welche Art handelt es sich?" Darauf gibt es nur eine Antwort: „Cyprinus carpio". Das ist nämlich der wissenschaftliche Namen aller Koi, so unterschiedlich sie auch sein mögen.

Ist dann das Wort „Rasse" angemessener? Es wird bei Hunden gebraucht, in dem Sinn, dass Sie einen Dackel mit einem anderen Dackel verpaaren, um wieder Dackel zu erhalten. Bei Koi ist das Ergebnis jedoch alles andere als sicher. Wenn Sie einen männlichen und einen weiblichen Sanke zusammensetzen, wird unter den Jungfischen sicher ein Anteil Sanke sein – zusammen mit Bekko, Kohaku und vielen nicht zuzuordnenden Formen.

Die bei Koi benutzten Begriffe sind „Klasse" und „Zuchtform". Da die Fische alle von Menschen gezüchtet wurden, ist die Einteilung natürlich willkürlich. Immerhin gibt sie einen Anhaltspunkt. Jede Klasse kann eine oder mehrere Zuchtformen enthalten. Kohaku, Sanke und Showa sind beispielsweise Klassen mit nur einer Form, während Kawarimono Dutzende Formen nichtmetallischer Koi umfasst, die in keine andere Klasse gehören. Weiterhin gibt es noch Unterformen, die mit japanischen Begriffen gekennzeichnet werden. Um beim Beispiel des Kohaku zu bleiben, gibt es Bezeichnungen für Fische mit zwei, drei oder vier Flecken, Worte für die Beschuppung und andere für die Zeichnung. So ist ein Doitsu Sandan Maruten Kuchibeni Kohaku ein weiß-roter nichtmetallischer Koi (Kohaku) mit Spiegelschuppen (Doitsu), Drei-Fleck-Muster (Sandan), einem roten Fleck auf dem Kopf (Maruten) und roten Lippen (Kuchibeni).

Auch unter sogenannten „Experten" wird es immer wieder Auseinandersetzungen über die Zuordnung einzelner Fische geben. Wichtiger ist es, gesunde, gut geformte Tiere mit guter Hautqualität zu erkennen – der Rest kommt mit der Zeit.

Kohaku

Der moderne Kohaku repräsentiert die schnelle kulturelle Veränderungen im Heimatland der Koi. Als Japan zu Gunsten der technischen Revolution des 20. Jahrhunderts mit den bis dahin vorherrschenden feudalen Traditionen brach, erneuerte man auch das Erscheinungsbild des „Flaggschiffs" der Koi-Zuchtformen. Das Resultat ist ein Fisch, der nicht länger an den althergebrachten strengen Richtlinien gemessen werden muss, um auf einer Ausstellung zu bestehen. Die heutigen Kohaku durchbrechen die Regeln, um die einst festgelegten Schönheitsideale auf die Probe zu stellen. Diese Liberalität in Bezug auf das Muster, nicht jedoch auf die Qualität, hat sich weltweit durchgesetzt, so dass die Züchter von Kohaku „nicht genug bekommen können". Der eigentlich einfach rot-weiß gefärbte Fisch bietet den Liebhabern unerschöpfliche Möglichkeiten. Das Muster ist allerdings nur eins der Elemente, die einen guten Kohaku ausmachen. Die Körperform, die Intensität des „Hi" und eine gute Hautqualität sind mindestens genauso wichtig. Die Zuchtlinien, die diese Eigenschaften beinhalten, lassen sich mehr als ein Jahrhundert lang zurückverfolgen.

Die Geschichte des Kohaku

Rot-weiße Mutationen des ursprünglichen schwarzen Karpfens (Magoi) tauchten im frühen 19. Jahrhundert unter Speisekarpfen auf, die von Reisbauern in der Provinz Niigata gezüchtet wurden. Eher als Kuriosität als aus kommerziellem Interesse behielten die Bauern sie als Haustiere und verpaarten sie miteinander. Kohaku-ähnliche Eigenschaften kamen bei den Nachzuchten zum Vorschein – rote Köpfe, Kiemendeckel oder Lippen sowie kleine Hi-Flecke auf dem Rücken oder Bauch, die man jedoch noch nicht als Muster bezeichnen

KOI-DEFINITIONEN

Hi: rot

Kohaku: weiß mit roter Zeichnung

Kuchibeni: rote Lippen (wörtlich „Lippenstift")

Magoi: ursprünglicher schwarzer Koi

Maruten: unabhängige Kopfmarkierung und rote Zeichnung auf dem Körper

Tancho: runder roter Fleck auf dem Kopf; kein anderes Rot auf dem Körper

Yondan: Vierfleckiges Muster

Hi in der Rückenflosse eines Kohaku wird immer noch als Fehler betrachtet; hier ist jedoch nichts davon zu sehen.

Eine abwechslungsreiche Zeichnung im vorderen Teil des Hi mit einem gefälligen „Schnitt" in die Schulter.

Fast klassisches Kopf-Hi, das die Augen auslässt und die weiße Nasenregion betont.

PERFEKT AUSGEWOGEN

„Ausgewogen" bedeutet nicht „symmetrisch". Das Muster dieses Kohaku bevorzugt nicht eine der Seiten, und das relativ einfache „Hi" im hinteren Teil des Körpers findet seinen Kontrast im interessanten Zickzack-Muster des vorderen Bereiches.

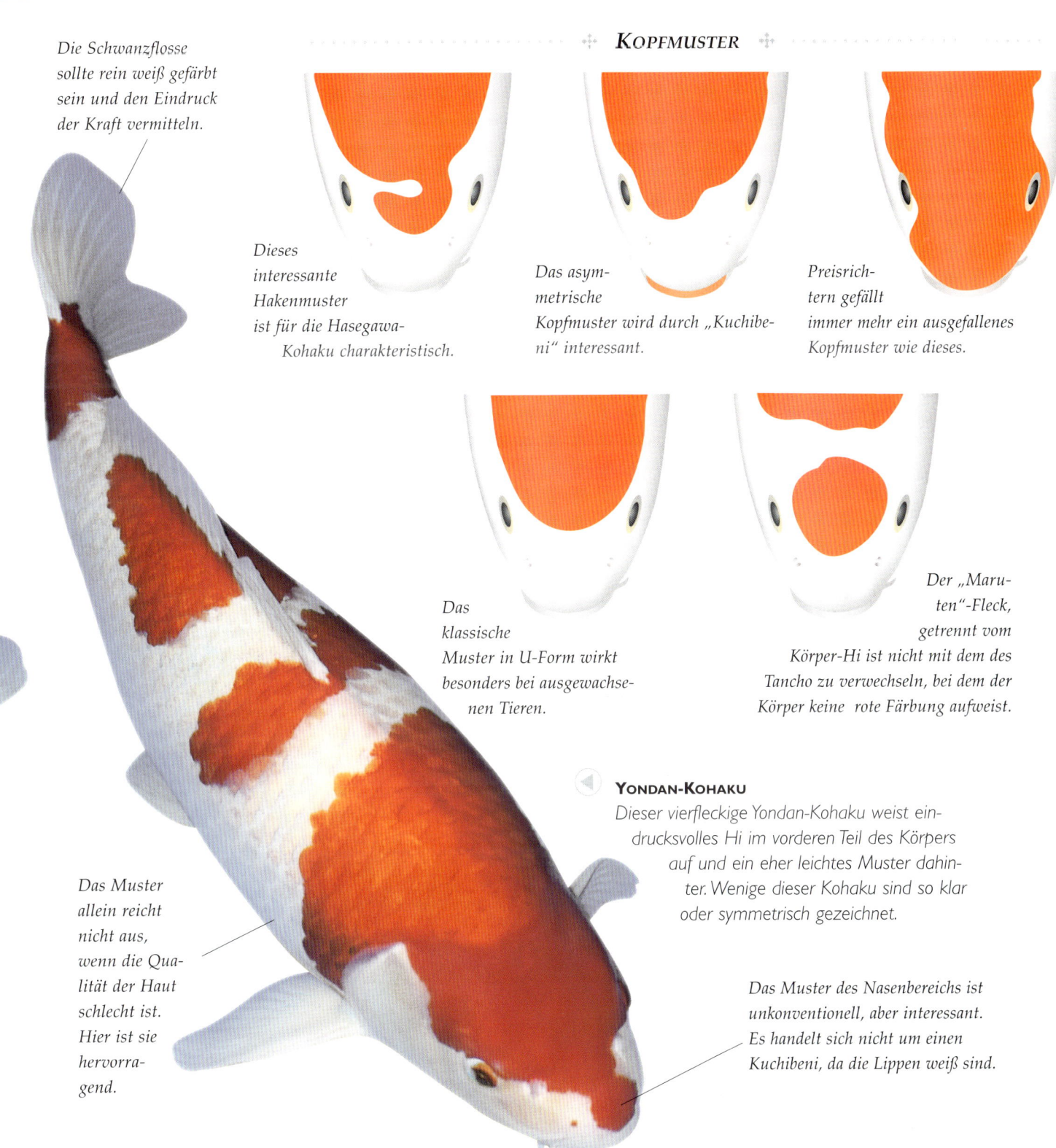

Die Schwanzflosse sollte rein weiß gefärbt sein und den Eindruck der Kraft vermitteln.

✛ **KOPFMUSTER** ✛

Dieses interessante Hakenmuster ist für die Hasegawa-Kohaku charakteristisch.

Das asymmetrische Kopfmuster wird durch „Kuchibeni" interessant.

Preisrichtern gefällt immer mehr ein ausgefallenes Kopfmuster wie dieses.

Das klassische Muster in U-Form wirkt besonders bei ausgewachsenen Tieren.

Der „Maruten"-Fleck, getrennt vom Körper-Hi ist nicht mit dem des Tancho zu verwechseln, bei dem der Körper keine rote Färbung aufweist.

YONDAN-KOHAKU

Dieser vierfleckige Yondan-Kohaku weist eindrucksvolles Hi im vorderen Teil des Körpers auf und ein eher leichtes Muster dahinter. Wenige dieser Kohaku sind so klar oder symmetrisch gezeichnet.

Das Muster allein reicht nicht aus, wenn die Qualität der Haut schlecht ist. Hier ist sie hervorragend.

Das Muster des Nasenbereichs ist unkonventionell, aber interessant. Es handelt sich nicht um einen Kuchibeni, da die Lippen weiß sind.

konnte. Das änderte sich 1888, als Kunizo Hiroi ein rot-köpfiges Weibchen mit einem Männchen kreuzte, dessen Muster an Kirschblüten erinnerte. Die Nachkommen wurden von anderen Züchtern dazu benutzt, die mittlerweile ausgestorbenen Gosuke-Linie zu schaffen. Alle folgenden Zuchtstämme des Kohaku (Tomoin, Sensuke, Yagozen, Manzo) stammen von Gosuke-Tieren ab, die mit viel versprechenden nicht verwandten Fischen verpaart worden waren. Sie wurden nach den Züchtern benannt, die diese Linien verfeinerten. Tomoin und Yagozen sind auch heute noch zwei wichtige Stämme.

Diese Tradition besteht auch noch heute. Wir sprechen von einer Matsunosuke-Linie, obwohl die Koi von Toshio Sakai und seinem Schützling, Shintaro, ihre Herkunft nicht verleugnen können. Das Gleiche gilt für den vielleicht berühmtesten Züchter, Dainichi (Minoru Mano), dessen Kohaku Tomoin-Blut aufweisen.

Wie Kohaku vor 100 Jahren aussahen, hat der Künstler Hikosaburo Hirasawa festgehalten, der die 28 Karpfen zeichnete, die die Einwohner der Niigata-Provinz zur Taisho-Ausstellung von 1914 nach Tokyo sandten. Das Betrachten dieser Bilder ist eine Offenbarung – man sieht, wie weit sich die Kohaku in der Zwischenzeit entwickelt haben.

Was macht einen guten Kohaku aus?

Kohaku sind weiße Koi mit Hi-Markierungen, die nicht erhaben sein dürfen. Braunrote Töne sind dabei beliebter als purpurfarbene. Sie können über die Jahre hinweg mit geeigneter Fütterung und guter Wasserqualität stabilisiert werden. Die Grundfarbe sollte schneeweiß sein, nicht ins Gelbliche gehen oder Shimi aufweisen und einen feinen Glanz zeigen. Die Kiwa muss scharf abgegrenzt sein. Bei jungen, noch nicht vollständig ausgefärbten Tieren sind die Schuppen noch „kokesuke" (halbtransparent), so dass das Muster nocht nicht so klar wie beim erwachsenen Tier ist.

Obwohl das Erscheinungsbild der Tiere nicht mehr so starr festgelegt ist, gibt es noch einige Grundvoraussetzungen. Das Hi des Kopfes ist unverzichtbar. Bei „klassischen" Kohaku ist es u-förmig und endet auf Höhe der Augen. „Hanatsuki"- oder „Kuchibeni"-Muster werden heute jedoch ebenfalls anerkannt. Über eins oder beide Augen reichendes Hi wird nicht als Fehler gewertet, reinweiße Flossen werden jedoch immer noch bevorzugt.

BEEINDRUCKENDE EINFACHHEIT

Dieser zweifleckige (Nidan) Kohaku ist beeindruckend. Das Muster mit hervorragenden „Kiwa" und „Sashi" ist nicht komplex, aber vollkommen ausreichend. Ein weißer Schwanzstiel würde den Eindruck noch ein wenig verbessern. Unabhängig davon findet man aber kaum jemals bessere Tiere in dieser Größenordnung.

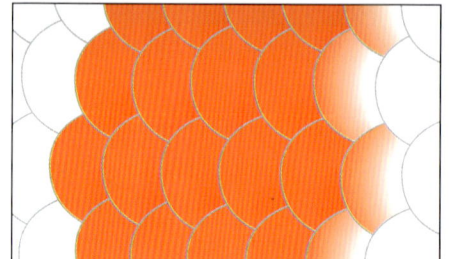

Links: *„Sashi" (weiße Schuppen überlagern das Hi) ist selten so klar ausgebildet wie „Kiwa" (der umgekehrte Fall).*

KLASSISCHER SANDAN-KOHAKU

Dieser dreifleckige Kohaku (Sandan-Kohaku) ist ein Fisch der alten Schule mit klar voneinander abgegrenzten Hi-Bereichen. Beachten Sie die dunklere Rottönung des Kopfes, die hier nicht von Schuppen abgemildert wird.

Der Kontrast zwischen der schneeweißen Rückenflosse und dem Hi an ihrer Basis ist recht klar.

„GEBLÜMT", ABER GUT

Kohaku mit einem Muster wie diesem werden als „geblümt" bezeichnet. Das ist keine Kritik, da bei diesem Koi die kleineren Farbflecke und die größeren Bereiche ausgewogen sind. Der allgemeine Eindruck ist recht leicht, unterstützt von der faszinierenden Kopfzeichnung.

Gut geformte weiße Brustflossen bilden eine Gegengewicht zum Hi des Vorderkörpers.

KOI-DEFINITIONEN

Hanatsuki: Ein Hi-Muster, das das Maul erreicht

Hi: rot

Kiwa: Grenze von Rot und Weiß an der hinteren Begrenzung des Musters

Kokesuke: halbtransparent

Kuchibeni: Rote Lippen, wörtlich „Lippenstift"

Nidan: zweifleckiges Muster

Sandan: dreifleckiges Muster

Sanke: weißer Koi mit roter und schwarzer Zeichnung

Sashi: Überlappung von roten und weißen Schuppen im vorderen Hi-Bereich

Shimi: Unerwünschte braune oder schwarze Schuppen über der Grundfärbung

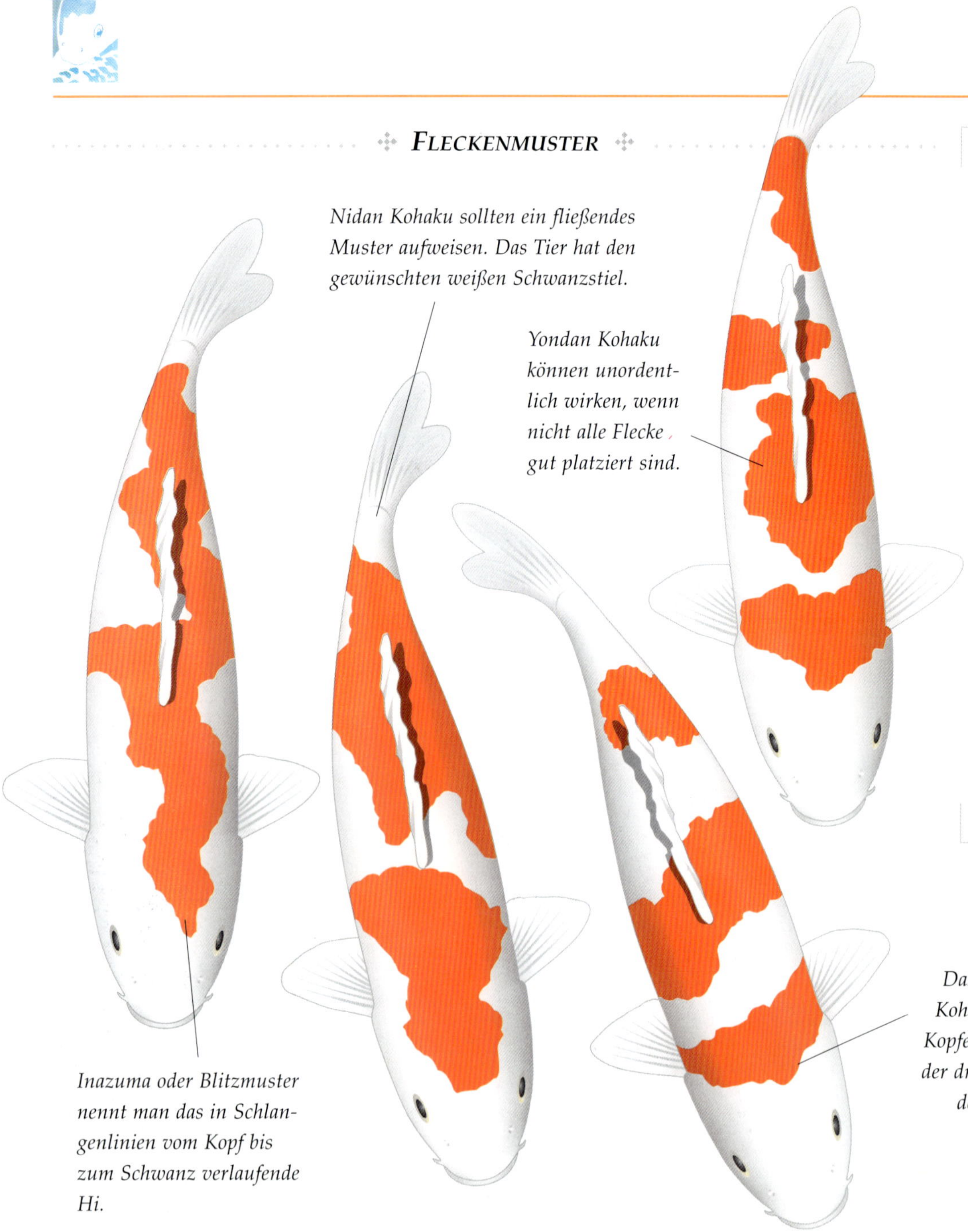

Nidan Kohaku sollten ein fließendes Muster aufweisen. Das Tier hat den gewünschten weißen Schwanzstiel.

Yondan Kohaku können unordentlich wirken, wenn nicht alle Flecke gut platziert sind.

KOI-DEFINITIONEN

Inazuma: Blitzmuster

Maruten Kohaku: Kohaku mit getrenntem Kopfmuster und zusätzlichem Hi auf dem Körper

Nibani: Instabiles sekundäres Rot

Nidan: Zweifleckiges Muster

Sandan: Dreifleckiges Muster

Sashi: Überlappung roter und weißer Schuppen am vorderen Ende des Musters

Tancho: Runder roter Fleck auf dem Kopf, kein anderes Rot auf dem Körper

Yondan: Vierfleckiges Muster

Inazuma oder Blitzmuster nennt man das in Schlangenlinien vom Kopf bis zum Schwanz verlaufende Hi.

Das ist ein Sandan Kohaku. Das Hi des Kopfes zählt als einer der drei namengebenden Farbbereiche.

Kohaku, deren Hi auf dem Kopf abgegrenzt ist, werden in der eigenen Tancho-Klasse bewertet. Als ideal gilt eine perfekte Kreisform, die an die japanische Flagge und den Kopf des National-Vogels, des Tancho-Kranichs, erinnert. Wenn die abgegrenzte Kopfzeichnung mit Hi auf dem Körper kombiniert ist, heißt der Koi „Maruten Kohaku".

Die japanischen Namen für die Zahl der roten Bereiche (Nidan, Sandan und Yondan) werden heute eher als allgemeine Beschreibung denn als Gütebezeichnung betrachtet. Heutige Koi können auch kleinere, komple-

mentäre Hi-Flecke aufweisen, die jedoch nicht mit „Nibani" verwechselt werden dürfen.

Damit von Kopf bis Schwanz durchgehende Muster akzeptiert werden, müssen sie interessant aussehen. Das beste Beispiel dafür ist das klassische Inazuma. Heutige Kohaku sollen beeindruckend wirken, was beim Kauf junger Fische berücksichtigt werden sollte. Im Verlaufe des Wachstums werden die Abstände zwischen den gefärbten Bereichen größer. Kaufen Sie daher keine Koi, die bereits eine Miniausgabe eines erwachsenen Tieres zu

BLITZSCHLAG

Das ist ein Maruten Nidan Koha-ku. Der Namen nennt alle Elemente, so dass man sich ein Bild des Fisches machen kann. Natürlich findet man nie zwei gleiche Exemplare.

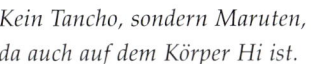

Kein Tancho, sondern Maruten, da auch auf dem Körper Hi ist.

VIER SCHRITTE ZUM HIMMEL

Ein Yondan Maruten Kohaku – das Hi erinnert an Wolkenschatten über einem Schneefeld. Dieser erwachsene Fisch zeigt eine gute Kiwa, und die Hautqualität entspricht der, die man von einem bedeutend jüngeren Tier erwartet.

sein scheinen. Andererseits können große, scheinbar langweilige Farbflächen sich später in interessante Muster aufteilen. Das Körpermuster muss nicht symmetrisch, ja nicht einmal ausgewogen sein, wenn es nur gefällig aussieht. Nur auf einer Seite befindliches „Hi" oder eine Färbung, die den Fisch kopf- oder schwanzlastig erscheinen lässt, ist jedoch ein Fehler. Obwohl viele erstklassige Kohaku keinen weißen Schwanzstiel haben, bevorzugen die japanischen Liebhaber eine Unterbrechung der Färbung an der Schwanzflossenbasis.

Doitsu, Gin-Rin und metallische Kohaku

Doitsu-Kohaku, denen ja die vollständige Beschuppung fehlt, weisen eine messerscharfe „Kiwa" auf, werden von den Japanern jedoch als eher zweidimensional betrachtet. In Ausstellungen ohne getrennte Doitsu-Klasse verlieren sie immer gegenüber vollständig beschuppten Tieren.

Gin-Rin Kohaku – Fische mit nicht mehr einzeln zählbaren reflektierenden Schuppen – werden mit den Gin-Rin Sanke und den Showa als eigene Klasse bewertet. Diese Schuppen wurden ursprünglich als „Dia" bezeichnet und wirken über „Hi" golden und über weißen Bereichen silbern. Gin-Rin-Schuppen werden manchmal „Fukurin" genannt, ein Begriff, der für die glänzende Haut um die Schuppen metallischer Koi reserviert sein sollte.

Metallische Koi waren als „Platin-Kohaku" bekannt, werden nun aber als „Sakura Ogon" bezeichnet und zur Klasse Hikarimoyo gezählt. Die Doitsu-Version heißt Kikusui. Alle stammen von Kohaku/Ogon-Kreuzungen ab.

Weiß auf dem Schwanzstiel ist wünschenswert, besonders bei starkem Hi.

Koi wie dieser Ippon Hi werden meistens früh aussortiert.

Eine rote Rückenflosse über einheitlichem Hi würde jeden Kohaku disqualifizieren.

KOI-DEFINITIONEN

Doitsu: Koi, die lediglich eine Reihe vergrößerter Schuppen auf der Seitenlinie und beidseits der Rückenflosse aufweisen

Fukurin: netzartiger Effekt glänzender Haut um die Schuppen (üblicherweise) metallischer Koi herum

Gin-Rin: Koi mit reflektierenden silbernen Schuppen

Hi: rot

Hikarimoyo: Klasse aller metallischen Koi mit Ausnahme von Utsuri und Showa

Ippon Hi: die rote Färbung ist durchgehend vom Kopf bis zum Schwanz

Kikusui: Doitsu-Platin-Koi mit metallisch-orangefarbenen Abzeichen

Kiwa: Grenze von Rot und Weiß am hinteren Rand des Hi

Ogon: einfarbiger metallischer Koi

Sakura Ogon: metallischer Kohaku

Sanke: weißer Koi mit roten und schwarzen Abzeichen

Sashi: Überlappung roter und weißer Schuppen am vorderen Ende des Musters

Showa: schwarzer Koi mit roten und weißen Abzeichen

AUSSTELLUNGSSIEGER

Dieser Kohaku hat alle erwünschten Eigenschaften: eine volle Körperform, eine interessante, aber nicht zu unruhige Zeichnung und vor allem die wichtige schneeweiße Haut, die den Kontrast zum Hi bildet. Selten sind alle diese Eigenschaften in einem Koi vereinigt. Wenn sie es sind, wird der Fisch mit Sicherheit einen Preis gewinnen.

DAS FUNKELN DES GIN-RIN

Ein Gin-Rin Kohaku hoher Qualität. Die reflektierenden Schuppen wirken über der weißen Haut silbern und über dem Hi golden. Auch ohne diese Schuppen wäre dies noch ein beeindruckender Fisch. Minderwertige Gin-Rin machen oft auf den ersten Blick einen guten Eindruck, der aber einer näheren Überprüfung nicht standhält. Dieses Exemplar würde allerdings jeden Test bestehen.

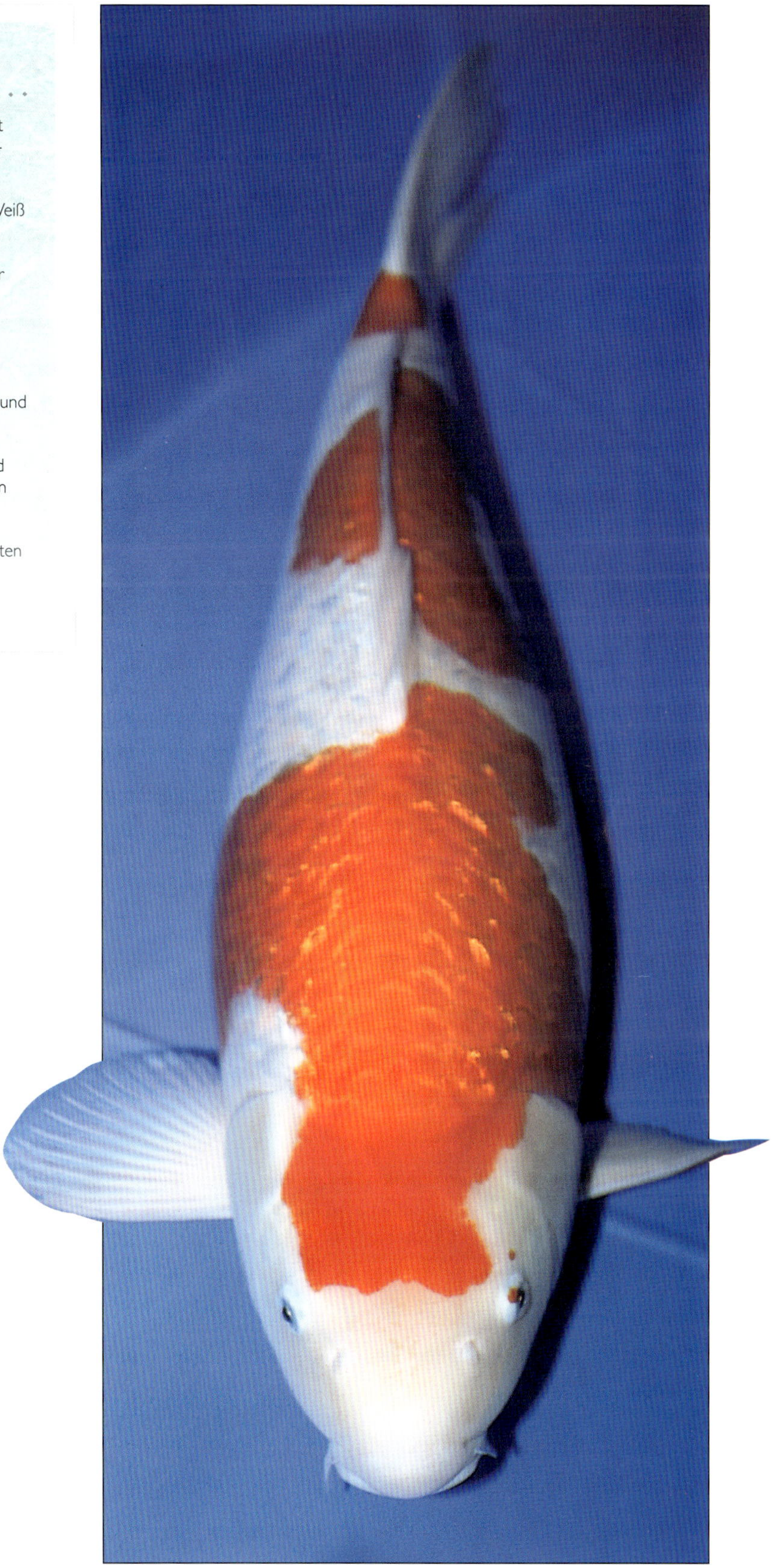

Sanke

Auch wenn Kohaku die bevorzugten Koi des Puristen sind, üben die dreifarbigen Sanke nahezu den gleichen Reiz aus. Die Sumi-Abzeichen ermöglichen mit Hi und der weißen Haut unzählige Variationen. Die beiden Zuchtformen sind nahe verwandt und gleichzeitig die einzigen mit nachzuverfolgenden Linien. Es ist allerdings nicht ganz klar, wann die Sanke, wie wir sie kennen, auf der Bildfläche erschienen sind. Ursprünglich wurden sie Taisho Sanke oder Taisho Sanshuko genannt (nach der Zeit von 1912–1926, in der sie entstanden sind). Mittlerweile ist aber der kürzere Name „Sanke" allgemein akzeptiert.

Die Geschichte der Sanke

Ein ausgewachsener Sanke wurde von Gonzo Hiroi 1914 zur Ausstellung in Tokio gebracht. Das lässt vermuten, dass die Form oder zumindest ihre Vorfahren bereits am Ende des 19. Jahrhunderts existiert haben (also in der Meiji-Ära). Ob es bewusste Ansätze gab, eine reine Zuchtlinie zu erstellen, ist nicht bekannt.

Im gleichen Jahr – 1914 – tauchte ein Koi mit roten und schwarzen Flecken spontan in einer Brut von Kohaku auf, die dem Reisbauern Heitaro Sato aus Niigata gehörte. Versuche, dieses Ergebnis zu reproduzieren, blieben erfolglos, so dass die drei Zuchttiere einem anderen Züchter gegeben wurden und zum Schluss zu Eizaburo Hoshino aus Takezawa gelangten. Der Ort ist als Wiege der Nishikigoi bekannt. Im Jahre 1917 kreuzte Hoshino eines der Weibchen mit einem Shiro Bekko.

Die Jungen wiesen die drei charakteristischen Farben des Sanke in mehr oder weniger gleichen Proportionen auf und zeigten zusätzliche „Sumi"-Streifen auf ihren Brustflossen.

Der Züchter, der diese Linie stabilisierte, war jedoch Torakichi Kawikame. Er verpaarte ein Sanke-Weibchen von Hoshino mit einem Yagozen Kohaku. Die Linie wurde als Torazo bezeichnet, benannt nach Kawikames Vater und dem Firmennamen.

Alle heutigen Sanke stammen von der Torazo- und der damit nicht verwandten Sanba-Linie ab, die mittlerweile ausgestorben ist. Die heute bekanntesten Zuchtlinien sind Matsunosuke, Jinbei, Sadazo und Kichinai.

Matsunosuke Sanke sind der Erfolg von Toshio Sakai, der das Isawa-Nishikigoi-Center leitet, und seinem älteren Bruder Toshiyuki, der in Niigata lebt. Die Zuchtlinie wurde mit Magoi-Genen belebt, die für gutes Wachstum sorgen, während die hochwertige „Hi"- und „Sumi"-Färbung erhalten wurde. Diese Koi, die als Jungtiere recht schlank sind, zeigen zunehmend „Fukurun"-Beschuppung, die ihnen einen besonderen Glanz verleiht.

Dieses scharlachrote Hi wird von kleinen Sumi-Flecken betont. Schwarz über Rot nennt man Kasane Sumi.

WENIGER IST MEHR

Ein guter Sanke ist ein Kohaku mit zusätzlichem Sumi, das sich auch in die Flossen erstrecken kann. Heute sind Tiere mit wenig Sumi beliebt, so dass einige Tategoi Sanke leicht mit Kohaku verwechselt werden können, bis die schwarzen Zeichnungen erscheinen.

VERGANGEN, ABER NICHT VERGESSEN

Doris war vermutlich der schönste Sanke, der je nach Großbritannien gelangte. Leider weilt sie nicht mehr unter uns. Sie wurde von Sakai Matsunosuke gezüchtet, dem besten Sanke-Züchter der Welt. Bis zu ihrem Tod verbesserte sich ihre Zeichnung ständig. Doris war die Siegerin zweier aufeinander folgender BKKS-Ausstellungen.

Das meiste Hi stand bei Doris separat, wobei sich das Sumi auf weißem Grund befand. Das wird als Tsubo Sumi bezeichnet.

Eine reizvolle, wenn auch ungewöhnliche Kopfzeichnung.

WIE SICH SUMI ENTWICKELT

Die Entwicklung des Sumi bei Sanke hängt sehr von der jeweiligen Zuchtlinie ab. Dieser Fisch zeigt „fertiges" Sumi im hinteren Körperabschnitt und sich ausprägendes vor der Rückenflosse. Es kann jedoch Jahre dauern, bevor das Muster stabil und die Entwicklung zum Stillstand gekommen ist.

Sich entwickelndes Sumi; kein Fehler oder Shimi.

Schöne weiße Haut und ein gleichmäßiges Kopfmuster zeichnen diesen Sanke aus.

KOI-DEFINITIONEN

Bekko: schwarze, für Sanke typische Zeichnung auf roter, weißer oder gelber Basis

Fukurin: netzartiger Effekt durch glänzende Haut um die Schuppen (üblicherweise) metallischer Koi herum

Kohaku: weißer Koi mit roter Zeichnung

Magoi: ursprünglicher schwarzer Karpfen

Shimi: unerwünschte braune oder schwarze Schuppen auf der Grundfarbe

Shiro Bekko: weißer Koi mit schwarzen, für Sanke typischen Flecken

Sumi: schwarz

Tategoi: „unfertiger" Koi, der noch im Begriff ist, sein Aussehen zu verbessern

Farben des Sanke

Ein Sanke ist im Prinzip ein Kohaku mit dem für Bekko typischen „Sumi", das nicht bis unter die Seitenlinie reichen sollte. Wie bei den Kohaku ist die Haut im Idealfall schneeweiß und schimmernd. Das Hi sollte gleichmäßig sein und keine „Fenster" (weiße Flecke in roten Farbflächen) aufweisen – ein frühes Zeichen, dass das Muster aufbrechen und verschwinden könnte.

Junge Sanke können leicht mit Kohaku verwechselt werden, da manche bis zum Alter von zwei Jahren kein Sumi zeigen. Es gibt auch keine Garantie, dass vorhandenes Sumi stabil bleibt; es kann verschwinden, nur um später wieder aufzutauchen. Matsunosuke Sanke zeigen als Jungtiere blasses, blaugraues Sumi, das später intensiver wird. Sanke der Kichinai-Linie weisen dagegen bereits früh stabiles Sumi auf, dass sich nur durch das Wachstum der Haut ein wenig verändert. Frühes, permanentes Sumi wird als „Moto Sumi" bezeichnet, wohingegen die später erscheinenden schwarzen Flecke „Ato Sumi" genannt werden. Abhängig vom Ort kann Sumi auch „Kasane Sumi" (über dem Hi) oder „Tsubo Sumi" (über der weißen Haut) heißen. Letzteres ist sehr geschätzt; meistens zeigen Sanke jedoch eine Kombination von beidem. Vor allem der Gesamteindruck zählt.

Sanke-Zeichnungsmuster

Die Mode hat auch die Zeichnung der Sanke beeinflusst. Fische mit massivem Sumi sind nicht mehr so beliebt wie andere, die kleinere, akzentuierte Flecke zeigen. Auch

✦ KOPFMUSTER ✦

Sanke zeigen nur selten Sumi auf dem Kopf, meistens Hi.

Sumi auf dem Kopf deutet auf einen Showa hin – das ist jedoch kein sicheres Merkmal.

EIN „GEBLÜMTER" SANKE

Dieser Sanke besitzt eine faszinierende dreifache Hi-Markierung auf Kopf und Schultern. Er zeigt klar den Unterschied zwischen Tsubo und Kasane Sumi. Die schwarze Färbung befindet sich wie bei einem Bekko oberhalb der Seitenlinie. Beachten Sie die Streifen in den Brustflossen.

❖ **KÖRPERFÄRBUNGEN** ❖

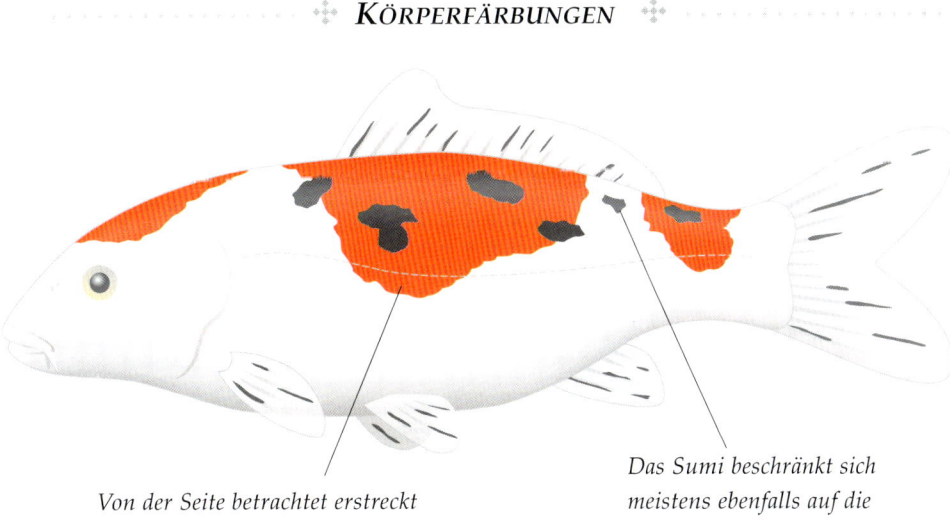

Von der Seite betrachtet erstreckt sich das Hi bei Sanke üblicherweise nicht bis unter die Seitenlinie.

Das Sumi beschränkt sich meistens ebenfalls auf die obere Körperhälfte.

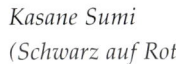

Kasane Sumi (Schwarz auf Rot).

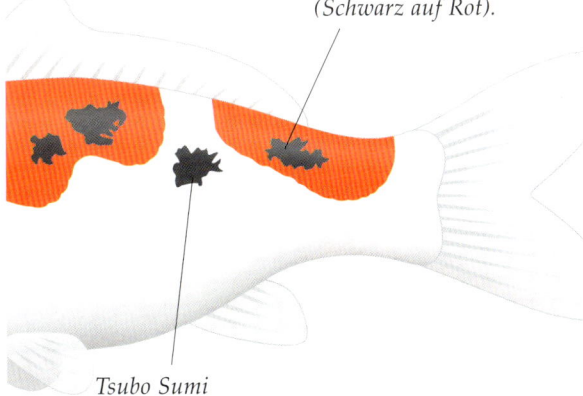

Tsubo Sumi (Schwarz auf Weiß).

▶ **DAS BESTE VON BEIDEN**

Das Geheimnis der Champions ist es, Größe und Volumen zu erreichen und die Hautqualität und die Zeichnung eines jungen Fischs zu behalten. Dieser 70 cm große Sanke zeigt, dass es möglich ist.

Dieses Hi teilt sich bereits.

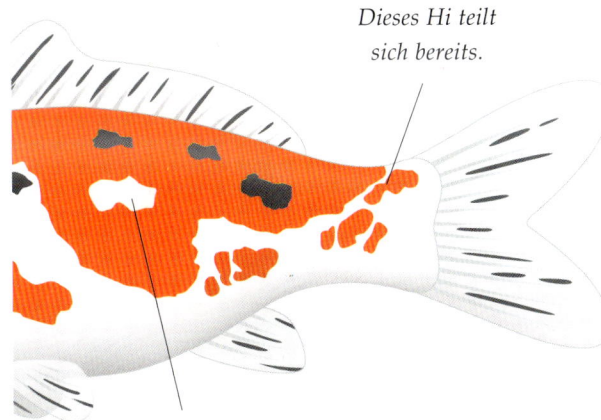

„Fenster" im Rot oder scheckiges Hi deuten darauf hin, dass der Koi das Muster später verlieren kann.

KOI-DEFINITIONEN

Aka Bekko: roter Koi mit schwarzen, für Sanke typischen Zeichnungen

Aka Sanke: Koi mit großen roten Bereichen, die nicht von Einschnitten aufgelöst werden

Ato Sumi: Schwarze Flecke, die beim älteren Tier auftauchen

Bekko: schwarze, für Sanke typische Markierungen auf weißer, roter oder gelber Basis

Hi: rot

Kasane Sumi: Schwarz, das über dem Rot liegt

Kohaku: weißer Koi mit roter Zeichnung

Moto Sumi: frühes Sumi, das permanent ist

Sanke: weißer Koi mit roten und schwarzen Flecken

Sumi: schwarz

Tsubo Sumi: Schwarz auf weißer Haut

große rote Flächen ohne weiße Einschnitte sind weniger beliebt. Man bezeichnet die Tiere als „Aka Sanke".

Sanke sollten kein Sumi auf dem Kopf aufweisen, lediglich Hi oder Weiß. Wenn Sumi vor den Schultern vorhanden ist, kann es reizvoll aussehen oder ablenken. Das Gleiche gilt für Kuchibeni; ein langweiliger Koi wird dadurch nicht interessanter, doch wenn der Rest stimmt, ist es kein Fehler. Hi auf einer Flosse ist nicht gut angesehen; Sumi auf Schwanz-, Rücken- oder Brustflossen ist jedoch eine erwünschte Eigenschaft. Die Art dieser schwarzen Markierungen bietet eine sichere Methode, Sanke zu identifizieren – Streifen auf den Brustflossen sind gut von den Motoguro an ihren Ansätzen zu unterscheiden, die die Showa zeigen. Einige Sanke besitzen jedoch weiße Flossen, die zum Rand hin durchscheinend werden. Diese Färbung ist einigermaßen akzeptabel.

Symmetrie ist bei Sanke nicht gefragt, und auch Ausgewogenheit spielt keine übergroße Rolle. Natürlich sieht es nicht gut aus, wenn das komplette Sumi oder Hi auf einer Seite ist oder wenn sich nicht genug Hi oder zuviel Sumi auf dem hinteren Teil des Körpers befinden.

Sanke mit separater roter Kopfzeichnung und weiterem Hi auf dem Körper werden als Maruten Sanke bezeichnet. Wenn das einzige Hi sich auf dem Kopf befindet, ist der Fisch ein Tancho Sanke und wird zu dieser Klasse gerechnet. Die Bezeichnung „Menkaburi Sanke" bezieht sich nur auf Tiere, deren Hi sich in

· · · · · · · ❖ **FLOSSENMARKIERUNGEN** ❖ · · · · · · ·

Die Brustflossen können transparent oder gestreift sein. Manchmal treten Streifen nur auf einer Flosse auf.

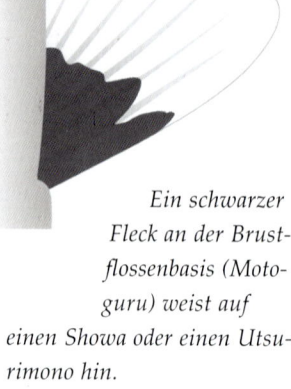

Ein schwarzer Fleck an der Brustflossenbasis (Motoguru) weist auf einen Showa oder einen Utsurimono hin.

EIN VIEL VERSPRECHENDES JUNGTIER

Dieser junge Sanke könnte etwas mehr Volumen gebrauchen, das er mit dem Alter bekommen wird. Seine großen, symmetrisch gestreiften Brustflossen bilden einen starken Punkt wie auch das Sumi-Cluster auf der Schulter. Die Kopfzeichnung macht dieses Tier zum Maruten Sanke.

KLAR ABGEGRENZT: DOITSU SANKE

Dieser Doitsu Sanke erinnert in vielerlei Hinsicht an einen Showa, ist und bleibt aber ein 100-prozentiger Sanke, trotz der kleinen Sumi-Flecke auf dem Kopf und der kräftig schwarzen Körperzeichnung. Beachten Sie auch den einzelnen schwarzen Streifen in der linken Brustflosse.

KOI-DEFINITIONEN

Doitsu: Koi, der außer einer Reihe vergrößerter Schuppen entlang der Seitenlinie und zwei Reihen beidseitig der Rückenflossenbasis keine weiteren Schuppen besitzt.

Hi: rot

Hikarimoyo: Klasse aller mehrfarbigen metallischen Koi außer Utsuri und Showa

Kawarimono: Klasse aller nichtmetallischen Koi, die zu keiner anderen Gruppe gehören

Kindai: weiße Haut überwiegt

Kuchibeni: rote Lippen, wörtlich „Lippenstift"

Maruten Sanke: Sanke mit abgegrenzter Kopfzeichnung und roter Zeichnung am Körper

Menkaburi: roter Kopf

Motoguro: kräftige Schwarzfärbung an den Brustflossenbasen bei Showa und verwandten Zuchtformen

Sanke: weiße Koi mit roten und schwarzen Abzeichen

Showa: schwarze Koi mit roten und weißen Abzeichen

Sumi: schwarz

Tancho: runder roter Fleck auf dem Kopf, kein anderes Rot auf dem Körper

Yamatonishiki: metallischer Sanke

einer einem Kopftuch ähnlichen Weise über Nase und Kiefer erstreckt. Bei Budo Sanke überdeckt alles Sumi das Hi. Auf der weißen Haut ist kein Sumi, und der Fisch wird in den Klassen Kawarimono oder Koromo bewertet (siehe auch Seite 166).

Doitsu und andere Sanke

Doitsu Sanke sehen immer sehr akkurat aus, da die Begrenzung der Farbflächen nicht verwischt ist. Bei guten Tieren wirkt es geradezu künstlich, so als ob die Farbe mit dem Pinsel aufgetragen wurde.

Obwohl die Japaner diese Fische nicht so hoch wie andere Sanke bewerten, geben Sie ihnen wenigstens eine eigene Klasse. In anderen Ländern werden alle Sanke zusammen bewertet, so dass die vollständig beschuppten Tiere fast immer gewinnen. Alle Kreuzungen zwischen Sanke und anderen, nichtmetallischen Formen gehören zur Klasse Kawarimono. Yamatonishiki werden zur Klasse Hikarimoyo gestellt, was metallische Koi mit mehr als einer Farbe bedeutet.

Das reizvolle, wenn auch nicht klassische Muster stellt eine Farbe der anderen gegenüber.

Showa

Der Showa ist die letzte Form der „Großen Drei", die zusammen als Go Sanke bezeichnet werden, und geschichtlich betrachtet die jüngste. Der Showa wurde 1927 von Jukichi Hoshino in Niigata gezüchtet und bestand aus einer Kreuzung von Ki Utsuri und Kohaku. Die ersten Tiere sahen nicht beeindruckend aus und zeigten gelbliches Hi und unklares Sumi. Es dauerte bis 1965, dass Tomiji Kobayashi die Linie verbesserte, indem er weibliche Showa mit männlichen Sanke und Yagozen Kohaku (siehe Seite 128) kreuzte und so die heute bewunderte Färbung mit tief scharlachrotem Hi, glänzendem Schwarz und schneeweißer Haut erhielt.

Kreuzungen mit Sanke und Kohaku werden auch heute noch vorgenommen, nicht nur um die brillanten Farben zu erhalten, sondern auch, um dem modernen Geschmack gerecht zu werden. Wie wir sehen werden, erinnern einige Showa sehr an ihre Vorfahren, während andere auf den ersten Blick für Sanke gehalten werden könnten. Das ist nicht überraschend, da beide Formen rot, schwarz und weiß gefärbt sind. Showa sind jedoch schwarze Fische mit roter und weißer Zeichnung, so dass die Ausprägung des Sumi sie eigentlich unverwechselbar macht. Das Sumi des Sanke ist eine zusätzliche Farbe, die üblicherweise oberhalb der Seitenlinie und selten auf dem Kopf erscheint. Es nimmt meistens das für Bekko typische „Schildkrötenpanzer-Muster" an, wohingegen das Schwarz des Showa eher die Form einer Binde aufweist. Manchmal scheint es sich vom Bauch aus um den ganzen Körper herum zu erstrecken. Große Sumi-Flächen können zusammen ein Muster ergeben, das an einen Blitz erinnert (Inazuma), was besonders auf dem Kopf auffällt.

Beim traditionellen Showa ist Rot die dominierende Farbe, wobei Schwarz und Weiß sich ungefähr im Gleichgewicht befinden. Wenn mehr als die Hälfte des Körpers

SANKE ODER SHOWA?

Sanke

Sumi-Streifen in den Brustflossen.

Bei den meisten Sanke befindet sich das Sumi oberhalb der Seitenlinie und das Hi ähnelt dem des Kohaku.

Showa

Motoguro in den Brustflossen ist für Showa und Utsurimono typisch.

Das Sumi kann eine Binde bilden, die sich um den Körper herum windet.

KOI-DEFINITIONEN

Bekko: schwarze, Sanke-typische Zeichnung auf weißer, roter oder gelber Basis

Go Sanke: Koi der Klassen Kohaku, Sanke und Showa

Hi Showa: von oben ist mehr als die Hälfte des Körpers rot

Ki Utsuri: schwarzer Koi mit gelber Zeichnung

Kohaku: weißer Koi mit roter Zeichnung

Motoguro: gleichmäßige schwarze Färbung an der Brustflossenbasis bei Showa und verwandten Formen

Sanke: „drei Farben"; weiße Koi mit roter und schwarzer Zeichnung

Shimi: unerwünschte dunkle Schuppen über der Grundfarbe

Utsurimono: schwarze Koi mit weißer, roter oder gelber Zeichnung

EIN HI-SHOWA – GERADE NOCH

Dies ist ein Hi-Showa – kein Hi Utsuri. Die geringste weiße Zeichnung auf dem Körper macht aus dem Koi einen Showa. Ein imposanter Fisch, dessen einziger größerer Fehler die ungleichmäßige Verteilung des Sumi auf den Brustflossen ist. Störende Shimi fehlen.

Dieses sattelförmige Sumi, das sich mit dem Band in der Nähe der Schwanzwurzel ergänzt, stellt das Gegengewicht zur übrigen Zeichnung dar.

Obwohl viel Weiß vorhanden ist, dominiert das Rot, so dass der Fisch ein Hi Showa ist.

Das Hi sollte dicht sein und an eine mehrschichtige Lackierung erinnern.

Das Sumi sollte bei Showa tiefschwarz und glänzend sein.

Das ist kein für Showa typisches Brustflossen-Sumi. Es ist dennoch eher flächig als streifig.

KOI FÜR SPIELER

Showa stellen die größte Herausforderung für die Käufer junger Fische dar, da sich das Zeichnungsmuster im Laufer der Jahre vollständig verändern kann. Dieses Exemplar scheint allerdings ausgefärbt zu sein. Das Sumi des Kopfes ist eindrucksvoll, ohne zu aufdringlich zu wirken, das Schwarz des Körpers ist gut verteilt, und auch die Zeichnung der hinteren Körperhälfte ist gut entwickelt, was bei vielen Showa leider nicht der Fall ist.

Ein schöner Kindai Showa – bis man die Schwanzregion betrachtet, in der die Zeichnung schwach ausgeprägt ist.

Die dominante weiße Färbung macht den Fisch zu einem Kindai Showa.

Traditionelle Showa-Zeichnung: Rot und Schwarz zu gleichen Teilen, wenig Weiß.

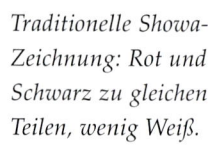

EIN MODERNER SHOWA

Dies ist ein heller, moderner Showa mit viel in Entwicklung befindlichem Sumi. Die schwarze Nase ist zwar ungewöhnlich, verleiht dem Fisch aber das gewisse Etwas.

Wenn von oben kein Weiß sichtbar ist, wird aus dem Showa ein Hi Utsuri.

KOI-DEFINITIONEN

Aka Sanke: Koi mit großen roten Flächen ohne Einschnitte

Hi: rot

Hi Utsuri: schwarzer Koi mit roter oder orangefarbiger Zeichnung

Kage: schwache, netzartige schwarze Zeichnung über weißer Fläche (beim Hi Utsuri über roter Fläche)

Kawarimono: Klasse aller nichtmetallischen Koi, die zu keiner anderen Gruppe gehören

Kindai: Koi mit dominierendem weißen Farbanteil

Kiwa: Grenze von Rot und Weiß am Hinterende des Hi-Musters

Motoguro: schwarze Färbung an der Basis der Brustflossen bei Showa und verwandten Formen

Sanke: „drei Farben"; weiße Koi mit roter und schwarzer Zeichnung.

Sashi: Überlappung der roten und weißen Schuppen am vorderen Ende des Hi-Musters

Sumi: schwarz

Tategoi: „unfertiger" Koi beliebigen Alters, der seine Zeichnung noch verbessern wird

von oben betrachtet rot erscheint, nennt man den Fisch einen Hi Showa. Doch während der Aka Sanke kein besonders reizvoller Fisch ist, kann seine Showa-Entsprechung umwerfend aussehen. Das liegt daran, dass das Sumi eine wichtigere Rolle einnimmt und nur wenig Weiß als Akzent benötigt. Der Effekt wird vom Motoguro der Brustflossen unterstützt, obwohl moderne Showa durchaus auch weiße Brustflossen haben dürfen.

Hi Showa sind manchmal nur schwer von Hi Utsuri zu unterscheiden. Wenn von oben weiße Haut sichtbar ist, handelt es sich um einen Showa – zumindest dem Namen nach.

Kindai Showa werden immer populärer. Klassifizierungsprobleme treten vor allem dann auf, wenn einem Fisch zwei oder mehr der traditionllen Showa-Merkmale fehlen, wie das Kopf-Sumi, Motoguro oder die bindenartige Zeichnung. Auf den ersten Blick können die Tiere leicht für Sanke gehalten werden, doch erfahrene Liebhaber bestimmen die Form durch ein Aus-

schlussverfahren richtig. Besonders bei Jungfischen ist die Zuordnung schwierig, da sich die Eigenschaften und die Verteilung des Sumi mit dem Wachstum dramatisch ändern können. Tategoi Showa stellen nicht nur eine Herausforderung, sondern ein gewisses Risiko dar. Nur wenn man sich die übrigen Fische des Züchters genau ansieht, kann man abschätzen, wie sich die Jungtiere entwickeln werden. Rote Bereiche Können ebenfalls erscheinen und verschwinden. Es ist ein Märchen, dass das Hi immer stabil und das Sumi vergänglich ist, wie man durch eine fotografische Dokumentation wachsender Showa leicht beweisen kann.

Sich entwickelndes Sumi kann bei Showa blaugrau oder bräunlichschwarz wirken. Kiwa oder Sashi können schwach ausgeprägt sein. Stattdessen kann die Haut ein Netzmuster aufweisen, durch das einzelne Schuppen hindurchscheinen. Koi, die

Schattenartiges voll entwickeltes Sumi sollte nicht mit in Entwicklung befindlichem verwechselt werden.

Kein Sumi eines Sanke, obwohl es vor der vollständigen Entwicklung so aussehen kann.

▶ **AUS DEM SCHATTEN**
Echte Kage Showa sind sehr selten. Es gibt zwei verschiedene Sumi-Typen: die dunklen, glänzenden Flecke und die scheckige, schwächere Zeichnung. Kage Showa werden heute eher zu den Showa als zu den Kawarimono gerechnet, denn wer weiß, wann der Fisch die Farben endgültig ausgeprägt hat?

▲ **ENTWICKLUNG DES SCHWARZ**
Dieser Tategoi eines Showa könnte leicht für einen Sanke gehalten werden, wenn er nicht das Sumi der Schulter aufwiese, das sich mit zunehmendem Wachstum wahrscheinlich auf den Kopf ausdehnen wird.

diese Form des Sumi bis ins Alter beibehalten, werden als Kage Showa bezeichnet. Auf jedes echte Exemplar entfallen jedoch viele, bei denen das Sumi sich schließlich doch zu einem tiefen, lackähnlichen Schwarz entwickelt. Kage Showa werden in westlichen Ländern automatisch den eigentlichen Showa zugerechnet, wohingegen sie in Japan als Kawarimono gelten. Der Begriff „Boke Showa" wird heute beschreibend für die Fische verwendet, die nicht genau dem Bild des Showa entsprechen.

Für das Zeichnungsmuster der Showa gibt es keine genaue Vorschrift; jeder Fisch sollte nach seinem Gesamteindruck bewertet werden. Es stimmt sicher, dass man schwerer an gute erwachsene Showa kommt als an ihre Sanke- oder Kohaku-Gegenstücke. Viele Fische, die vom Kopf bis zu einem Punkt auf Höhe der Rückenflosse wunderbar aussehen und hier eine ausgewogene Zeichnung von Hi, Sumi und Weiß besitzen, lassen dahinter größere Hi-Bereiche vollkommen vermissen. Der anfängliche Eindruck mag trotzdem gut sein, da bei Showa vor allem der Farbkontrast zählt. Ein Gewinner einer Ausstellung muss jedoch von Kopf bis Schwanz perfekt sein.

Die Brustflossen können einen ansonsten guten Showa abwerten. Motoguro können nur auf einer von beiden

MOTOGURO

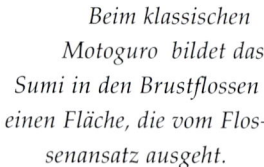

Beim klassischen Motoguro bildet das Sumi in den Brustflossen einen Fläche, die vom Flossenansatz ausgeht.

Motoguro mit davon ausgehenden Strahlen deutet eher auf einen Showa als auf einen Sanke hin.

vorhanden sein. Häufig sind die Brustflossen auch vollständig schwarz. Ob das Sumi später verschwindet, hängt von den ererbten Eigenschaften ab. Manchmal zeigt sogar eine Flosse Motoguro und die andere die für Sanke typischen Streifen – das Ergebnis einer Einkreuzung eines Sanke.

Showa weisen keine reine Vererbung wie die anderen Go Sanke auf, und die meisten Jungfische werden mischerbig sein. Die erste Auslese wird daher die komplett schwarzen Fische betreffen, die etwa 30 % ausmachen. Die nächsten müssen recht streng durchgeführt werden. Inzucht führt bei Showa zu einem überdurchschnittlich hohen Anteil an Degenerationen, die so offensichtlich wie ein missgebildetes Maul oder eine Wirbelsäulenverkrümmung sein können, aber auch so unauffällig wie eine leichte Fehlstellung des Schwanzes.

Die Showa-Zuchtform ermöglicht auch einige interessante Kreuzungen, vor allem Koromo

PERFEKTE KOPFZEICHNUNG

Eine Kopfstudie eines klassischen Hi Showa, der die drei Hauptfarben – Schwarz, Rot und Weiß – in perfekter Abgrenzung zeigt. Das weiße Element in den Flossen mildert den Eindruck einer zu starken Pigmentierung.

KOI-DEFINITIONEN

Boke Showa: Showa mit unscharfem grauen Sumi

Chagoi: nichtmetallischer brauner Koi

Doitsu: Koi mit nur einer Reihe vergrößerter Schuppen entlang der Seitenlinie und zwei Reihen beidseitig der Rückenflosse

Go Sanke: Koi der Klassen Kohaku, Sanke und Showa

Hi: rot

Hi Showa: mehr als die Hälfte des Körpers ist, von oben betrachtet, rot

Kawarimono: Klasse aller nichtmetallischen Koi, die nicht in eine andere Gruppe gehören

Kin-Gin-Rin/Gin-Rin: Koi mit stark reflektierenden goldenen oder silbernen Schuppen

Koromo Showa: gleichmäßiges Schwarz geht über dem Rot in ein Netzmuster über

Motoguro: gleichmäßige Schwarzfärbung an der Basis der Brustflossen bei Showa und verwandten Formen

Sanke: „Drei Farben"; weiße Koi mit roter und schwarzer Zeichnung

Showa Shusui: Doitsu mit einer Zeichnung, die Merkmale beider Formen aufweist

Sumi: schwarz

Tancho: runder roter Fleck auf dem Kopf; kein weiteres Rot auf dem Körper

Shiro Utsuri: schwarzer Koi mit schwarzer Zeichnung

Showa (in Showa bewertet) und Showa Shusui (in Kawarimono bewertet). Tancho Showa sind tatsächlich Shiro Utsuri mit einem Fleck von Hi auf dem Kopf, der normalerweise ähnlich wie die Kopfzeichnung eines gewöhnlichen Showa im Sumi liegt. Aber Vorsicht: Wenn ein Shiro Utsuri überhaupt Hi aufweist, macht ihn selbst ein kaum wahrnehmbarer Fleck auf den Lippen technisch betrachtet zum Showa.

Gin-Rin Showa werden mit den anderen beiden Go-Sanke-Klassen in westlichen Ländern als einzige bei den Kin-Gin-Rin bewertet. Bei allen anderen Formen haben diese reflektierenden Schuppen keinen Effekt auf die Einordnung. Ein Gin-Rin Chagoi bleibt ein Chagoi und wird den Kawarimono zugeordnet.

Obwohl Doitsu Showa in Japan als nicht ausgereift betrachtet werden, sind sie faszinierende Fische, bei denen die Interaktion der drei Farben nicht durch Schuppen verwischt wird. Gute Exemplare müssen eine reine weiße Haut und einen hohen Glanz aufweisen. Doitsu Go Sanke werden in Japan in einer eigenen Klasse bewertet, was aufgrund ihrer Eigenschaften nur fair ist.

EIN KLARES UND BEEINDRUCKENDES MUSTER
Dieser Doitsu Showa weist einen kräftigen Körper, eine hervorragende Haut und eine gute Beflossung auf. Das Hi zieht sich über den ganzen Körper hin (bei vielen Showa hören die Muster an der Rückenlinie auf). Die weiße Haut liefert einen guten Kontrast zum hellen, konstanten Hi und dem hervorragenden Sumi.

Utsurimono

Obwohl drei verschiedene Formen hierhin gehören, ist nur eine davon wirklich populär – der Shiro Utsuri. Eine andere ist recht selten, die dritte nahezu unbekannt. Trotz ihres einfachen Schwarz-Weiß-Musters haben die Shiro Utsuri einen Status erlangt, der nahezu an den der Kohaku, Sanke und Showa heranreicht, so dass sie manchmal als „Ehren-Go-Sanke" bezeichnet werden.

Die Geschichte der Utsurimono

Der Ursprung der Utsurimono ist unklar. Einige Experten vermuten, dass die Fische von der Magoi-Linie abstammen und zuerst 1925 von Kazuo Minemura gezüchtet worden sind. Andere meinen, dass sie ein jüngerer Zweig der Showa-Linie sind. Beide Theorien sind schwer zu widerlegen. Alle Koi stammen von den Magoi ab, und ein Shiro Utsuri kann als Showa ohne Hi betrachtet werden, so wie ein Shiro Bekko im Prinzip ein Sanke ohne dritte Farbe ist. Heute werden Shiro Utsuri allerdings gezielt aus Elterntieren dieser Form gezüchtet, und nur wenige stammen als Zufallsprodukt aus Showa-Verpaarungen. Shiro Utsuri werden häufig mit Bekko verwechselt, doch wenn man die gleichen Kriterien anwendet, mit denen man auch Showa von Sanke trennt, wird der Unterschied ersichtlich. Ein Shiro Utsuri ist ein schwarzer Fisch mit weißer Zeichnung, während es beim Shiro Bekko umgekehrt ist. Das Sumi des Utsuri hat den gleichen Bindencharakter wie das des Showa.

Hi Utsuri stellt man sich am besten als Showa ohne Weiß vor. Bis vor wenigen Jahren war das Hi selten scharlachfarben, aber Kreuzungen mit Kohaku haben es sichtlich verbessert. Einige Züchter haben auch Magoi-Gene in ihre Hi-Utsuri-Linie eingekreuzt, so dass die Fische größer werden, ohne dass sich Zeichnungsmuster und Hautqualität verschlechtern. Die Brustflossen zeigen selten reines Motoguro; oft sind sie schwarz-rot gestreift und weisen eine rote Vorderkante auf.

Ki Utsuri tauchten bereits 1875 zu Beginn der Meiji-Ära auf. Eizaburo Hoshino, der auch für die Verbesserung

EIN KLASSISCHER SHIRO UTSURI
Dieser Shiro Utsuri zeigt das Bindenmuster, das typisch für einen klassischen Showa ohne Hi wäre. Das Sumi hebt sich gut ab, der Fleck an der Schwanzflossenbasis stützt das hintere Ende. Das Kopfmuster ist schwer, aber nicht erdrückend. Die linke Brustflosse zeigt klassisches Motoguro.

Das Sumi muss tiefschwarz sein und darf keinen bräunlichen Einschlag aufweisen.

✤ KOPFMUSTER ✤

Blitz- oder Menware-Muster auf dem Kopf sind der Showstopper.

Zweiteiliges Kopf-Sumi – sauber abgegrenzt und ausgewogen.

Diese interessante, aber recht schwere Kopfzeichnung kann später miteinander verschmelzen.

Bei modernen Shiro Utsuri ist das Kopf-Sumi nicht zu schwer, um die weiße Haut zu zeigen.

GUTES POTENZIAL

Dieser Tategoi Shiro Utsuri wird noch mehr Sumi entwickeln. Schon jetzt ist das Muster ansprechend, wenn auch noch etwas dünn. Die Hautqualität ist überwältigend und die Körperform bei dem noch jungen, schlanken Fisch viel versprechend.

✤ MOTOGURO ✤

Das Motoguro kann die Form eines massiven Flecks am Brustflossenansatz annehmen oder in die Flosse ausstrahlen, wie hier gezeigt. Beides unterscheidet sich von den typischen Sanke-Mustern.

KOI-DEFINITIONEN

Bekko: schwarze, für Sanke typische Zeichnung auf weißer, roter oder gelber Grundfärbung

Go Sanke: Koi der drei Klassen Kohaku, Sanke oder Showa

Hi: rot

Hi Utsuri: schwarzer Koi mit roter oder orangefarbiger Zeichnung

Kohaku: weißer Koi mit roter Zeichnung

Magoi: ursprünglicher schwarzer Karpfen

Menware: Kopfmuster der Showa

Motoguro: schwarze Färbung der Brustflossenbasis bei Showa und verwandten Formen

Sanke: weiße Koi mit roter und schwarzer Zeichnung

Shiro Bekko: weiße Koi mit schwarzer, Sanke-typischer Zeichnung

Showa: schwarzer Koi mit roter und schwarzer Zeichnung

Sumi: schwarz

Tategoi: „unfertiger" Koi beliebigen Alters, der noch eine bessere Zeichnung entwickelt

Utsurimono: schwarzer Koi mit weißer, roter oder gelber Zeichnung

der Sanke-Linien im frühen 20. Jahrhundert verantwortlich war, prägte die Bezeichnung „Ki Utsuri" für die Fische, die früher als Kuro-Ki-Han bekannt waren. Das Gelb dieser Form tendiert dazu, bleich und verwaschen zu wirken, und sowohl Hi Utsuri als auch Ki Utsuri neigen dazu, Shimi zu entwickeln. Seltsamerweise sind Kin Ki Utsuri recht verbreitet, wohingegen das nichtmetallische Äquivalent nahezu verschwunden ist.

Shiro Utsuri teilen mehr als das Zeichnungsmuster mit Showa. Im Idealfall zeigen sie auch das klassische Motoguro, und die Vorliebe für Fische mit überwiegend weißer Färbung gilt für beide Formen.

Da der Shiro Utsuri wie der Kohaku ein zweifarbiger Fisch ist, wird viel Wert auf die Qualität des Weiß gelegt. Es sollte die Farbe einer Schneewehe haben und einen leichten Glanz aufweisen. Die Haut junger Tiere lässt allerdings meistens nicht auf das Aussehen des erwachsenen Fisches schließen. Der häufigste „Fehler" bei den ein Jahr alten Shiro Utsuri ist der gelbliche Kopf. Das wird manchmal als Zeichen interpretiert, dass der Fisch männlich ist oder dass er zu guter Qualität heranwachsen wird. Manche Exemplare verlieren diese Färbung jedoch nie. Auch das Weiß kann ein wenig schmuddelig wirken, da sich entwickelndes Sumi einen blaugrauen Ton verursachen kann. Den besten Hinweis darauf, wie der Koi

KOI-DEFINITIONEN

Gin-Rin: Koi mit reflektierenden Schuppen

Hi: rot

Hikariutsuri: Klasse metallischer Utsuri und Showa

Hi Utsuri: schwarze Koi mit roter oder orangefarbiger Zeichnung

Kage: schwaches schwarzes Netzmuster über Weiß (oder Rot beim Hi Utsuri)

Ki: gelb

Kin Ki Utsuri: metallisch gelber Koi mit Showa-ähnlichem Sumi

Ki Utsuri: schwarzer Koi mit gelber Zeichnung

Kohaku: weißer Koi mit roter Zeichnung

Menware: Kopfmuster der Showa

Motoguro: deckende schwarze Färbung des Brustflossenansatzes bei Showa und verwandten Formen

Sanke: weißer Koi mit roter und schwarzer Zeichnung

Shimi: unerwünschte einzelne dunkle Schuppen über der Grundfarbe

Shiro Utsuri: schwarzer Koi mit weißer Zeichnung

Showa: schwarzer Koi mit roter und weißer Zeichnung

ÜBERRASCHUNG!

Ein schöner, erwachsener, moderner Shiro Utsuri. Das Fehlen von mehr als einer Andeutung von Sumi auf dem Kopf ist ungewöhnlich, wird jedoch durch die wie Augenbrauen geformten schwarzen Schultermarkierungen kompensiert, die dem Fisch einen etwas überraschten Ausdruck verleihen.

❖ AUFWACHSEN ❖

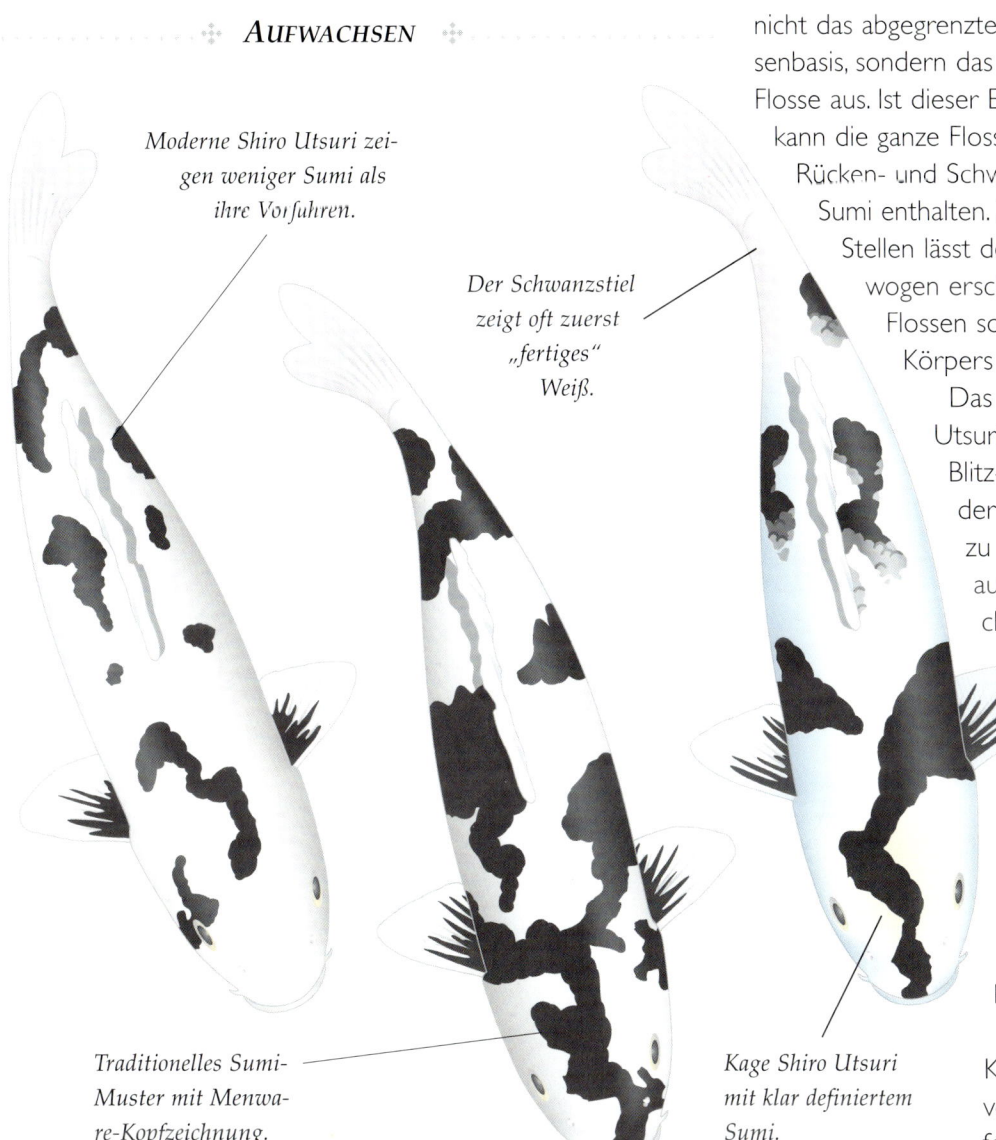

Moderne Shiro Utsuri zeigen weniger Sumi als ihre Vorfahren.

Der Schwanzstiel zeigt oft zuerst „fertiges" Weiß.

Traditionelles Sumi-Muster mit Menwa-re-Kopfzeichnung.

Kage Shiro Utsuri mit klar definiertem Sumi.

nicht das abgegrenzte Motoguro der Brustflossenbasis, sondern das Schwarz strahlt in die Flosse aus. Ist dieser Effekt stark ausgeprägt, kann die ganze Flosse schwarz erscheinen. Rücken- und Schwanzflosse dürfen etwas Sumi enthalten. Zuviel Schwarz an diesen Stellen lässt den Fisch jedoch unausgewogen erscheinen. Das Weiß der Flossen sollte sich vom Sumi des Körpers absetzen.

Das Kopfmuster der Shiro Utsuri kann von der klassischen Blitz- oder V-Form, die auch der Showa aufweist, bis hin zu relativ kleinen Punkten auf der weißen Haut reichen. Diese müssen nicht symmetrisch sein, sollten sich aber gut abgrenzen.

Zuviel Schwarz auf dem Kopf, vor allem wenn es in Form verschiedener kleiner Flecke auftritt, ist ein Zeichen eines schlechter bewerteten Fisches.

Da Shiro Utsuri ihre Körperfärbung relativ rein vererben, kann die Körperform bei den resultierenden Massenzüchtungen leiden. Oft werden diese Fische auch stark abgemagert angeboten. Wenn Sie ein Tier aussuchen, achten Sie auf gut ausgebildete Schultern und Schwanzwurzeln, da diese darauf hinweisen, dass der Fisch groß wird. Meiden Sie Exemplare, die hinter den Kiemendeckeln schmaler werden oder die lange, spitze Köpfe aufweisen.

Die Eigenschaften des Wassers können einen Einfluss auf das Aussehen der Koi haben. Sumi entwickelt sich besser in hartem, alkalischem Wasser. In weichem, saurem kann es eine graue Tönung annehmen.

Ein Gin-Rin Shiro Utsuri kann ein eindrucksvoller Fisch sein. Die reflektierenden Schuppen wirken sowohl über dem Weiß als auch über dem Sumi silbern. Solche Koi

später aussehen wird, soll die weiße Schwanzflossenbasis liefern, da sie sich früher als der Rest des Körpers aufhellt. Wenn Sie junge Shiro Utsuri auswählen, sollten Sie Tiere meiden, die wie ein Miniaturabbild des erwachsenen Fisches aussehen. Mit der Zeit wird sich mehr Sumi entwickeln, so dass der Schwarzanteil zu groß wird.

Das Sumi sollte wie beim Showa tiefschwarz und glänzend sein. Die Japaner kennen mehrere „Schwarztöne", was dem westlichen Liebhaber etwas seltsam vorkommt. Tatsächlich sieht man aber bei einer genauen Untersuchung bei Tageslicht, dass manche Shiro Utsuri dunkle, schokoladenbraune Flecke aufweisen. Ein anderer Fehler ist zuviel Schwarz in der Beflossung. Diese Tiere zeigen

werden auf westlichen Ausstellungen als Kin-Gin-Rin betrachtet. Sie müssen jedoch in erster Linie gute Shiro Utsuri sein und in zweiter gute Gin-Rin. Bei Kage Shiro Utsuri und Kage Hi Utsuri ist es wie bei den Showa ungewiss, ob sich das Sumi stabilisiert oder nicht.

Doitsu Shiro Utsuri können kaum mit einer anderen Form verwechselt werden, außer vielleicht mit Kumonryu (siehe Seite 170). Bei beiden handelt es sich um schwarze Spiegelkarpfen mit weißer Zeichnung. Der Kumonryu vermittelt jedoch eher den Eindruck eines Wolkenmusters als den eines asymmetrischen Schachbretts. Der Kopf des Kumonryu lässt auch die traditionellen Utsurimono-Zeichnungen vermissen, und die weiße Haut sieht oft etwas bläulich aus – eher Eis als Schnee.

 SCHWARZ, WEISS UND WUNDERSCHÖN
Mit seinem „60er-Jahre-Look" ist dieser „Designer-Doitsu-Shiro-Utsuri" kaum zu übertreffen. Es wird sich wahrscheinlich noch mehr Sumi entwickeln, da der Schulterfleck nicht so klar ausgeprägt ist, wie er sein könnte. Der Körper könnte etwas mehr Volumen vertragen, was aber sicher noch kommen wird. Das Sumi der Brustflossen ist wunderbar ausgewogen.

❖ FLOSSENZEICHNUNG ❖

Ausgewogenes Sumi der Brustflossen, wie hier, kann entscheidend sein.

Jede Flosse ist allein akzeptabel. Ihre Kombination stört den Gesamteindruck.

Einfarbig dunkle Brustflossen sind erlaubt, wenn der Fisch genug weiße Haut zeigt.

KOI-DEFINITIONEN

Doitsu: Koi, die lediglich eine Reihe vergrößerter Schuppen entlang der Seitenlinie und je eine Reihe auf beiden Seiten der Rückenflossenbasis aufweisen (Spiegelkarpfen)

Gin-Rin: Koi, der reflektierende, über weißem oder schwarzem Grund silberne Schuppen aufweist

Hi Showa: mehr als die Hälfte des Körpers ist, von oben betrachtet, rot

Hi Utsuri: schwarzer Koi mit roter oder orangefarbiger Zeichnung

Kage: schwaches schwarzes Netzmuster über Weiß (oder Rot beim Hi Utsuri)

Shimi: unerwünschte dunkle Schuppen über der Grundfarbe

Shiro Utsuri: schwarzer Koi mit weißer Zeichnung

Showa: schwarzer Koi mit roter und weißer Zeichnung

Sumi: schwarz

Utsurimono: schwarzer Koi mit weißer, roter oder gelber Zeichnung

ROT UND SCHWARZ

Hi Utsuri sind Utsurimono mit Rot als zweiter Farbe. Sie werden oft mit Hi Showa verwechselt. Man kann sie unterscheiden, wenn man sie aus einem Winkel von 45° betrachtet. Wenn irgendwo Weiß sichtbar wird, handelt es sich um einen Showa. Die Brustflossen zerstören den ansonsten guten Gesamteindruck.

Die Haut eines Hi Utsuri sollte leuchtend rot sein und einen guten Kontrast zum lackschwarzen Sumi darstellen.

SELTEN, ABER GUT GELUNGEN

Sie können sich ein Leben lang mit Koi beschäftigen, aber keinen Ki Utsuri zu Gesicht bekommen, vor allem keinen so hervorragenden. Es handelt sich um einen nichtmetallischen schwarzen Koi mit gelber Zeichnung.

Bekko

Verschiedene Koi-Formen unterliegen den Strömungen der Mode, so dass sie sich anfangs großer Popularität erfreuen, um später an Gunst zu verlieren. Der Bekko ist ein derartiger Fall. Als die Koi-Haltung vor ungefähr 30 Jahren auch außerhalb Japans beliebt wurde, waren diese Fische sehr gefragt. Sie hatten sogar (und haben noch) ihre eigene Bewertungsklasse. Heute sind die Bekko allerdings bei den meisten Ausstellungen unterrepräsentiert. Das ist schade, denn gute Exemplare sind auf ihre Weise nach wie vor sehr ansprechend.

Obwohl drei Formen als Bekko bezeichnet werden, ist nur eine – der Shiro Bekko – allgemein bekannt. Er leitet sich vom Sanke ab, zeigt aber kein Hi – mit anderen Worten ein weißer Koi mit Sumi-Zeichnung. Obwohl die Fische mit Eltern der gleichen Form gezüchtet werden, können sie genauso gut von Sanke, besonders Tancho Sanke, abstammen. Denken Sie daran, dass jedes Hi, auch auf den Lippen, sie zum Sanke macht, so dass sie für Ausstellungen wertlos werden.

Das Sumi des Shiro Bekko hat sich mit dem des Sanke entwickelt. Vor zehn Jahren war eine recht dichte Zeichnung üblich, wohingegen das Sumi heute sparsamer in kleineren Flecken verteilt ist. Es sollte sich oberhalb der Seitenlinie über den Rücken verteilt befinden.

Die Richtlinien erlauben ein wenig Sumi auf dem Kopf, wie beim Sanke, doch die besten Exemplare zeigen ein rein weißes Gesicht, so dass die schwarze Zeichnung erst auf Höhe der Schultern beginnt. Ein häufiger Fehler ist ein gelblicher Kopf, der sich bei der Entwicklung aufhellen kann oder auch nicht. Die Augen sind meistens blau. Die Haut sollte schneeweiß mit einem feinen Glanz sein. Das Sumi-Muster muss nicht symmetrisch, sollte aber ausgewogen sein. Wenn es sich nur auf einer Seite befindet, ist der Effekt nicht wünschenswert. Meiden Sie Bekko, die zuviel Sumi auf der Schwanzwurzel zeigen. Wie bei Kohaku ist es ideal, wenn Körper und Schwanzflossenansatz durch einen weißen Bereich getrennt werden.

Die Beflossung der Shiro Bekko kann weiß oder schwarz gestreift sein, ähnlich wie beim Sanke. Es wird allgemein akzeptiert, dass japanische Koi denen aus ande-

GUT, BEKKO, AM BESTEN
Ein Shiro Bekko ist ein Sanke ohne Hi. Dieses außergewöhnliche Exemplar zeigt einen makellosen Kopf, ein ausgewogenes, wenn auch nicht symmetrisches Schildkrötenpanzer-Sumi und weiße Brustflossen, die zum Rand hin transparent werden. Wenn alle Bekko so schön wie dieser wären, wäre die Zuchtform bedeutend populärer als sie heute ist.

Das Sumi des Bekko tritt in gleicher Form wie das des Sanke auf.

Ideal ist es, wenn der Kopf frei von Sumi ist. Ein wenig Schwarz ist jedoch wie bei einem Sanke kein großer Fehler.

BEKKO ODER SANKE?

Das Sumi des Aba Bekko unterscheidet sich von dem des Hi Utsuri.

Ein Aka Bekko ist ein roter Fisch mit schwarzer Zeichnung.

Kein Bekko, sondern ein Aka Sanke – verräterisch ist das Weiß.

Manchmal weisen Aka Bekko auch ein Sumi des Kopfes auf.

Das Schulter-Sumi betont den zeichnungsfreien Kopf.

Bekko besitzen wie Kohaku und Sanke oft blaue Augen.

Von der Seite betrachtet, befindet sich das Sumi des Bekko oberhalb der Seitenlinie.

KOI-DEFINITIONEN

Aka Bekko: roter Koi mit schwarzer, Sanke-typischer Zeichnung

Aka Sanke: Koi mit großen roten Bereichen, die nicht durch Einschnitte aufgelöst werden.

Bekko: schwarze Sanke-typische Zeichnung auf weißem, rotem oder gelbem Untergrund

Hi Utsuri: schwarzer Koi mit roter oder orangefarbiger Zeichnung

Kohaku: weißer Koi mit roter Zeichnung

Sanke: weißer Koi mit roter und schwarzer Zeichnung

Shiro Bekko: weißer Koi mit schwarzer Zeichnung

Tancho: ein roter Fleck, der sich auf den Kopf beschränkt

ren Teilen der Welt überlegen sind. Shiro Bekko sind jedoch eine Form, bei der israelische Züchter die besten Tiere produzieren. Das warme Klima scheint eine gute Entwicklung des Sumi zu unterstützen.

Aka Bekko (niemals Hi Bekko) sind rote Koi mit Sumi-Zeichnung. Rein rote Koi stammen üblicherweise von Kohaku ab und sind nicht sehr beliebt, wenn das Rot nicht dunkel oder sogar purpurn ist. In diesem Fall werden die Fische „Benigoi" genannt und zu den Kawarimono gerechnet. Diese Koi sehen eher einfach aus, aber

wenn das Hi von einem satten Sumi überlagert wird, ist der Effekt beeindruckend. Die einzige Form, die mit Aka Bekko verwechselt werden kann, sind Aka Sanke, die von oben betrachtet weiße Stellen aufweisen. Aka Bekko dürfen etwa Hi in den Flossen aufweisen, das meistens eher in Flecken als als Streifen auftritt. Rein weiße Brustflossen stellen jedoch einen schönen Kontrast zum Hi dar.

Ki Bekko sind die seltensten Koi der Gruppe und zeigen einen zitronengelben Körper, der mit Sumi-Zeichnung versehen ist. Sie werden nicht gezielt gezüchtet,

EBENFALLS EIN BEKKO
Dieser Aka Bekko besitzt Brustflossen, die für einen Sanke typisch sind. Da er aber kein Weiß auf dem Körper zeigt, wird er zu den Bekko gerechnet. Das Tier hätte hier auch die besseren Gewinn-chancen bei einer Ausstellung.

ZWISCHEN DEN STÜHLEN
Das ist ein Doitsu Aka Sanke – gerade noch! Obwohl es sich um einen schönen Fisch handelt, stünden seine Chancen auf einer Ausstellung eher schlecht. Der kleine weiße Fleck führt nämlich dazu, dass er als Sanke und nicht als Bekko bewertet wird, dessen Erscheinungsbild er eher ent-spricht.

Der Fisch zeigt etwas Weiß auf dem Körper, ist aber ansonsten ein Aka Bekko. Beachten Sie das Schildkrötenpanzer-muster des Sumi.

Bei jungen Fischen wie diesem ist die Kör-perform schlan-ker als bei erwachsenen Tieren.

sondern können aus Kreuzungen von Shiro Bekko oder Sanke mit Kigoi entstehen. Erstaunlicherweise sieht man die metallische Entsprechung des Ki Bekko (Tora oder Tiger-Ogon) recht häufig.

Doitsu und Gin-Rin Shiro Bekko geben sehr schöne Teichfische ab. Die Spiegelschuppen auf dem Rücken der Doitsu sind silberweiß und stellen einen schönen Kontrast zum Sumi dar.

BEKKO DURCH STRUKTURGLAS BETRACHTET

Ein schöner Gin-Rin Shiro Bekko. Er macht sich sowohl als Bekko als auch als Gin-Rin Koi gut. Die glitzernden Schuppen über dem tiefschwarzen Sumi erzeugen einen Strukturglas-Effekt. Dieses Tier zeigt im Kopfbereich wunderschöne weiße Haut.

„Schildkrötenpanzer"-Sumi ist für Bekko und den nahe verwandten Sanke typisch.

KOI-DEFINITIONEN

Aka Bekko: roter Koi mit schwarzer, Sanke-typischer Zeichnung

Aka Sanke: Koi mit großen, nicht durch Einschnitte aufgelösten roten Flecken

Bekko: schwarze Sanke-typische Zeichnung auf weißem, rotem oder gelbem Grund

Benigoi: nichtmetallischer, tief purpurfarbener Koi

Doitsu: Koi mit nur einer Reihe vergrößerter Schuppen entlang der Seitenlinie und zwei Reihen beidseits der Rückenflossenbasis

Gin-Rin: Koi mit reflektierenden silbernen Schuppen

Kawarimono: Klasse aller nicht-metallischen Koi, die nicht in einer anderen Gruppe enthalten sind.

Ki Bekko: zitronengelb mit schwarzer, Sanke-typischer Zeichnung

Kigoi: nichtmetallischer gelber Koi

Kohaku: weißer Koi mit roter Zeichnung

Sanke: weißer Koi mit roter und schwarzer Zeichnung

Shiro Bekko: weiß mit schwarzer, Sanke-typischer Zeichnung

Tora oder Tiger-Ogon: metallische Entsprechung des Ki Bekko

Asagi and Shusui

Asagi sind vollständig beschuppte, nichtmetallische Koi mit einer langen Geschichte. Da sie den Magoi (den ursprünglischen schwarzen Karpfen) sehr ähneln, betrachten manche Liebhaber sie als primitiv und langweilig. Sicher stellen sie eine Gruppe dar, die sich sehr von den dreifarbigen Showa und den bunten Hikariutsuri unterscheidet. Ihre schlichte Eleganz setzt jedoch einen Kontrapunkt zu den farbigeren Teichgenossen. Außerdem können Asagi recht groß werden.

Die Japaner kennen drei Formen der Magoi, von denen der Asagi Magoi der Vorfahre aller modernen Koi ist. Sein Rücken ist bläulich und von einem Netzmuster bedeckt, und etwas Hi ist auf Wangen, Flanken und Brustflossen zu finden. Vor etwa 160 Jahren entstanden aus diesem Proto-Koi zwei Mutanten, der Konjo und der Narumi Asagi. Obwohl sie einen wichtigen Schritt auf der Entwicklung zum Matsuba Koi dargestellt haben, werden die Konjo Asagi selber hauptsächlich als Speisefisch verwendet. Die Narumi Asagi stellen jedoch heute die eine Hälfte einer anerkannten Bewertungsklasse dar – die andere umfasst ihr Doitsu-Gegenstück, die Shusui.

Die Geschichte der Asagi

Der vorangestellte Begriff „Narumi" leitet sich von einer Stadt gleichen Namens in der Präfektur Ichi ab, wo ein Stoff hergestellt wird, der dem Muster auf dem Rücken dieser Koi ähneln soll. Asagi scheinen überall in Japan aufgetaucht zu sein, nicht nur in Niigata. Zu dieser Zeit führte das Interesse an den mutierten Fischen dazu, dass sie nicht gegessen, sondern gezielt vermehrt wurden, lange bevor sich daraus ein kommerzieller Aspekt entwickelte.

Heutige Asagi

Da sie sich weitgehend reinrassig vermehren, werden jedes Jahr unzählige Asagi produziert, so dass Anfänger einen schlechten Eindruck von dieser Form erhalten, da nur selten gute Exemplare darunter sind. Im Idealfall sollte der Rücken gleichmäßig mit Schuppen bedeckt sein, die blass blau sind, wo sie in die Haut eingebettet sind,

SYMMETRIE BEI ASAGI
Bei Asagi ist im Gegensatz zu den meisten anderen Koi die Symmetrie von Vorteil. Der Fisch zeigt diese Qualität, mit ausgewogenem Hi auf Wangen, Lippen, Flanken und Beflossung sowie einem nahezu fehlerfreien Muster blauer Schuppen auf dem Rücken. Der einzige Fehler ist ein kleiner roter Fleck am hinteren Ende der Rückenflosse.

Beachten Sie die klare Abgrenzung zwischen dem schuppenlosen Kopf und dem Rückenmuster

Wenn dieser Koi einen Fehler hat, ist es die Kopfzeichnung

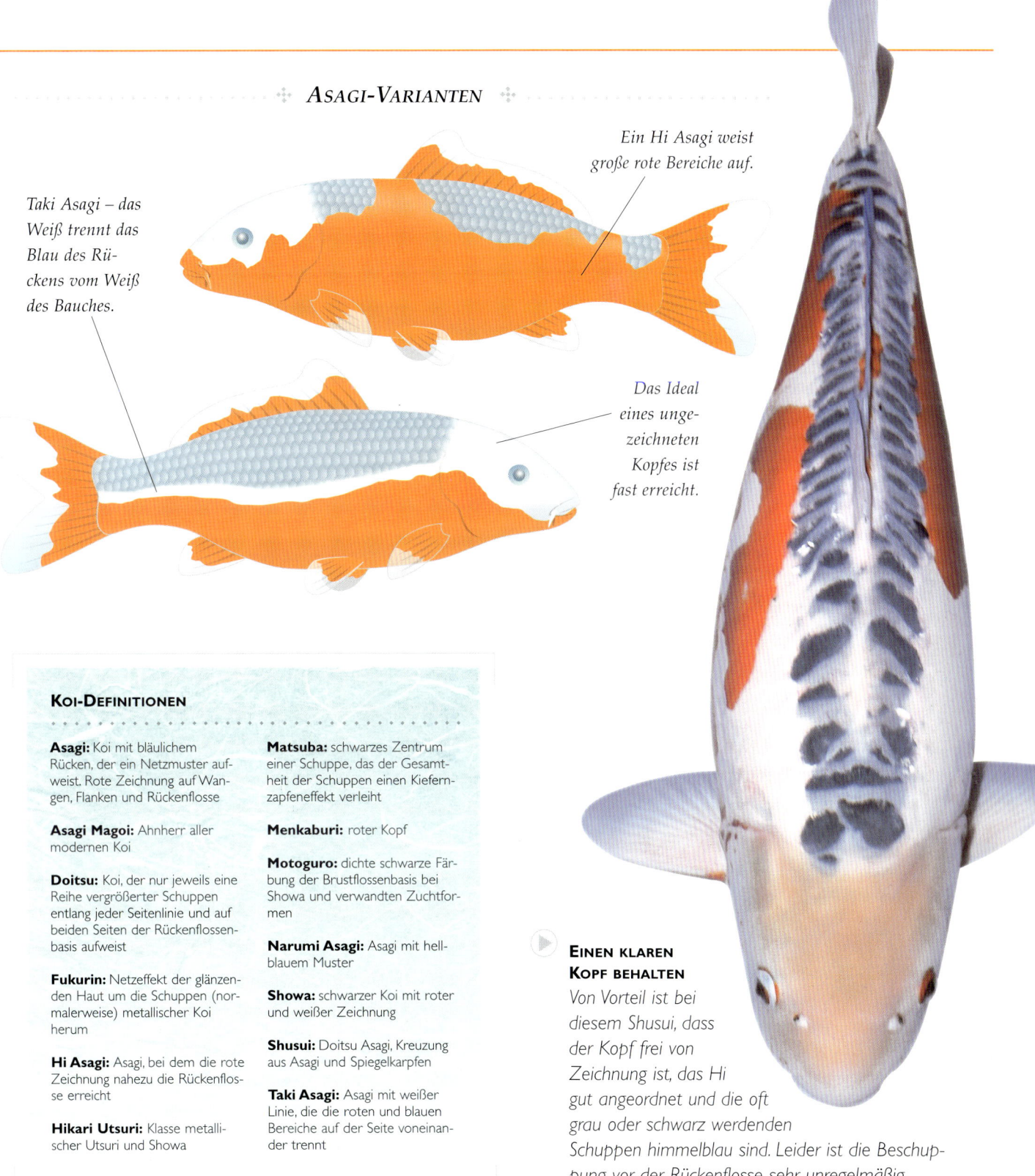

❖ *ASAGI-VARIANTEN* ❖

Taki Asagi – das Weiß trennt das Blau des Rückens vom Weiß des Bauches.

Ein Hi Asagi weist große rote Bereiche auf.

Das Ideal eines ungezeichneten Kopfes ist fast erreicht.

KOI-DEFINITIONEN

Asagi: Koi mit bläulichem Rücken, der ein Netzmuster aufweist. Rote Zeichnung auf Wangen, Flanken und Rückenflosse

Asagi Magoi: Ahnherr aller modernen Koi

Doitsu: Koi, der nur jeweils eine Reihe vergrößerter Schuppen entlang jeder Seitenlinie und auf beiden Seiten der Rückenflossenbasis aufweist

Fukurin: Netzeffekt der glänzenden Haut um die Schuppen (normalerweise) metallischer Koi herum

Hi Asagi: Asagi, bei dem die rote Zeichnung nahezu die Rückenflosse erreicht

Hikari Utsuri: Klasse metallischer Utsuri und Showa

Matsuba: schwarzes Zentrum einer Schuppe, das der Gesamtheit der Schuppen einen Kiefernzapfeneffekt verleiht

Menkaburi: roter Kopf

Motoguro: dichte schwarze Färbung der Brustflossenbasis bei Showa und verwandten Zuchtformen

Narumi Asagi: Asagi mit hellblauem Muster

Showa: schwarzer Koi mit roter und weißer Zeichnung

Shusui: Doitsu Asagi, Kreuzung aus Asagi und Spiegelkarpfen

Taki Asagi: Asagi mit weißer Linie, die die roten und blauen Bereiche auf der Seite voneinander trennt

EINEN KLAREN KOPF BEHALTEN

Von Vorteil ist bei diesem Shusui, dass der Kopf frei von Zeichnung ist, das Hi gut angeordnet und die oft grau oder schwarz werdenden Schuppen himmelblau sind. Leider ist die Beschuppung vor der Rückenflosse sehr unregelmäßig.

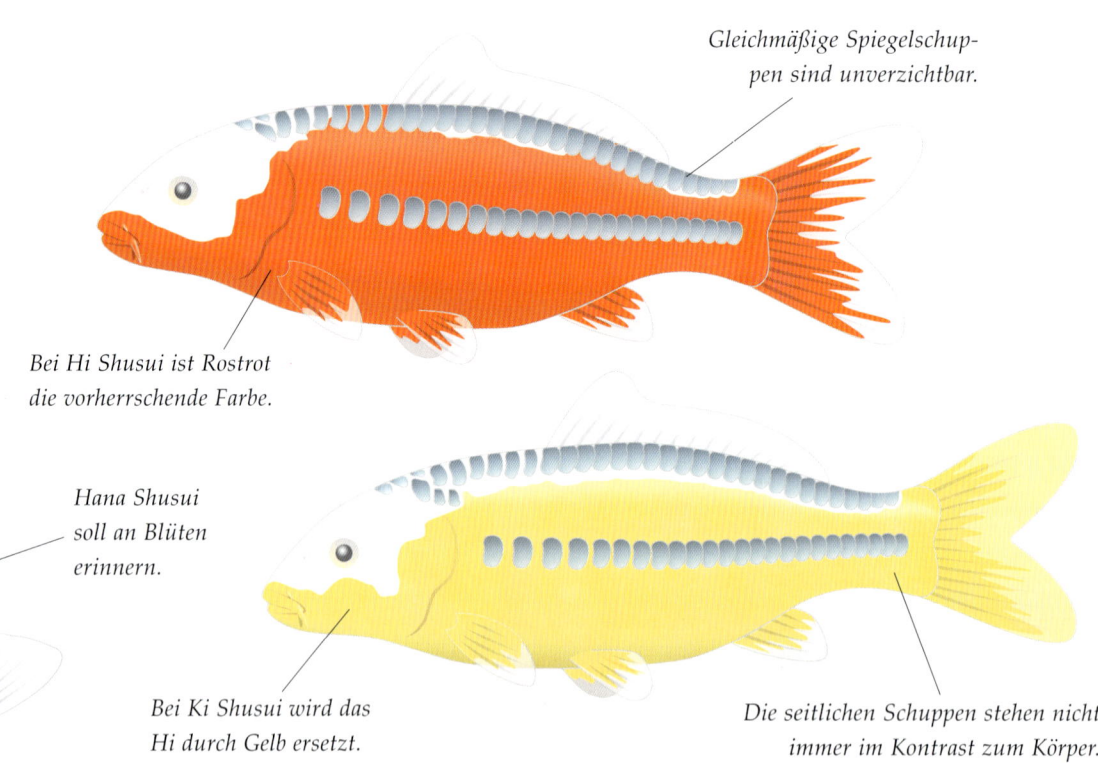

Gleichmäßige Spiegelschuppen sind unverzichtbar.

Bei Hi Shusui ist Rostrot die vorherrschende Farbe.

Hana Shusui soll an Blüten erinnern.

Bei Ki Shusui wird das Hi durch Gelb ersetzt.

Die seitlichen Schuppen stehen nicht immer im Kontrast zum Körper.

und einen dunkleren Rand aufweisen – nicht umgekehrt, wie es manchmal behauptet wird. Je klarer die beiden Farbtöne voneinander abgegrenzt sind, desto besser sieht der Koi aus. Mit dem Wachstum des Fisches wird dieses Netzmuster immer deutlicher – das ist wahres Fukurin. Da sie bei dieser Form so auffällig sind, sind fehlende oder beschädigte Schuppen hier ein ernsthafter Grund zur Abwertung eines ansonsten einwandfreien Koi. Der Kopf enttäuscht bei Asagi nicht selten. Im Idealfall sollte er von einem einheitlichen, klaren Weiß sein, aber oft zeigt er eine leicht blaue oder graue Tönung. Bei jungen Tieren scheinen die Knochen des Schädels durch; dieser Effekt verschwindet, wenn die Haut im Alter dicker wird. Wenn das Hi des Kopfes eine mützenähnliche Form annimmt, bezeichnet man den Fisch als Menkaburi Asagi.

Das Hi der Asagi ist im Gegensatz zum Scharlachrot der Kohaku mehr rostrot getönt. Meistens zieht es sich vom Bauch aus bis zur Seitenlinie oder darüber hinaus und bedeckt Kiefer, Wangen und einen Teil oder sogar die kompletten Flossen. Auf den Brustflossen kann es wie

das Motoguro der Showa geformt oder über die gesamten Flossen verteilt sein. Wo auch immer hier Hi vorhanden ist, sollte es symmetrisch angeordnet sein. Einige Asagi weisen einen überdurchschnittlichen Rotanteil auf, der bis zur Rückenflosse reichen kann. Diese Fische werden als Hi Asagi bezeichnet. Andere – Taki Asagi – zeigen eine weiße Linie, die die roten und blauen Bereiche auf den Flanken trennt. Beide Varianten werden noch den Asagi zugeordnet.

Shusui

Das zweite Element einer ungewöhnlichen Formenzusammenstellung ist der Shusui, was im Japanischen „Herbstwasser" bedeutet. Auf den ersten Blick haben diese Spiegelkarpfen wenig mit den Asagi gemein. Sie entstanden jedoch aus einer Kreuzung des Asagi mit einem deutschen Speisekarpfen, die Yoshigoro Akiyama im Jahre 1910 durchführte.

Die Farbverteilung ähnelt der des Asagi, doch da der Netzeffekt der normalen Beschuppung entfällt, betonen nur die Spiegelschuppen den ansonsten glatten, himmelblauen Rücken. Bei guten Exemplaren formen diese

Schuppen ein gleichmäßiges Muster auf den Schultern des Koi und verlaufen dann beidseitig der Rückenflosse bis zum Schwanzstiel, wo sie sich zu einer Reihe vereinigen. Eine weitere Reihe auf jeder Flanke folgt in etwa der Seitenlinie.

Der Hauptfehler bei Shusui ist eine asymmetrische Schuppenanordnung auf der Schulter. Einzelne Schuppen an anderen Stellen des Körpers werten den Fisch ebenfalls ab. In hartem Wasser können die Schuppen irreversibel grau oder schwarz werden. Wie bei Asagi ist auch hier ein zeichnungsfreier Kopf erwünscht. Die Haut ist niemals schneeweiß, sondern eher eisblau; sie sollte aber fehlerfrei sein. Die ver-

KOI-DEFINITIONEN

Ginsui: metallischer Shusui mit silbernem Glanz

Goshiki Shusui: Doitsu, nicht-metallischer blauer Goshiki

Hana Shusui: Rot in einem Wellenmuster, das einen Blüten-Effekt hervorruft

Hikarimoyo: Klasse aller mehrfarbigen metallischen Koi außer Utsuri und Showa

Hikarimuji: Klasse einfarbiger metallischer Koi

Hi Shusui: Rot erstreckt sich bis über den Rücken und bildet dort einen Kontrast zum dem dunklen Blau

Kawarimono: Klasse aller nicht-metallischen Koi, die nicht bereits zu einer anderen Gruppe gehören

Ki Matsuba: metallisch goldener Koi mit Kiefernzapfen-Muster

Kinsui: metallischer Shusui mit goldenem Glanz

Ki Shusui: Shusui mit gelber anstatt roter Färbung

Midorigoi: grünlichgelb mit Spiegelschuppen

Ogon: einfarbig metallischer Koi

Sanke Shusui: Doitsu Sanke, dessen Muster mit dem blauen Rücken des Shusui unterlegt ist

Showa Shusui: Doitsu mit Merkmalen, die Eigenschaften beider Formen zeigen

Taki Asagi: Asagi mit einer weißen Linie, die die roten und blauen Bereiche auf den Flanken voneinander trennt

ZEICHEN DER QUALITÄT
Ein schöner Hi Shusui mit ungewöhnlicher Kopfzeichnung und eindrucksvollen blauen Rückenschuppen. Das Hi in den Flossen trägt zum Gesamteindruck des Fisches bei.

teilung von Rot und Blau ist Anlass zu weiterer Einteilung. Bei Hi Shusui erstreckt sich das Hi bis über den Rücken, so dass die Kontrastfarben Rot und Dunkelblau sind. Diese Tiere sind recht auffällig. Hana Shusui zeigen auch mehr Rot als normal, doch ist es bei ihnen in Form eines zusätzlichen Bandes zwischen Seitenlinie und Rückenflosse angeordnet, mit einer Unterbrechung dazwischen. Bei den besten Tieren bildet das Hi ein Wellenmuster, so dass ein blütenähnlicher Effekt entsteht.

Bei Ki Shusui wird das Rot durch Gelb ersetzt. Die Form kann leicht verwechselt werden, denn wenn sich die blauen Rückenschuppen schwarz färben, kann man sie leicht für Doitsu Ki Matsuba halten. Ein anderer seltener, den Shusui ähnlicher Koi ist der Midorigoi, der grüngelb ist und Spiegelschuppen besitzt. Er gehört zu den Kawarimono.

Shusui sind mit verschiedenen beschuppten Koi gekreuzt worden. Verbreitet sind der Showa Shusui, der Sanke Shusui und der Goshiki Shusui. Kreuzungen mit Ogon (zu den Hikarimuji gehörig) führten zu Ginsui und Kinsui, die recht populär waren, nun aber von den Doitsu der Hikarimoyo-Klasse verdrängt worden sind.

Koromo

Im Japanischen bedeutet Koromo „mit einer Robe bekleidet". Die ruhige Eleganz dieser Fische wird von Kennern geschätzt, obwohl sie erst seit den frühen 50er Jahren verfügbar sind. Koromo resultieren aus Kreuzungen; das erste Tier war das Ergenis einer Verpaarung eines männlichen Kohaku und eines weiblichen Narumi Asagi.

Ai Goromo

Der Name „Koromo" umfasst verschiedene Formen, von denen der Ai Goromo die bekannteste ist. Dabei handelt es sich um einen weißen Fisch mit der Hi-Zeichnung eines Kohaku, wobei jede rote Schuppe schwarz oder dunkelblau gerandet ist – ein Hinweis auf die Abstammung vom Asagi. Um einen guten Ai Goromo zu erhalten, muss man zuerst einen guten Kohaku besitzen, mit allen kennzeichnenden Eigenschaften: schneeweiße Haut, tiefrotes Hi und ein interessantes Muster. Die dunkle Umrandung der Schuppen erscheint anfangs nur schwach und kann Jahre zur vollständigen Entwicklung benötigen. Wenn der Fisch schon als Jungtier viel Sumi zeigt, deutet das darauf hin, dass das Schwarz später erdrückend wirken wird. Beim erwachsenen Tier sollte das Sumi gleichmäßig über das gesamte Hi mit Ausnahme des Kopfes verteilt sein.

Für die Klassifikation ist es wichtig, dass die schwarze oder dunkelblaue Farbe sich nicht ins Weiß hinein erstreckt. In diesem Fall wäre der Fisch ein Goshiki. Diese extrem variable Form wird in westlichen Ländern zu den Koromo gerechnet, in Japan aber immer noch zu den Kawarimono. Viele junge Ai-Goromo entwickeln sich zu Goshiki, die in keiner Weise minderwertige Koi sind. Dass sie zu den Koromo gerechnet werden, soll lediglich Streitigkeiten um die Zuordnung verhindern.

Sumi Goromo

Ai Goromo und Sumi Goromo werden oft miteinander verwechselt. Letztere sind weiße Koi mit schwarzem Muster, wobei der Schuppenrand rot gefärbt ist – das Gegenstück zu den Ai Goromo. Eine andere Definition eines Sumi Goromo ist ein weißer Koi, bei dem die

MODERNER GOSHIKI
Ein moderner Goshiki. Das dunkle Muster bedeckt sowohl das Weiß als auch das Hi, lässt aber die Brustflossen und den weißen Schulterfleck frei. Das Sumi des Kopfes verleiht dem Koi einen etwas fragenden Ausdruck. Sowohl Körpervolumen als auch Hautqualität sind hervorragend.

Die dunkle Schuppenumrandung wird sich mit dem Wachstum noch verbessern.

Hi, Sumi und reines Weiß bilden zusammen ein interessantes Muster.

BEACHTE DAS ROT

Alle Koi stammen von Asagi ab, aber Goshiki demonstrieren das besser als andere. Was bei diesem Fisch besonders ist, ist das fast vollkommene Fehlen des dunklen Musters auf den drei Hi-Flecken – fast ein „umgekehrter" Ai Goromo.

VIEL VERSPRECHEND

Die Kriterien für Ai Goromo sind wie die für Kohaku gelockert worden, und ein von Hi freier Kopf ist keine Vorschrift mehr. Dieser junge Fisch muss noch die dunklen Schuppenränder auf dem Hi voll entwickeln. Die Gefahr, dass sich das Tier in einen Goshiki verwandelt, ist relativ gering.

Schön geformte zum Körper passende Brustflossen sind von Vorteil.

Dieser Koi könnte ein wenig mehr Hi im hinteren Teil des Körpers vertragen.

Das Hi des Kopfes reicht bis auf den Kiemendeckel.

KOI-DEFINITIONEN

Ai Goromo: weißer Koi mit rotem Kohaku-Muster. Jede rote Schuppe ist schwarz oder dunkelblau gerandet

Asagi: Koi mit bläulichem Rücken, der ein Netzmuster aufweist. Rot auf Wangen, Seiten und Brustflossen

Goshiki: Koi mit aus Rot, Weiß, Schwarz, Hellblau und Dunkelblau bestehendem Fünffarbmuster

Kawarimono: Klasse aller nichtmetallischen Koi, die nicht in eine andere Gruppe gehören

Kohaku: weißer Koi mit roter Zeichnung

Koromo: „mit einer Robe bekleidet"; eine rote Färbung, die mit Blau oder Schwarz überzogen ist

Narumi Asagi: Asagi mit hellblauem Muster

Sumi: schwarz

Sumi Goromo: ein weißer Koi mit roter Zeichnung, die leicht mit einem schwarzen Muster überzogen ist

Ein Ai Goromo ist ein Kohaku mit schwarzen oder dunkelblauen Schuppenrändern ausschließlich im Bereich des Hi.

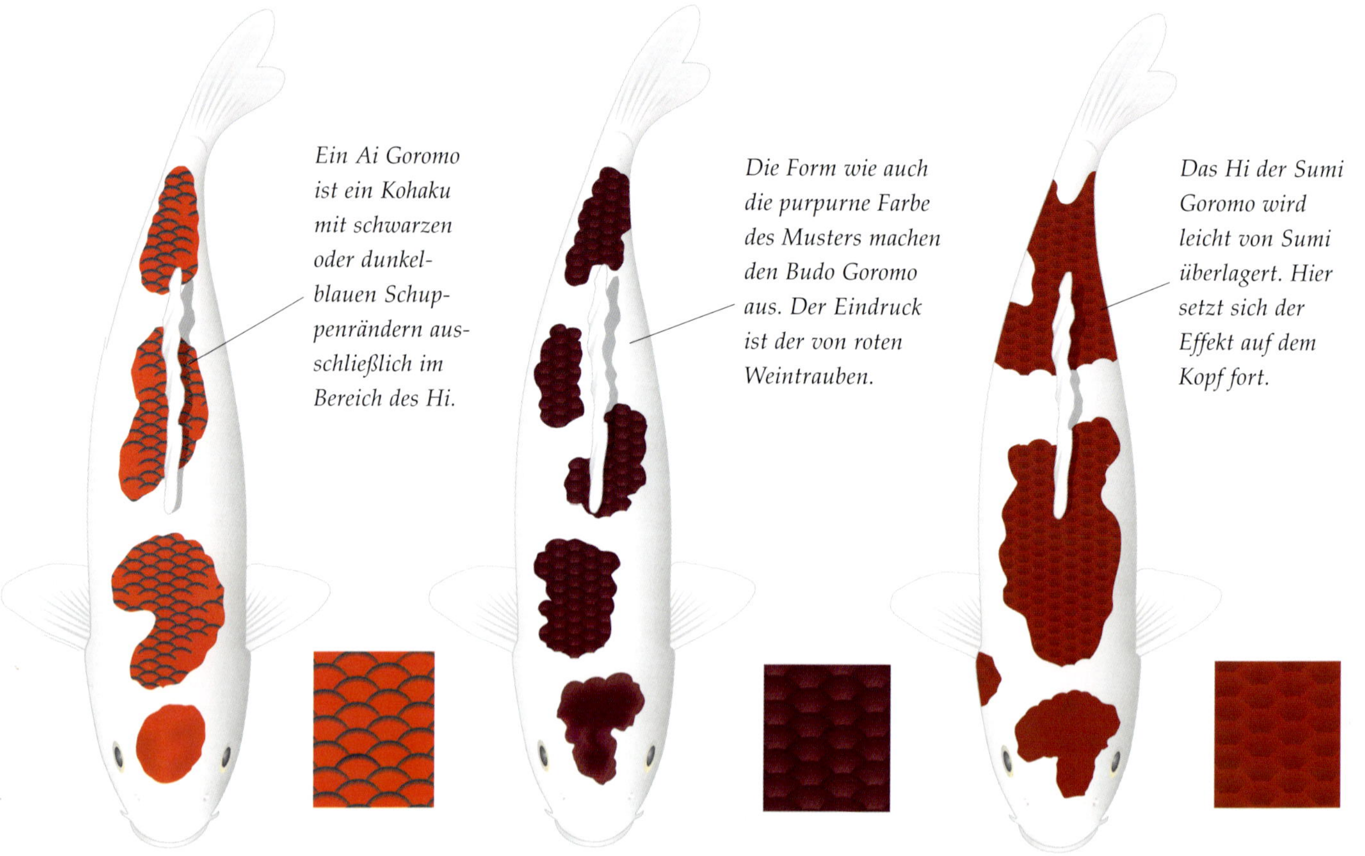

Die Form wie auch die purpurne Farbe des Musters machen den Budo Goromo aus. Der Eindruck ist der von roten Weintrauben.

Das Hi der Sumi Goromo wird leicht von Sumi überlagert. Hier setzt sich der Effekt auf dem Kopf fort.

Bereiche des Hi leicht von Schwarz überlagert sind. Das geht mit einem dunkelroten Kopf einher, erklärt aber nicht die noch vorhandene Netzzeichnung. Tatsächlich können dunkle Ai Goromo und helle Sumi Goromo sehr ähnlich aussehen. Auch hier wird der Fisch zum Goshiki, wenn Sumi ins Weiß einwandert.

Budo Goromo

Budo Goromo ist eine Variante von Sumi Goromo. Der Eindruck ist der eines weißen Fisches mit purpurfarbenen Flecken des überlagerten Hi. Die Vorderränder (Kiwa) zeigen einzelne Schuppen, die sich vom Weiß abheben und in Form und Farbe an Weintrauben erinnern.

Budo Sanke

Dieser Fisch ist ein Budo Goromo mit zusätzlichem Hon Sumi. Bewertet wird er als Kawarimono, obwohl er eindeutig von den Koromo abstammt.

Koromo Sanke

Eine Kreuzung zwischen Taisho Sanke und Ai Goromo, ähnlich der oben genannten Form, aber mit deutlicherer Netzzeichnung. Eigentlich handelt es sich um einen Ai Goromo mit Sanke Hon Sumi zusätzlich zur schwarzen Umrandung jeder roten Schuppe.

Koromo Showa

Die Kreuzung von Showa und Koromo kann ein beeindruckender Koi sein, auch wenn das Hi mehr zum Rostrot als zum Purpur tendiert. Das dominante Hon Sumi erstreckt sich wie beim Showa bis auf den Kopf.

Doitsu Ai Goromo

Dieser seltene und wertvolle Koi wird leicht mit dem Doitsu Sanke verwechselt, da beide dreifarbige Spiegelkarpfen sind. Beim Doitsu Ai Goromo sind allerdings die einzigen blauen oder schwarzen Schuppen die auf dem

REIFE WEINTRAUBEN

Ein recht heller Budo Goromo beweist, dass reine weiße Haut die Grundlage einer jeden Zeichnung ist. Dieser Fisch zeigt die Weintraubenzeichnung, die für diese Zuchtform charakteristisch ist..

Rücken. In jeder anderen Hinsicht ist der Fisch ein Doitsu Kohaku, der keine dritte Farbe im Hi des Körpers zeigt. Da alle Doitsu mit Ausnahme des Go Sanke unter ihrer eigenen Form bewertet werden, ist die richtige Klassifikation hier Koromo.

Goshiki

Der Goshiki ist vermutlich die variabelste Koi-Form. Er gilt als fünffarbig, obwohl man sehr kreativ sein muss, um die roten, schwarzen, weißen, hellblauen und dunkelblauen Elemente zu erkennen. Verwirrend ist, dass eine sechste Farbe – Purpur – erscheint, wenn sich Schwarz und Blau überlagern.

Goshiki haben einen großen Teil an Asagi-Erbgut bewahrt, so dass die Netzzeichnung einen Teil der Schuppen oder alle überzieht. Der traditionelle Goshiki ist ein eher dunkler Fisch mit undifferenzierter Zeichnung, die manchmal von klaren Hi-Flecken, besonders auf Kopf und Rücken, aufgelöst wird. Andere Tiere sehen wie Kreuzungen aus Kohaku und Asagi aus, mit einer

---

KOI-DEFINITIONEN

Ai Goromo: weißer Koi mit rotem Kohaku-Muster; jede rote Schuppe ist schwarz oder dunkelblau gerandet

Asagi: Koi mit bläulichem Rücken, der eine Netzzeichnung aufweist. Rot auf Wangen, Flanken und Brustflossen

Budo Goromo: weißer Koi mit Flecken von purpurn wirkendem Schwarz über dem Rot, so dass die Zeichnung an Weintrauben erinnert

Budo Sanke: Budo Goromo mit zusätzlicher kräftig schwarzer Zeichnung

Doitsu: Koi, der nur die vergrößerten Schuppen entlang der Seitenlinie und der Basis der Rückenflosse aufweist

Doitsu Ai Goromo: nur die vergrößerten Schuppen auf dem Rücken sind blau oder schwarz

Go Sanke: Koi der Klassen Kohaku, Sanke oder Showa

Goshiki: Koi mit aus Rot, Weiß, Schwarz, Hellblau und Dunkelblau bestehendem Fünffarbmuster

Hon Sumi: deckende Sanketypische schwarze Zeichnung

Kawarimono: Klasse aller nichtmetallischen Koi, die nicht in eine andere Gruppe gehören

Kiwa: Grenze von Rot und Weiß am hinteren Ende des Hi-Musters

Kohaku: weiße Koi mit roter Zeichnung

Sanke: weiße Koi mit roter und schwarzer Zeichnung

Showa: schwarzer Koi mit roter und weißer Zeichnung

Sumi Goromo: weißer Koi mit roter Zeichnung, über der ein wenig Schwarz liegt

Taisho Sanke, Taisho Sanshoku: vollständiger Name der Sanke

schwarzen Netzzeichnung, die den ganzen Körper bedeckt.

!993 kam ein Fisch namens „Polo" nach Großbritannien, der ein schwarz gerahmtes weißes Fenster auf der großen Hi-Fläche des Vorderkörpers trug. Das hintere Zeichnungsmuster entsprach dem des klassischen Ai Goromo. Der Fisch war fast ein Koromo Showa; nur ein wenig Netzzeichnung über dem Weiß bewies seine Zugehörigkeit zu den Goshiki. Vier Jahre später traf ein Weibchen von einem Züchter namens Maru ein. Dieses zeigte das klassische Kohaku-Muster mit Grau und Schwarz, perfekter Haut und einem bezaubernden Nasenfleck, der sich von den blauen Augen abhebt.

Gin-Rin Goshiki und Doitsu Goshiki tragen dazu bei, die ohnehin kaum überschaubare Gruppe noch komplizierter zu machen. Weil das Aussehen der reflektierenden Schuppen von der darunter liegenden Hautfarbe abhängt, können sie golden, silbern oder blaugrau aussehen. Die Kombination in einem einzigen Fisch wirkt fast unwirklich.

EIN AUSNAHME-KOI

Dieser männliche Goshiki wurde wegen des schwarz gerahmten Fensters auf seinem Rücken „Polo" genannt. Er setzte mit seinem scharf abgegrenzten und ungewöhnlichen Zeichnungsmuster neue Maßstäbe.

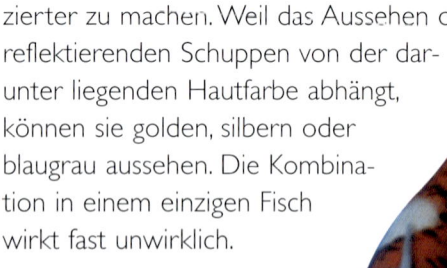

WELCH EINE SCHÖNHEIT

Wohl zurzeit der beste Goshiki im Westen. Der reinweiße Sattel, die Zeichnung auf dem Hi und der Nasenfleck, kombiniert mit einem gut proportionierten Körper, machen diesen Koi zu einem Gewinner.

▶ GIN-RIN PLUSPUNKTE

Dies ist ein Gin-Rin Goshiki. Diese Form benötigt ein klares Zeichnungsmuster, damit die reflektierenden Schuppen zum Vorteil des Tieres wirken können. Der Körper könnte allerdings ein wenig mehr Volumen vertragen.

▼ DAS GESICHT DER ZUKUNFT

Das ist ein moderner Goshiki, fast ein Ai Goromo, bei dem Weiß die dominante Farbe ist. Das Hi des Kopfes ist besonders interessant.
Beachten Sie die roten Flecke an den Ansätzen der Brustflossen.

KOI-DEFINITIONEN

Ai Goromo: weißer Koi mit rotem Kohaku-Muster; jede rote Schuppe ist schwarz oder dunkelblau gerandet

Asagi: Koi mit bläulichem Rücken, der ein Netzmuster aufweist; Rot auf Wangen, Seiten und Brustflossen

Doitsu: Koi, der keine andere Beschuppung als jeweils eine Reihe vergrößerter Schuppen entlang der Seitenlinie und auf beiden Seiten der Rückenflosenbasis aufweist

Gin-Rin: Koi mit reflektierenden silbernen Schuppen

Goshiki: Koi mit fünffarbigem Muster aus Rot, Weiß, Schwarz, Hellblau und Dunkelblau

Kohaku: weißer Koi mit roter Zeichnung

Koromo: „in Roben gekleidet"; rote Färbung, die von Blau oder Schwarz überlagert wird

Showa: schwarzer Koi mit roter und weißer Zeichnung

Kawarimono

Kawarimono ist die Sammelgruppe aller nichtmetallischen Koi, die ansonsten nicht klassifiziert werden können. Einige davon sind eigenständige Formen, während andere Kreuzungen sind, die die Eigenschaften beider Elternteile widerspiegeln. Wieder andere sind „Unikate", deren Ursprung nur schwer nachzuvollziehen ist. Schließlich gibt es einige Koi, die so sehr von den Kriterien ihrer Gruppe abweichen, dass sie zu den Kawarimono gestellt werden, um ihnen eine realistische Chance bei der Bewertung zu geben. Ein Beispiel ist der Kanoko Kohaku, bei dem einzelne rote Schuppen über dem weißen Untergrund wie die Flecken eines jungen Rehs wirken. Er könnte niemals gegenüber einem konventionellen Kohaku bestehen.

Trotzdem stellt die Gruppe Kawarimono keineswegs die Müllhalde für die Absonderlichkeiten der Koi-Welt dar. Hier ist kein Platz für minderwertige Fische, deren einziges Merkmal ihre Einzigartigkeit ist. Die üblichen Kriterien wie gute Körperform und Hautqualität sowie (wo anwendbar) eine interessante Zeichnung gelten auch hier. Kreuzungen sollten die besten Eigenschaften ihrer Eltern in gefälliger Kombination verkörpern. Das ist auch der Grund, warum viele dieser Zuchtformen überhaupt entstanden sind.

Der Einfachheit halber können die Formen der Kawarimono in einfarbige Koi, schwarze Koi (aus der Karasu-Linie) und andere eingeteilt werden. Einige davon sind jederzeit verfügbar, aber andere wurden nicht bewusst gezüchtet – sie tauchen bei anderen Züchtungen zufällig auf.

Einfarbige Koi

Benigoi oder Aka Muji sind vollständig rote Kohaku-Nachkommen, die riesigen Goldfischen ähneln. Ihre Flossen können entweder rot oder mit weißen Spitzen versehen sein. Letztere werden manchmal als Aka Hajiro bezeichnet. Damit die Fische gut bewertet werden, müssen sie gleichmäßig purpurrot sein; der Körper sollte voluminös, aber nicht fett wirken. Bei diesen einfarbigen Tieren fallen kleine Unregelmäßigkeiten umso mehr auf.

Shiro Muji können ebenfalls bei Kohaku-Nachzuchten auftreten. Hier fehlt nun das Hi völlig. Diese komplett weißen Tiere werden meistens aussortiert, aber manchmal wird ein Exemplar besonders guter Hautqualität behalten und aufgezogen. Rotäugige Albinos sind gesuchte Raritäten, ebenso wie Tiere mit Gin-Rin-Beschuppung.

Kigoi sind einfarbig gelbe Koi, eine schon recht alte Zuchtform. Als die metallischen Ogon auftauchten, verloren sie an Popularität; zurzeit erleben sie jedoch ein Comeback. Es gibt zwei Typen: xanthoristische mit schwarzen Augen und albinotische mit roten Augen, die als Akame Kigoi bezeichnet werden. Besonders die Männchen dieser Formen können einen Meter lang oder größer werden. Gute Exemplare sind von roten Makeln oder silbrigen Flecken ober-

KOI, NICHT GOLDFISCH
Komplett rote Koi werden als Benigoi bezeichnet, doch wenn die Tiere wie das abgebildete weiße Flossenspitzen besitzen, nennt man sie Aka Hajiro. Er ähnelt dem Hajiro, von dem der Name abgeleitet ist. Dabei handelt es sich jedoch um einen schwarzen Koi mit weißer Flossenzeichnung.

Ein gleichmäßig gefärbter tiefroter Kopf ist eine wichtige Eigenschaft eines Benigoi.

❖ **EINFACH UND SCHECKIG** ❖

Benigoi müssen in Form und Farbe makellos sein.

Der scheckige Kanoko Kohaku gehört zu den Kawarimono.

KOI-DEFINITIONEN

Aka Hajiro: rote Koi mit weißen Flossenspitzen

Aka Muji: nichtmetallische vollkommen rote Koi

Akame Kigoi: rotäugige Albinos

Benigoi: nichtmetallische tiefrote Koi

Chagoi: nichtmetallische braune Koi

Hajiro: schwarze Koi, die eine weiße Nase und weiße Flossenspitzen aufweisen

Kanoku Kohaku: Kohaku mit scheckigem rotem Muster

Kawarimono: Klasse aller nichtmetallischen Koi, die nicht in eine andere Gruppe gehören

Kigoi: nichtmetallische zitronengelbe Koi

Kohaku: weiße Koi mit roter Zeichnung

Ogon: einfarbige metallische Koi

Shiro Muji: vollständig weiße, nichtmetallische Koi

▶ **LEMON FIZZ**
Hier sehen Sie keinen Gin-Rin Ogon, der ein metallischer Fisch wäre, sondern einen Gin-Rin Kigoi. Die zitronengelbe Haut ist von glänzenden Schuppen bedeckt.

❖ **DIE AUGEN MACHEN ES** ❖

Rotäugige Kigoi (Akame Kigoi) sind gesucht, aber selten.

Schwarzäugige Kigoi sind keine Albinos, erregen aber Aufmerksamkeit.

halb der Seitenlinie frei. Schwarzäugige Kigoi werden manchmal mit safranfarbigen Chagoi verwechselt, die in ihrer Farbe sehr variabel sind.

Bei Magoi sind die Schuppen dunkel bronzefarben; von oben betrachtet wirken die Fische schwarz. Magoi werden auf manchen Ausstellungen nicht als echte Koi betrachtet, was niemanden davon abhalten sollte, sie zu pflegen. Da die Fische sehr groß werden können, werden sie gelegentlich in Go-Sanke-Linien eingekreuzt, um ein besseres Wachstum zu erzielen.

Chagoi sind einfabig braune Koi. Das Wort „Cha" steht in China und Japan für Tee und soll hier die Farbe der Tiere beschreiben. Sie sind bekannt dafür, dass sie sehr groß und sehr zahm werden. Es hat oft einen beruhigenden Effekt, einen Chagoi in einen Teich mit nervösen Koi zu setzen, so dass sich bald alle Tiere aus der Hand füttern lassen. Die Farbe der Chagoi kann von Safran über Rotbraun bis fast Schwarz reichen, wobei die

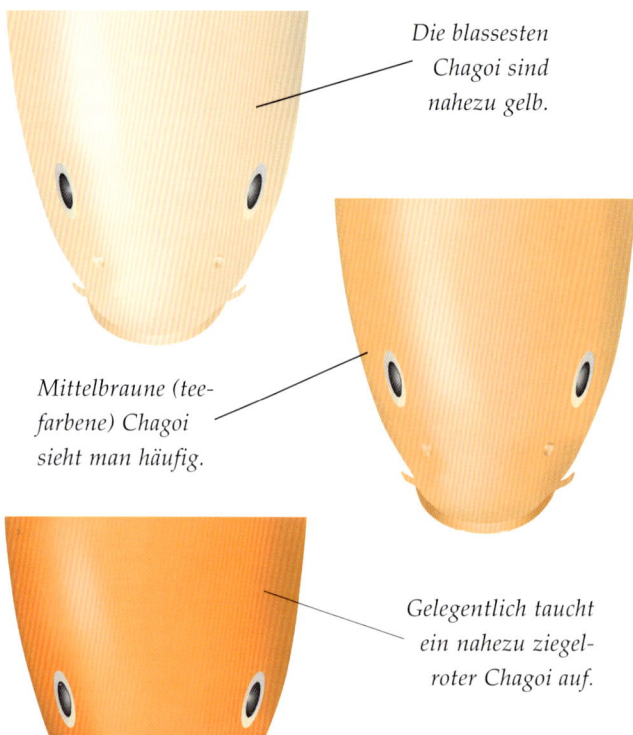

Die blassesten Chagoi sind nahezu gelb.

Mittelbraune (tee-farbene) Chagoi sieht man häufig.

Gelegentlich taucht ein nahezu ziegel-roter Chagoi auf.

blasseren Tiere am meisten geschätzt werden. Eine gute Netzzeichnung ist eine notwendige Voraussetzung. Einige japanische Züchter führen metallische Formen in diese Linie ein, um Fische mit matter Beschuppung, aber Ogon-artigen Brustflossen zu züchten. Gin-Rin Chagoi sind ebenfalls beliebt.

Soragoi sind einfache blaugraue Koi. Als eigene Form sind sie nicht sehr populär, doch in der Kreuzung mit den Chagoi wird aus ihnen ein Ochiba Shigure. Hier bildet die braune Farbe des Chagoi auf der grauen Grundfarbe des Soragoi ein Muster. Die besten Tiere zeigen eine ähnliche Zeichnung wie ein Kohaku, doch häufiger ist das Braun auf den Kopf oder auf kleine Flecken auf dem Körper beschränkt. Es gibt auch Doitsu und Gin-Rin Ochiba.

 GROSS UND FREUNDLICH

Bei erwachsenen Chagoi könnte man denken, dass die Tiere nach Gewicht und Volumen verkauft werden. Doch „Schlachtschiffe" wie dieses große Weibchen benötigen mehr als nur Größe, um gut bewertet zu werden.

KOI-DEFINITIONEN

Chagoi: nichtmetallische braune Koi

Doitsu: Koi, die nur je eine Reihe vergrößerter Schuppen auf der Seitenlinie und beidseitig der Rückenflossenbasis besitzen

Gin-Rin: Koi mit reflektierenden silbernen Schuppen

Go Sanke: Koi der Klassen Kohaku, Sanke und Showa

Kohaku: weißer Koi mit roter Zeichnung

Magoi: ursprünglicher schwarzer Karpfen

Ogon: einfarbig metallischer Koi

Ochiba, Ochiba Shigure: blaugrauer Koi mit braunem Muster

Soragoi: einfacher blaugrauer Koi

TEUTONISCHE ELEGANZ

Diesem Doitsu Ochiba Shigure fehlt eindeutig die Netzzeichnung. Dennoch würde sich dieses mit gleichmäßigen Spiegelschuppen versehene Exemplar in jedem Teich gut machen.

BLÄTTER AUF DEM WASSER

Der graue Fisch mit brauner Zeichnung wird Ochiba Shigure genannt (Blätter auf dem Wasser). Wahrscheinlich ist er eine Kreuzung aus Chagoi und Soragoi. Diese Form ist recht beliebt geworden; gute Exemplare sind jedoch selten zu finden.

Hageshiro haben einen schwarzen Körper mit weißen Flossenspitzen und einem überwiegend weißen Kopf.

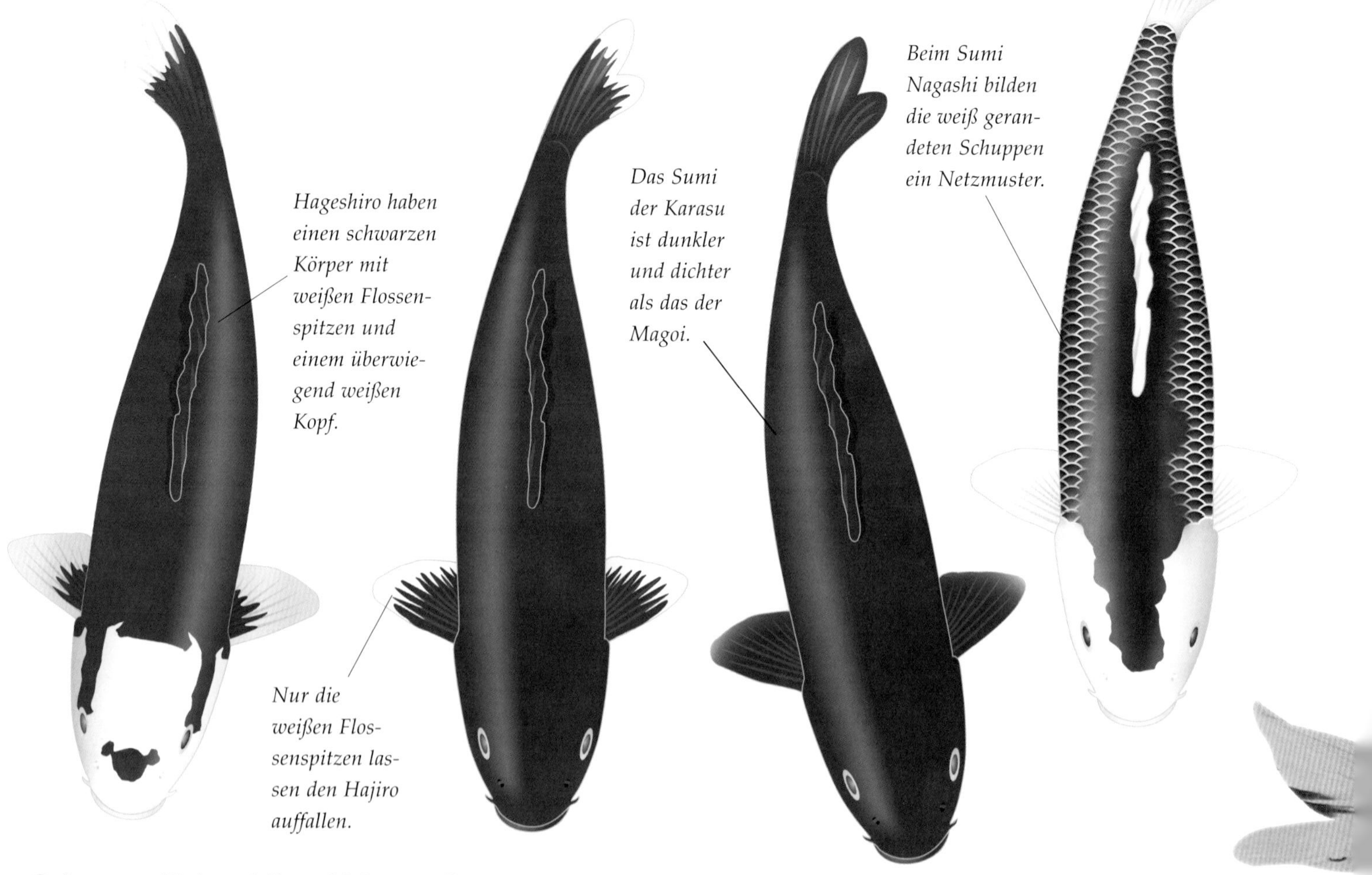

Das Sumi der Karasu ist dunkler und dichter als das der Magoi.

Beim Sumi Nagashi bilden die weiß gerandeten Schuppen ein Netzmuster.

Nur die weißen Flossenspitzen lassen den Hajiro auffallen.

Schwarze Koi und ihre Abkömmlinge

Der Karasu (die Krähe) ist eine sehr alte Zuchtform, bei der Körper und Flossen mattschwarz sind und der Bauch weiß oder orange ist. Der sehr ähnliche Hajiro ist ein schwarzer Koi mit weißer Nase und weißen Brustflossenspitzen, die ihn im Wasser auffälliger machen. Beim Hageshiro kommt zu dieser Kombination noch ein weißer Kopf hinzu, während die Flossen des Yotsujiro vollständig weiß sind. Alle vier Formen sollten ein tiefes und gleichmäßiges Schwarz aufweisen, das dunkler als das der Magoi ist.

Sumi Nagashi sind vollständig beschuppte Koi, deren schwarze Schuppen einen weißen Rand aufweisen. Bei dieser sehr variablen Form kann das daraus entstehende Netzmuster den ganzen Körper oder nur einen Teil davon bedecken. Der ähnlich aussehende Matsukawabake ist ein Sonderfall, da sich bei ihm die Verteilung von Schwarz und Weiß in Abhängigkeit von den Jahreszeiten

und den Temperaturen ändern kann. Es kommt allerdings nicht zu einer kompletten Umkehrung der Zeichnung. Unter bestimmten Umständen können die Fische jedoch vollständig schwarz oder weiß werden. Während der Umwandlung zeigen sie ein interessantes Schattenmuster.

Kumonryu erschienen zuerst in den 80er Jahren und sind die beliebtesten schwarzen Kawarimono. Der Name bedeutet „Drachenfisch", da die Zeichnung an die gewundenen Leiber dieser Fabelwesen auf alten orientalischen Zeichnungen erinnert. Kumonryu sind immer Doitsu, so dass die Abgrenzung zwischen den Farben scharf ist. Das Muster ist sehr variabel. Die besten Tiere zeigen lange, geschwungene weiße Flächen entlang der Flanken und des Rückens. Tatsächlich sind die Fische allerdings Doitsu Matsukawabake, so dass sich die Zeichnung deutlich verändern kann. Im schlimmsten Fall erhält man einen komplett weißen Doitsugoi, der wertlos ist.

KOI-DEFINITIONEN

Doitsu: Koi, die lediglich jeweils eine Reihe vergrößerter Schuppen entlang der Seitenlinie und beidseitig der Rückenflossenbasis besitzen

Hageshiro: schwarze Koi mit Weiß auf dem Kopf und weißen Brustflossenspitzen

Hajiro: schwarze Koi mit weißer Schwanzflossenspitze und weißen Brustflossenspitzen

Karasu: Körper und Flossen sind mattschwarz, der Bauch weiß oder orangefarben

Kawarimono: Klasse aller nichtmetallischen Koi, die zu keiner anderen Gruppe gehören

Kumonryu: schwarze Doitsu mit etwas Weiß auf Kopf, Flossen und Körper

Magoi: ursprünglicher schwarzer Karpfen

Matsukawabake: nichtmetallischer schwarz-weißer Koi, dessen Zeichnung sich abhängig von Jahreszeit und Wassertemperatur ändert

Sumi: schwarz

Sumi Nagashi: Koi mit weiß gerandeten schwarzen Schuppen

Yotsujiro: schwarze Koi mit weißem Kopf und weißen Brust-, Rücken und Schwanzflossen

▶ **KÖNIG DER KAWARIMONO**

Dieser schöne Kumonryu zeigt, warum Japaner die Form schätzen. Beachten Sie, wie das beim Doitsu scharf abgegrenzte Sumi vom Kopf zum Schwanz verläuft, statt sich in Flecken über den Rücken zu ziehen. Der Effekt erinnert an die Kalligraphie.

▶ **FLIEGENDER WECHSEL**

Die Verteilung von Schwarz und Weiß kann sich beim Matsukawabake abhängig von Wassertemperatur und -beschaffenheit von Jahreszeit zu Jahreszeit verändern. Einige der Fische werden sogar vollkommen weiß, wobei es von Fall zu Fall unterschiedlich ist, ob die schwarze Färbung zurückkehrt.

Das Sumi der Nase betont den ansonsten weißen Kopf.

Weitere Kawarimono

Matsuba oder Matsubagoi werden meistens als metallische Fische gezüchtet und zu den Hikarimuji gerechnet. Die Netzzeichnung wird von den Japanern nur als eine Farbe gewertet. Matt beschuppte Matsubagoi zählen allerdings zu den Kawarimono. Diese unterbewerteten Koi sind recht selten, obwohl Aka Matsuba manchmal in der Jumbo-Klasse gezeigt werden. Als frühe Züchtung werden die Tiere sehr groß. Aka Matsuba sind rote Koi mit dunkler Netzzeichnung und stammen von den Asagi ab. Der Kopf sollte jedoch eher rot als weiß sein. Ist ein blauer Fleck zu sehen, wird der Fisch als Asagi betrachtet.

Ki Matsuba sieht man am häufigsten als Doitsu. Sie erinnern an Shusui, bei denen die rote und blaue Färbung durch gelbe ersetzt worden ist. Die weiße Entsprechung ist der seltene Shiro Matsuba.

Midorigoi sind grüne Doitsu, die als einzige Form diese Farbe zeigen. Tatsächlich ist die Farbe ein durchscheinendes Grüngelb, wohingegen die Spiegelschuppen schwarz oder silbern sein können. Die Fische stammen von einer Kreuzung zwischen Shusui und Yamabuki Ogon ab. Die einzige Form, mit der sie verwechselt werden können,

sind die Doitsu Ki Matsuba. Kreuzungen zwischen Shusui und Midorigoi führen manchmal zum seltenen Enyu, einem purpurfarbenen Koi mit Hi-Zeichnung.

Kreuzungen

Verschiedene Kawarimono stammen von Shusui ab, doch Kreuzungen erster Generation zwischen ihnen und Sanke oder Showa können besonders ausgefallene Doitsu Kawarimono ergeben.

Kage Utsuri und Showa

Diese Koi werden in japanischen Ausstellungen als Kawarimono betrachtet, während sie sonst unter ihrer eigenen Form gezeigt werden. Beispielsweise würde ein Kage Hi Utsuri den Utsurimono zugeordnet. Das Kage Sumi überdeckt die rote, weiße oder gelbe Haut mit einem Netzmuster, kann jedoch im Laufe des Lebens wieder verschwinden. Ebenso werden Goshiki in Japan als Kawarimono, in westlichen Ländern jedoch als Koromo betrachtet.

AKTUELLE ZUCHTFORMEN

Die Gin-Rin-Beschuppung fügt den ansonsten eher einfachen Koi der Gruppe Kawarimono eine neue Dimension hinzu. Japanische Züchter haben den neuen Trend sehr schnell erkannt und bieten nun Gin-Rin Chagoi, Soragoi und Ochiba Shigure an. Bei einfarbigen Koi lenkt den Betrachter nichts von den glitzernden Schuppen ab, wohingegen sie etwa beim Ochiba Shigure eine von der Grundfarbe abhängige individuelle Ausprägung erhalten.

Links: *Gin-Rin Soragoi. Reflektierende Schuppen geben dem blaugrauen Fisch eine neue Dimension.*

Rechts: *Dieser Gin-Rin Ochiba beeindruckt unter anderem durch seine Größe.*

Koi-Definitionen

Aka Matsuba: roter Koi mit dunkler Netzzeichnung

Asagi: Koi, dessen bläulicher Rücken eine Netzzeichnung aufweist. Rot auf den Wangen, Seiten und Brustflossen

Chagoi: nichtmetallischer brauner Koi

Doitsu: Koi, die lediglich jeweils eine Reihe vergrößerter Schuppen entlang der Seitenlinie und beidseitig der Rückenflossenbasis besitzen

Enyu: purpurfarbener Koi mit roter Zeichnung

Gin: silbern

Gin-Rin: Koi mit reflektierenden silbernen Schuppen

Goshiki: Koi mit fünffarbigem Muster aus Rot, Schwarz, Weiß, Hellblau und Dunkelblau

Hi: rot

Hikarimuji: Klasse einfarbiger metallischer Koi

Hi Utsuri: schwarzer Koi mit roter oder orangefarbiger Zeichnung

Kage: schwarze Netzzeichnung über Weiß (oder Rot beim Hi Utsuri)

Kawarimono: Klasse der nichtmetallischen Koi, die nicht in eine andere Gruppe gehören

Ki Matsuba: nichtmetallische gelbe Koi mit Kiefernzapfenmuster

Kin: Gold

Koromo: „mit Robe bekleidet". Rote mit Schwarz oder Blau überlagerte Zeichnung

Matsuba/Matsubagoi: schwarze Schuppenzentren erzeugen eine Kiefernzapfenmuster

Midorigoi: grüngelber Koi mit Spiegelschuppen

Ochiba, Ochiba Shigure: blaugrauer Koi mit braunem Muster

Ogon: einfarbig metallischer Koi

Sanke: weißer Koi mit roter und schwarzer Zeichnung

Shiro Matsuba: weißer Koi mit schwarzem Kiefernzapfenmuster

Showa: schwarzer Koi mit roter und weißer Zeichnung

Shusui: Doitsu Asagi

Soragoi: einfacher blaugrauer Koi

Sumi: schwarz

Utsuri: Reflektionen

Utsurimono: schwarzer Koi mit weißer, roter oder gelber Zeichnung

Yamabuki Ogon: goldgelber Ogon

SELTENHEITSWERT

Im Gegensatz zu Gin und Kin Matsuba ist der seltene Aka Matsuba ein nichtmetallischer Koi und wird heute den Kawarimono zugeordnet. Schöne Exemplare tragen rote Schuppen mit der typischen Kiefernzapfen-Netzzeichnung. Diese Zuchtform kann zu einer beachtlichen Größe heranwachsen.

Midorigoi sind grünlichgelbe Doitsu mit durchscheinender Haut. Schöne Tiere mit regelmäßiger Beschuppung sind recht selten, und die gelbe Farbe neigt im Alter zum Verblassen.

173

Hikarimuji

Das japanische Wort „Hikari" bedeutet „glänzen". Hikari sind einfarbige Koi mit stumpfem metallischem Glanz. Die bekanntesten Fische ihrer Gruppe sind die Ogon (früher „Ohgon" geschrieben). Obwohl westliche Augen in ihrer Netzzeichnung eine weitere Farbe, nämlich Schwarz, erkennen, gehören auch die metallischen Matsuba hierhin.

Die Geschichte der Ogon

Im Jahre 1921 wurde in einem Fluss in Takezawa in der Präfektur Yamakoshi von Sawata Aoki ein Magoi mit golden gestreiftem Rücken gefangen. Fasziniert von diesem ungewöhnlichen Karpfen, begannen er und sein Sohn Hideyoshi eine Auswahlzucht und behielten nur Tiere, die goldene Schuppen zeigten. Nach vier oder fünf Generationen gelang es Aoki, die Vorfahren der Ogon zu erhalten – Ginbo und Kinbo sowie Kin Kabuto und Gin Kabuto. Die Letzteren besitzen silbern gerandete dunkle Schuppen und eine charakteristische, einem Helm ähnliche Kopfzeichnung, ähnlich der der heutigen „Ghost"-Koi. Alle vier Formen tauchen auch heute noch in Nachzuchten auf, werden aber als wertlos betrachtet.

Den ersten echten Ogon erhielt Aoki 1946 als Ergebnis einer Verpaarung eines weiblichen Shiro Muji mit acht Männchen seines 25-jährigen Zuchtprogramms.

Heutige Ogon

Ogon fallen auch Einsteigern in die Koi-Liebhaberei sofort auf. Sie werden groß, sind gut im Teich zu sehen und sind lebhaft und intelligent. Der Fortgeschrittene bevorzugt dann oft die Go Sanke, doch meistens wird noch ein Ogon als Erinnerung an die Anfangszeit im Teich umherschwimmen.

Moderne Ogon werden überall auf der Welt in großen Stückzahlen gezüchtet, so dass ihre Qualität nicht immer gut ist. Um auf einer Ausstellung bestehen zu können, müssen die Tiere außergewöhnliche Exemplare mit guter Haut, einwandfreier Beschuppung und einem gut ausgebildeten, glänzenden Kopf sein. Der metallische Glanz sollte sich bis in die Flossen hinein erstrecken, besonders in die Brustflossen.

KOI-DEFINITIONEN

Ginbo: dunkler Koi mit silbernem Glanz

Gin Kabuto: schwarz behelmt mit silbernen Schuppenrändern

Go Sanke: Koi der Klassen Kohaku, Sanke und Showa

Hikarimuji: Klasse der einfarbigen metallischen Koi

Kigoi: nichtmetallischer zitronengelber Koi

Kinbo: dunkler metallischer Koi mit goldenem Glanz

Kin Kabuto: schwarz behelmt mit goldenen Schuppenrändern

Magoi: ursprünglicher schwarzer Karpfen

Matsuba: schwarze Schuppenzentren erzeugen einen Kiefernzapfeneffekt

Ogon: einfarbig metallischer Koi

Shiro Muji: weißer, nichtmetallischer Koi

Yamabuki Ogon: goldgelber Koi

WAS IST HIER MATSUBA?

Dieser Koi kann Identifikationsprobleme verursachen. Es handelt sich um einen Doitsu Kin Matsuba – obwohl bei den Spiegelschuppen auf den Seiten und dem Rücken der Kiefernzapfeneffekt weitgehend unsichtbar bleibt. Da es sich nicht um ein echtes Muster handelt, wird dieser Koi als einfarbig betrachtet.

Ein metallischer Glanz sollte auf Flossen und Körper sichtbar sein.

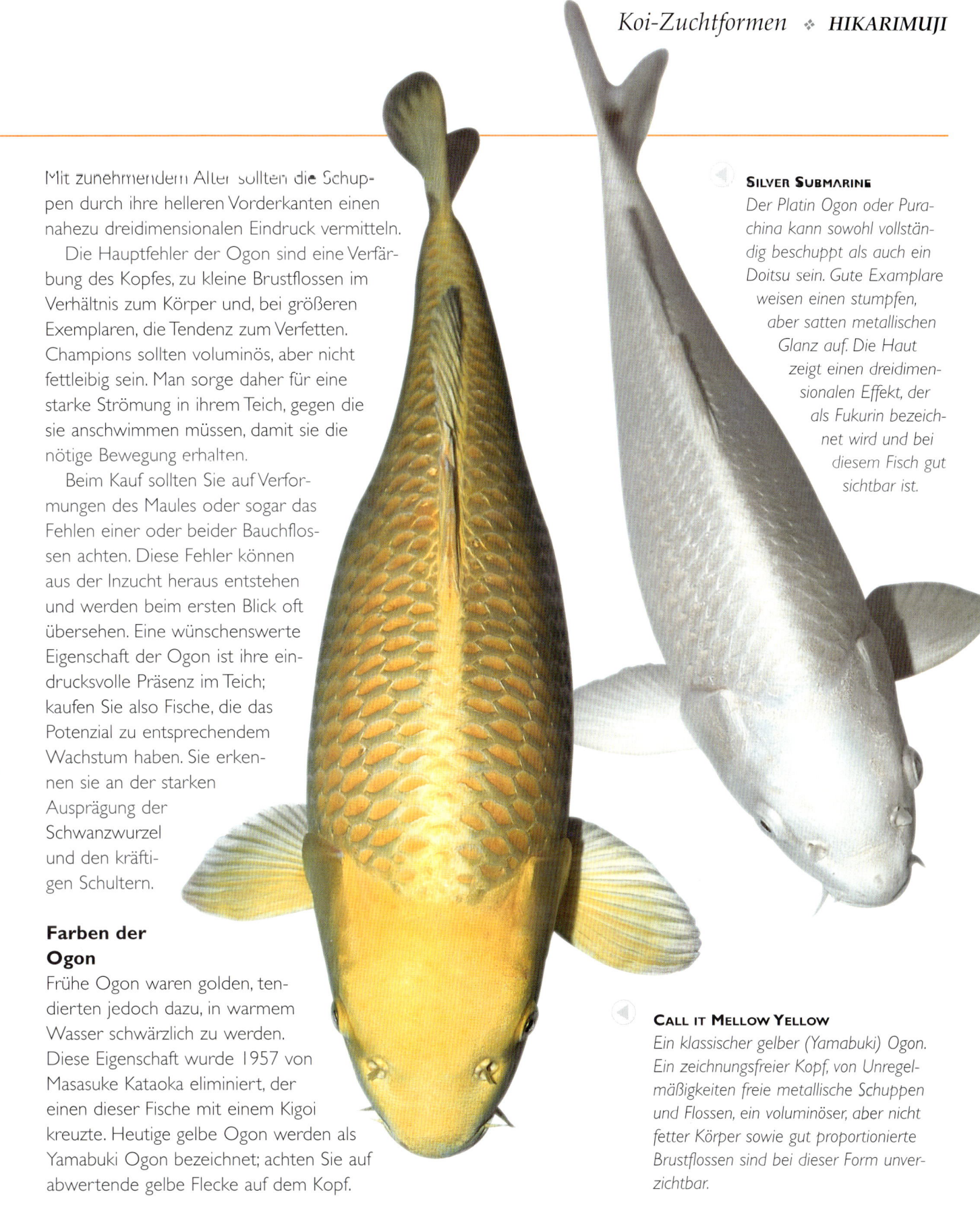

Mit zunehmendem Alter sollten die Schuppen durch ihre helleren Vorderkanten einen nahezu dreidimensionalen Eindruck vermitteln.

Die Hauptfehler der Ogon sind eine Verfärbung des Kopfes, zu kleine Brustflossen im Verhältnis zum Körper und, bei größeren Exemplaren, die Tendenz zum Verfetten. Champions sollten voluminös, aber nicht fettleibig sein. Man sorge daher für eine starke Strömung in ihrem Teich, gegen die sie anschwimmen müssen, damit sie die nötige Bewegung erhalten.

Beim Kauf sollten Sie auf Verformungen des Maules oder sogar das Fehlen einer oder beider Bauchflossen achten. Diese Fehler können aus der Inzucht heraus entstehen und werden beim ersten Blick oft übersehen. Eine wünschenswerte Eigenschaft der Ogon ist ihre eindrucksvolle Präsenz im Teich; kaufen Sie also Fische, die das Potenzial zu entsprechendem Wachstum haben. Sie erkennen sie an der starken Ausprägung der Schwanzwurzel und den kräftigen Schultern.

Farben der Ogon

Frühe Ogon waren golden, tendierten jedoch dazu, in warmem Wasser schwärzlich zu werden. Diese Eigenschaft wurde 1957 von Masasuke Kataoka eliminiert, der einen dieser Fische mit einem Kigoi kreuzte. Heutige gelbe Ogon werden als Yamabuki Ogon bezeichnet; achten Sie auf abwertende gelbe Flecke auf dem Kopf.

SILVER SUBMARINE
Der Platin Ogon oder Purachina kann sowohl vollständig beschuppt als auch ein Doitsu sein. Gute Examplare weisen einen stumpfen, aber satten metallischen Glanz auf. Die Haut zeigt einen dreidimensionalen Effekt, der als Fukurin bezeichnet wird und bei diesem Fisch gut sichtbar ist.

CALL IT MELLOW YELLOW
Ein klassischer gelber (Yamabuki) Ogon. Ein zeichnungsfreier Kopf, von Unregelmäßigkeiten freie metallische Schuppen und Flossen, ein voluminöser, aber nicht fetter Körper sowie gut proportionierte Brustflossen sind bei dieser Form unverzichtbar.

Platin Ogon oder Purachina sind weiße Koi, deren Körper den gleichen Glanz wie das kostbare Metall aufweist. Sie tauchten zuerst im Jahre 1963 auf, wahrscheinlich als Resultat der Kreuzung eines Kigoi mit einem grausilbernen Nezu (Maus) Ogon, der als eigene Form noch immer Bestand hat. In etwa zur gleichen Zeit wurde der cremefarbene Ogon populär. Es handelt sich dabei um einen metallischen Koi, der in etwa in der Mitte zwischen Purachina und Yamabuki Ogon steht. Die Tiere können noch von ein oder zwei Züchtern bezogen werden, sind aber sehr selten.

Orenji Ogon sind das Resultat einer Kreuzung von Higoi und ursprünglichen gelben metallischen Koi, und später mit Yamabuki Ogon. Es handelt sich um auffallend helle Tiere, die leider oft Shimi aufweisen.

Kin-Gin-Rin Ogon

Wenn der Glanz der Ogon durch funkelnde Kin-Rin- oder Gin-Rin-Schuppen verstärkt wird, kann der Eindruck umwerfend sein. Ein zeichnungsfreier Kopf mit „Fuji" (die Haut wirkt wie mit Metallic-Lack besprüht, der kleine Bläschen geworfen hat) ist das Kennzeichen eines guten Kin-Rin oder Gin-Rin Ogon. Diese Koi werden in westlichen Ausstellungen immer noch den Hikarimuji zugeordnet.

Doitsu Ogon

Doitsu Ogon werden zusammen mit ihren vollständig beschuppten Gegenstücken bewertet. Die Spiegelschuppen sollten symmetrisch angeordnet sein und die gleiche Farbe wie der Körper des Koi aufweisen. Die Schuppen wirken als Kontrapunkt zum tiefen Glanz der nicht beschuppten Haut. Es gibt auch eine sehr schöne komplett schuppenlose Lederkarpfen-Version des Doitsu Purachina.

Matsuba Ogon

Matsuba mit matten Schuppen gehören zu den Kawarimono, doch ihre metallischen Gegenstücke sind Hikarimuji. Die bekanntesten sind Kin Matsuba (metallisch golden, 1960 entstanden) und Gin Matsuba (silbern). Orenji Matsuba und Aka Matsuba Ogon sieht man selten. Das Kiefernzapfen-Muster sollte deutlich sein; wenn das Schwarz zum Grau tendiert, sehen die Tiere verwaschen

aus. Anfänger lassen sich oft vom Doitsu Matsuba Ogon verwirren, dessen Netzzeichnung nicht sichtbar ist. Stattdessen bilden die Spiegelschuppen einen scharfen Kontrast zum metallischen Körper. Die seltenen orangefarbigen Doitsu Ogon sehen besonders gut aus. Sie werden auch als Mizuho (Reisähre) Ogon bezeichnet.

Ogon sind eine wichtige eigenständige Zuchtform, dienten jedoch auch als wichtige Basis bei der Entwicklung anderer metallischer Koi.

▽ SAHNESTÜCKE
Der cremefarbene Ogon, der Vorläufer des Yamabuki, ist ein dezenter Fisch, der noch von einigen Enthusiasten gezüchtet wird. Er hat die Farbe sahniger Milch.

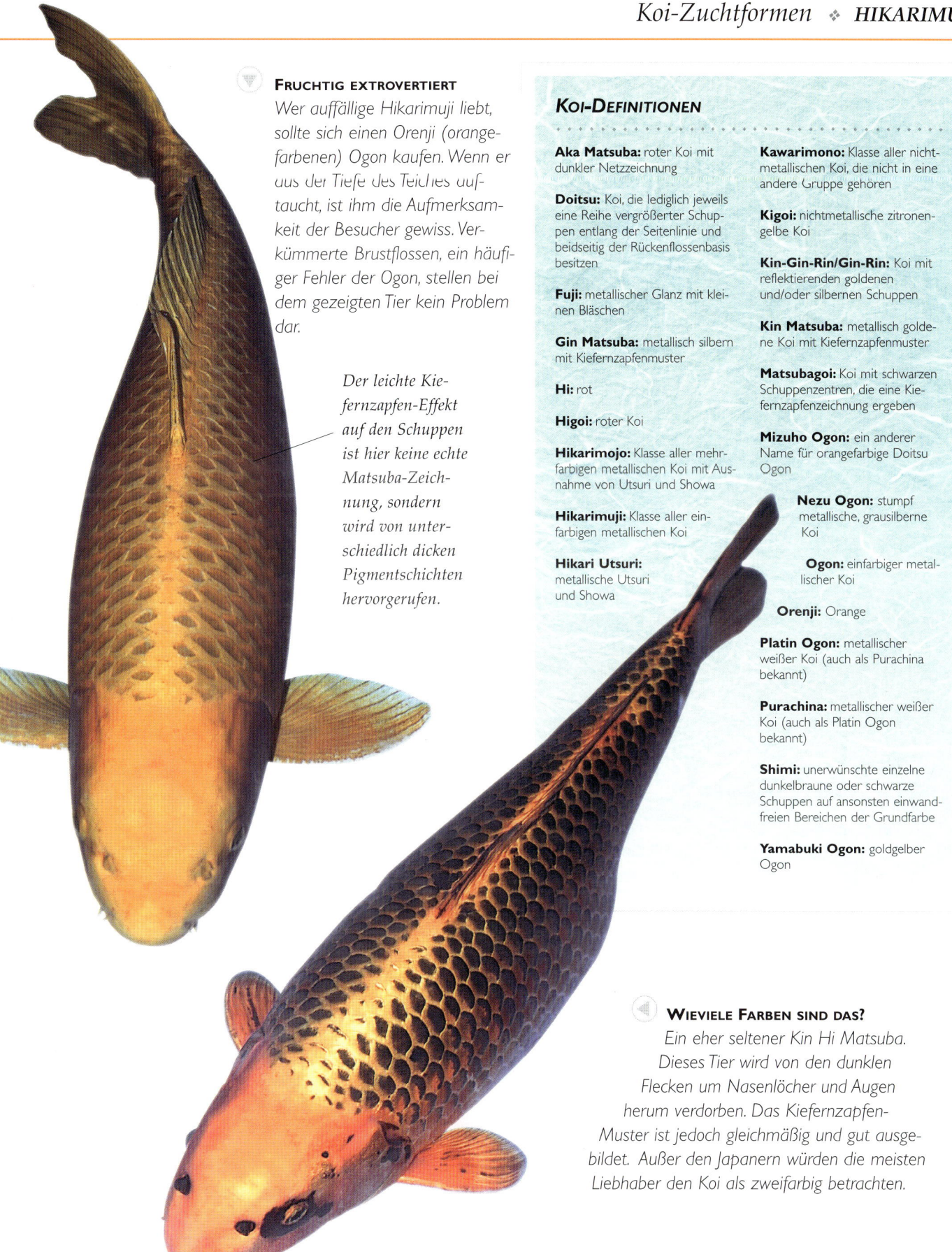

FRUCHTIG EXTROVERTIERT

Wer auffällige Hikarimuji liebt, sollte sich einen Orenji (orange-farbenen) Ogon kaufen. Wenn er aus der Tiefe des Teiches auf-taucht, ist ihm die Aufmerksam-keit der Besucher gewiss. Ver-kümmerte Brustflossen, ein häufi-ger Fehler der Ogon, stellen bei dem gezeigten Tier kein Problem dar.

Der leichte Kie-fernzapfen-Effekt auf den Schuppen ist hier keine echte Matsuba-Zeich-nung, sondern wird von unter-schiedlich dicken Pigmentschichten hervorgerufen.

KOI-DEFINITIONEN

Aka Matsuba: roter Koi mit dunkler Netzzeichnung

Doitsu: Koi, die lediglich jeweils eine Reihe vergrößerter Schup-pen entlang der Seitenlinie und beidseitig der Rückenflossenbasis besitzen

Fuji: metallischer Glanz mit klei-nen Bläschen

Gin Matsuba: metallisch silbern mit Kiefernzapfenmuster

Hi: rot

Higoi: roter Koi

Hikarimojo: Klasse aller mehr-farbigen metallischen Koi mit Aus-nahme von Utsuri und Showa

Hikarimuji: Klasse aller ein-farbigen metallischen Koi

Hikari Utsuri: metallische Utsuri und Showa

Kawarimono: Klasse aller nicht-metallischen Koi, die nicht in eine andere Gruppe gehören

Kigoi: nichtmetallische zitronen-gelbe Koi

Kin-Gin-Rin/Gin-Rin: Koi mit reflektierenden goldenen und/oder silbernen Schuppen

Kin Matsuba: metallisch golde-ne Koi mit Kiefernzapfenmuster

Matsubagoi: Koi mit schwarzen Schuppenzentren, die eine Kie-fernzapfenzeichnung ergeben

Mizuho Ogon: ein anderer Name für orangefarbige Doitsu Ogon

Nezu Ogon: stumpf metallische, grausilberne Koi

Ogon: einfarbiger metal-lischer Koi

Orenji: Orange

Platin Ogon: metallischer weißer Koi (auch als Purachina bekannt)

Purachina: metallischer weißer Koi (auch als Platin Ogon bekannt)

Shimi: unerwünschte einzelne dunkelbraune oder schwarze Schuppen auf ansonsten einwand-freien Bereichen der Grundfarbe

Yamabuki Ogon: goldgelber Ogon

WIEVIELE FARBEN SIND DAS?

Ein eher seltener Kin Hi Matsuba. Dieses Tier wird von den dunklen Flecken um Nasenlöcher und Augen herum verdorben. Das Kiefernzapfen-Muster ist jedoch gleichmäßig und gut ausge-bildet. Außer den Japanern würden die meisten Liebhaber den Koi als zweifarbig betrachten.

Hikarimoyo

Ogon, Kin und Gin Matsuba zählen zur Klasse der Hikarimuji. Doch diese Fische sind alle mit anderen Formen gekreuzt worden, um metallische Koi mit mehreren Farben zu erzielen, die als Hikarimoyo bezeichnet werden (die Abkürzung von Hikari-moyo-Mono). Die einzige Ausnahme bilden die Hikari Utsuri, die metallische Utsuri oder Showa sind und in einer separaten Klasse bewertet werden.

Hikarimoyo ziehen sowohl die Aufmerksamkeit des Anfängers als auch die des Fortgeschrittenen auf sich. Die Farbvariationen sind nahezu unbegrenzt, und ihre Qualität, die von einem ausgeprägten Glanz betont wird, hinterlässt einen bleibenden Eindruck. Sogar weniger gute Tiere können als Jungfische sehr schön sein; erst mit zunehmendem Alter werden ihre Fehler deutlich. Besonders fallen Verfärbungen des Kopfes und dunkle Linien auf, die sich von den Augen zur Nase ziehen – ein Erbe der Gin und Kin Kabato als Vorfahren der Ogon.

Hikarimojo werden etwas willkürlich in Hariwake und die restlichen Formen aufgeteilt. Hariwake sind zweifarbige Koi, deren Grundfarbe Platin von Gelb überlagert wird. Es gibt sowohl eine vollständig beschuppte als auch eine Doitsu Form. Hariwake Matsuba sind gleich gefärbt; ihre Schuppen weisen aber das Matsuba-Muster auf.

Der Aristokrat unter den Hikarimojo ist der als Yamatonishiki bezeichnete metallische Sanke. Diese Form kam in den 60er Jahren aus zwei verschiedenen Quellen auf den Markt. Der erste Züchter war Seikichi Hoshino, der 15 Jahre für die Entwicklung brauchte. Der komplexe Prozess beinhaltete eine Kreuzung eines Asagi und eines Kin Kabuto und weitere Einkreuzungen von Sakura Ogon. Ein ähnlicher Fisch – der Koshi-Nishiki – ist in Yamakoshi als Kreuzung eines Yamabuki Doitsu mit einem Gin Showa entstanden. Beide zusammen werden nun als Yamatonishiki geführt.

Metallische Haut kann bei den Hikarimoyo-Koi die darunter liegenden Farben abschwächen, da das Licht gestreut wird. Das Resultat ist ein eher graues Sumi und ein orangefarbiges Rot. Diese Schwäche wird bei Yamatonishiki durch das Platin der Haut und Beflossung kompensiert, die Sanke-typische Sumi-Streifen tragen kann. Der Kopf ist vorzugsweise wie der eines normalen Sanke gezeichnet.

▶

FISCH DER WAHL
Doitsu Hariwake sind beliebte Teichfische. Der Unterschied zwischen ihnen und den ähnlichen Kikusui liegt in der Farbe, nicht der Anordnung ihrer Zeichnung – Gelb bei Hariwake, Orange bei Kikusui. Manche Koi liegen genau dazwischen.

Beachten Sie, dass die Rückenschuppen die Farbe der darunter liegenden Haut annehmen, hier Silbern und Gelb.

Kujaku

Kujaku oder Kujaku Ogon, wie sie noch manchmal bezeichnet werden, werden in Japan hoch geschätzt, da die Zeichnung eines guten Tieres es durchaus mit der eines Go Sanke aufnehmen kann. Wie Goshiki werden sie als fünffarbige Koi bezeichnet, was jedoch manchmal etwas übertrieben ist. Nicht alle heutigen Tiere zeigen weiße, schwarze, braune und gelbe Muster. Die ersten Kujaku wurden 1960 von Toshio Hirasawa in Ojiya mit der Verpaarung eines weib-

EINEN KLAREN KOPF BEHALTEN

PERFEKTE BRUSTFLOSSEN

Voll beschuppte Hariwake wirken etwas dezenter als ihr Doitsu-Gegenstück. Dieser ähnelt vom Zeichnungsmuster her einem Kohaku, und der weiße Bereich im Gesicht sorgt für Ausgewogenheit. Es gibt keine schadhaften Stellen auf dem Kopf, und die Brustflossen sind beeindruckend.

Dunkle „Brillen" sind bei metallischen Koi ein verbreiteter Fehler.

GEBÄNDERTE SCHÖNHEIT

Klare Farbkontraste machen diesen Doitsu Yamatonishiki (metallischer Sanke) zu einem Showstopper. Die großen, glänzenden Brustflossen gehen in das silberne Band hinter dem Kopf über, was einen beeindruckenden Effekt ergibt.

Der Kopf der metallischen Koi sollte einen tiefen Glanz aufweisen.

KOI-DEFINITIONEN

Asagi: Koi, der einen bläulichen Rücken mit Netzmuster besitzt; etwas Rot auf Wangen, Seiten und Brustflossen

Doitsu: Koi, die nur eine Reihe vergrößerter Schuppen entlang der Seitenlinie und beidseitig der Rückenflossenbasis besitzen

Gin Kabuto: schwarzer Koi mit silbernen Schuppenrändern

Gin Matsuba: metallisch silbern mit Kiefernzapfenmuster

Gin Showa: metallischer Showa mit Silberglanz

Go Sanke: Koi der Klassen Kohaku, Sanke und Showa

Goshiki: Koi mit fünffarbigem Muster aus Rot, Weiß, Schwarz, Hellblau und Dunkelblau

Hikarimoyo: Klasse aller mehrfarbigen metallischen Koi außer Utsuri und Showa

Hikarimuji: Klasse der einfarbigen metallischen Koi

Hikari Utsuri: Klasse der metallischen Utsuri und Showa

Kin Kabuto: schwarzer Koi mit goldenen Schuppenrändern

Kin Matsuba: metallisch goldener Koi mit Kiefernzapfenmuster

Koshi-Nishiki: Kreuzung zwischen Yamabuki Doitsu und Gin Showa

Kujaku (Ogon): metallischer Koi mit rotem Muster auf weißem Grund und Matsuba-Beschuppung

Matsuba: schwarzes Schuppenzentrum, das insgesamt das Kiefernzapfenmuster bildet

Ogon: einfarbiger metallischer Koi

Sakura Ogon: metallischer Kohaku

Sanke: weißer Koi mit roten und schwarzen Markierungen

lichen Shusui und eines männlichen Kin Matsuba sowie eines Hariwake erhalten. Da Koi normalerweise im Trio angesetzt werden, ist es hier mit einfachen Mitteln unmöglich, den Vater zu bestimmen. Das Resultat war ein metallischer Platin Koi mit schwarzer Matsuba-Beschuppung über einem Hi-Muster, einem zeichnungsfreien Kopf und ein wenig von der Mutter ererbtem Blau. Viele dieser ersten Kohaku (das Wort bedeutet „Pfau") waren Doitsu als Folge des Shusui-Einflusses.

Doitsu Kujaku werden manchmal mit Ginsui und Kinsui (heute nicht mehr beliebte Formen) verwechselt. Beim Spiegelschuppen-Kujaku bildet das mit Schwarz überlagerte Hi jedoch ein charakteristisches Muster entlang der Rückenoberseite und entlang der Seitenlinien, wohingegen es bei Ginsui (wenn überhaupt vorhanden) die typische Shusui-Anordnung auf Wangen und Seiten annimmt und die Haut einen bläulichen Einschlag zeigt. Die Standards für heutige Kujaku sind recht flexibel geworden. Beispielsweise ist ein interessantes Kopfmuster (vorausgesetzt,

es enthält kein Schwarz) ebenso akzeptabel wie einfaches Rot oder Platin. Eine Unterform, der Beni Kujaku, ist hauptsächlich rot.

Sakura Ogon

Zu den Hikarimoyo gehörige Kohaku werden entweder als Platin Kohaku oder Sakura Ogon bezeichnet. Beim Sakura Ogon erinnert das Muster des Hi an das beim Kanoko Kohaku (vorwiegend gescheckt), während der Platin Kohaku mehr traditionelles Hi zeigt. Eine genauere Beschreibung wäre, dass der Sakura Ogon ein blütenähnliches Muster zeigt – kleine, doch zusammenhängende und stabile Flecke roter Schuppen. Bei beiden Formen nimmt das Hi im Zusammenhang mit dem Platin der Haut eine eher orangefarbige Tönung an.

▶ **STOLZ WIE EIN PFAU**
Dieser Koi verdeutlicht, warum Kujaku in Japan in so hohem Ansehen stehen. Die Kopfzeichnung erinnert an eine Insel, während der Körper eine starke Matsuba-Beschuppung über einer raffinierten Farbkombination zeigt.

 VIEL VERSPRECHEND
Ein junger Doitsu Kujaku. Die Spiegelschuppen sind noch nicht ausgeglichen, doch die Färbung macht einen guten Eindruck. Der Fisch wird noch in seine großen Brustflossen „hineinwachsen".

Die Doitsu-Version des Sakura Ogon wird als Kikusui (Wasser-Chrysantheme) bezeichnet. Es handelt sich um einen platinfarbenen Fisch mit orangefarbiger Zeichnung, die sich in Wellen an den Seiten der Rückenflosse entlangzieht oder in traditionellem Kohaku-Muster angeordnet ist. „Orenji Hariwake Doitsu" ist eine veraltete Bezeichnung, die diesen Koi aber genau beschreibt.

Ein Shochikubai ist ein metallischer Ai Goromo; man sieht ihn selten. Je stärker der metallische Glanz ist, desto eher wirkt das Hi braun, was ihm jedoch Würde verleiht.

▶ **ORANGE GLEICH KIKUSUI**
Kikusui sind immer Doitsu. Dieser zeigt ein blütenähnliches Kohaku-Muster mit vorwitzigem Nasenfleck, doch es ist die orangefarbige Zeichnung (im Gegensatz zu Gelb), die aus ihm einen Kikusui machen. Ansonsten wäre er ein Doitsu Hariwake.

KOI-DEFINITIONEN

Ai Goromo: weißer Koi mit rotem Kohaku-Muster; jede rote Schuppe ist schwarz oder dunkelblau genetzt

Beni Kujaku: rote Variante des Kujaku

Doitsu: Koi, die nur jeweils eine Reihe vergrößerter Schuppen entlang der Seitenlinie und auf beiden Seiten der Rückenflossenbasis besitzen

Ginsui: metallischer Shusui mit Silberglanz

Hariwake: zweifarbiger Koi mit Orange oder Gold auf platinfarbenem Grund

Hikarimoyo: Klasse aller mehrfarbiger metallischer Koi außer Utsuri und Showa

Kanoko Kohaku: Kohaku mit scheckigem rotem Muster

Kikusui: platinfarbene Doitsu mit metallischer orangefarbener Zeichnung

Kinsui: metallische Shusui mit Goldglanz

Kohaku: weiße Koi mit roter Zeichnung

Matsuba: schwarzes Schuppenzentrum, das in der Gesamtheit der Schuppen den Kiefernzapfeneffekt hervorruft

Orenji: Orange

Sakura Ogon: metallischer Kohaku

Shochikubai: metallischer Ai Goromo

Shusui: Doitsu Asagi

Sumi: schwarz

Tora oder Tiger Ogon: metallisches Gegenstück zum Ki Bekko

Yamabuki: goldgelb

Yamatonishiki: metallischer Sanke

Gin Bekko (nicht zu verwechseln mit Gin-Rin Bekko) sind eine Kreuzung zwischen einem Shiro Bekko und einem Platin Ogon. Das Sumi wird oft von der hellen Haut unterdrückt. Kin Showa werden in einer anderen Klasse bewertet, besonders Hikari Utsuri.

Hariwake

Hariwake leiten sich von der Ogon oder Ogon/Matsuba-Linie ab und zeigen zwei metallische Farben – Platin als Grundfarbe und darüber entweder gelb-goldene (Yamabuki) oder orangefarbene Muster. Diese besonders strahlenden Koi werden von Einsteigern bevorzugt und sind relativ leicht zu züchten. Die Doitsu-Versionen sind besonders beliebt. Ein Doitsu Orenji Hariwake wird korrekt als Kikusui bezeichnet.

Voll beschuppte Yamabuki und Orenji Hariwake sollten zeichnungsfreie platinfarbene Köpfe haben, obwohl es keine Katastrophe ist, wenn auch die zweite Farbe hier erscheint. Die schönsten Exemplare zeigen viel metallisches Weiß auf dem Körper, doch andere besitzen nur kleine Bereiche dieser platinfarbenen Haut. Wie bei Hikarimuji sollten die Schuppen einen dreidimensionalen Eindruck hervorrufen.

Die Anordnung der Spiegelschuppen ist bei Doitsu Hariwake wie bei allen Doitsu oft ein Problem. Sie sollten bilateral symmetrisch angeordnet und gleichmäßig verteilt

SELTEN UND DEZENT

Ein dezent gezeichneter Shochikubai (metallischer Ai Goromo). Hikarimoyo brauchen nicht aufdringlich zu sein, um gut zu wirken, und die Qualität von Haut und Zeichnung kommt der der besten Go Sanke gleich. Die Struktur über dem Hi wird sich noch weiterentwickeln.

KOI-DEFINITIONEN

Bekko: schwarze Sanke-ähnliche Zeichnung auf weißem, rotem oder gelbem Grund

Beni: rot

Gin Bekko: Kreuzung zwischen einem Shiro Bekko und einem Platin Ogon

Gin-Rin: Koi mit reflektierenden silbernen Schuppen

Hariwake: zweifarbiger Koi mit Orange oder Gold auf platinfarbenem Grund

Heisei-Nishiki: Doitsu Koi vom Yamatonishiki-Typ, aber mit Showa-artigem Sumi

Hikarimuji: Klasse einfarbiger metallischer Koi

Hikari Utsuri: Klasse der metallischen Utsuri und Showa

Ki Bekko: zitronengelb mit schwarzem Sanke-artigem Muster

Kikokuryo: metall. Kumonryu

Kin: Gold

Kin Showa: metallischer Showa mit Goldglanz

Kujaku (Ogon): metallischer Koi mit roter Zeichnung auf weißem Grund und Matsuba

Kumonryu: schwarzer Doitsu mit Weiß auf dem Kopf, den Flossen und dem Körper

Shiro Bekko: weißer Koi mit schwarzem, Sanke-artigem Muster

sein. Viele Tiere weisen eine ungleichmäßige Beschuppung des gesamten Schwanzstiels auf, wohingegen bei anderen die Schuppen übergroß sind, was ihnen ein gepanzertes Aussehen verleiht.

Voll beschuppte Hariwake Matsuba kann man kaum von Kujaku unterscheiden. Der durch das Kiefernzapfenmuster bedingte dunkle Punkt auf jeder Schuppe wird durch die metallische Färbung abgeschwächt. Hariwake Matsuba Doitsu sind wiederum ein besonderer Fall, da sich die dunklen Schuppen nur auf Rücken und Flanken befinden. Kein weiteres Sumi erscheint auf dem platin-gelben Körper.

Der Hariwake Tora Ogon ist ein Yamabuki Hariwake mit Bekko Sumi, eine einfache Kreuzung beider Formen. Der einfache Tora Ogon ist eine Kreuzung aus Shiro Bekko und Yamabuki Ogon und nicht, wie manchmal vermutet, ein metallischer Ki Bekko.

Neue Formen werden ständig entwickelt, und eine solche ist der Kikokuryu. Es handelt sich immer um metallische Doitsu, die ein Kopfmuster besitzen, das nicht unähnlich dem der „Ghost"-Koi oder dem Helm der ersten Ogon Kin Kabuto ist. Die Zeichnung erinnert etwas an den Kumonryu, obwohl die Fische nahezu jede Farbe zeigen können. Um sich vom relativ einfachen Körper abzuheben, sollten die Flossen einen schönen metallischen Glanz aufweisen.

Eine weitere schöne neue Form ist der Hesei Nishiki, gezüchtet von Hiroi aus Iwamagi. „Hesei" ist die Ära des Kaisers Akahito, der Nachfolge der Showa-Ära. Der Fisch erinnert an einen Yamatonishiki, außer dass die Sumi-Zeichnung eher dem Showa- als dem Sanke-Typ entspricht. Er ist jedoch kein richtiger Kin Showa, da er sonst als Hikari Utsuri bewertet werden müsste.

▶ SCHATTEN DES „GHOST"-KOI

Ein eher typischer Kikokuryu, mit einem Kopfmuster, das an den „Ghost"-Koi erinnert. Der stumpfe metallische Glanz über dem Körper ist angenehm und die Rückenschuppen sind gut angeordnet, doch dieses Tier wird sich sicher noch weiter verbessern.

◀ IDENTITÄTSKRISE

Dieser Fisch ist ein Rätsel. Tatsächlich ist er ein Kin Kikokuryu, aber es hätte auch ein Kin Showa oder Doitsu Kujaku sein können. Wenn er keine weiße Haut hätte, wäre er ein metallischer Beni Kumonryu!

Hikari Utsuri

Koi der Klasse Hikari Utsuri sind im Prinzip metallische Showa und Utsurimono, die Resultate einer Kreuzung der beiden Formen mit Ogon. Fische dieser Gruppe sind nicht mehr so populär, wie sie einstmals waren, und bei Ausstellungen unterrepräsentiert. Dafür gibt es vor allem zwei Gründe. Erstens verbreitet sich die Beachtung feinerer Details bei Koi von Japan aus in andere Teile der Welt, und ernsthafte Liebhaber wenden sich immer mehr von den „bunten" Formen ab. Zweitens kann der metallische Glanz der Hikari Utsuri auch das Hi und das Sumi dämpfen. Obwohl diese Koi im Teich auffallen, ist ihre Zeichnung nicht so klar abgegrenzt. Das macht Koi, die diese Schwäche nicht zeigen, sehr wertvoll. Tatsächlich hat man auch Versuche unternommen, durch Rückkreuzungen mit der nichtmetallischen Hälfte der Vorfahren die Qualität der Hikari Utsuri zu verbessern.

Alle metallischen Showa werden als Kin Showa bezeichnet. Kin und Gin Matsuba sind bei den Hikarimuji anerkannte Formen, da sie entweder golden oder silbern sind. Doch es gibt keinen Gin Showa, wie auch immer die vorherrschende Hautfarbe sein mag.

Als erster Punkt ist zu beachten, dass der Fisch unter dem metallischen Glanz ein guter Showa sein sollte. Alle Kennzeichen, wie bindenartiges Sumi, Motoguro in den Brustflossen und das klassische Kopfmuster, sollten vorhanden sein. Hi und Sumi sollten sowohl im vorderen als auch im hinteren Körperteil gut platziert sein, und es dürfen keine Verformungen auftreten.

Ideal ist es, wenn das Hi purpurn gefärbt ist. Normalerweise ist es jedoch eher bräunlich und erinnert damit an das der ersten nichtmetallischen Showa. Das Sumi ist jedoch meistens stark ausgeprägt und kann sich daher gegen den dämpfenden Effekt der metallischen Haut durchsetzen, wie man auf dieser Seite sehen kann. Metallische Kindai Showa (mit viel Weiß auf dem Körper) sehen besonders beeindruckend aus.

▶ RIESIGE ERRUNGENSCHAFT
Ein imposanter 85 cm großer Kin Ki Utsuri, der bei der All-Japan-Show im Jahre 2001 der beste seiner Form war. Der imposante, kräftige Körper, der metallische Glanz, das dunkle, gut angeordnete Sumi sowie die kaum beschreibbare „Präsenz" machen aus dem Tier einen Sieger. Die Form auf diese Größe heranwachsen zu lassen, ist eine Herausforderung für sich.

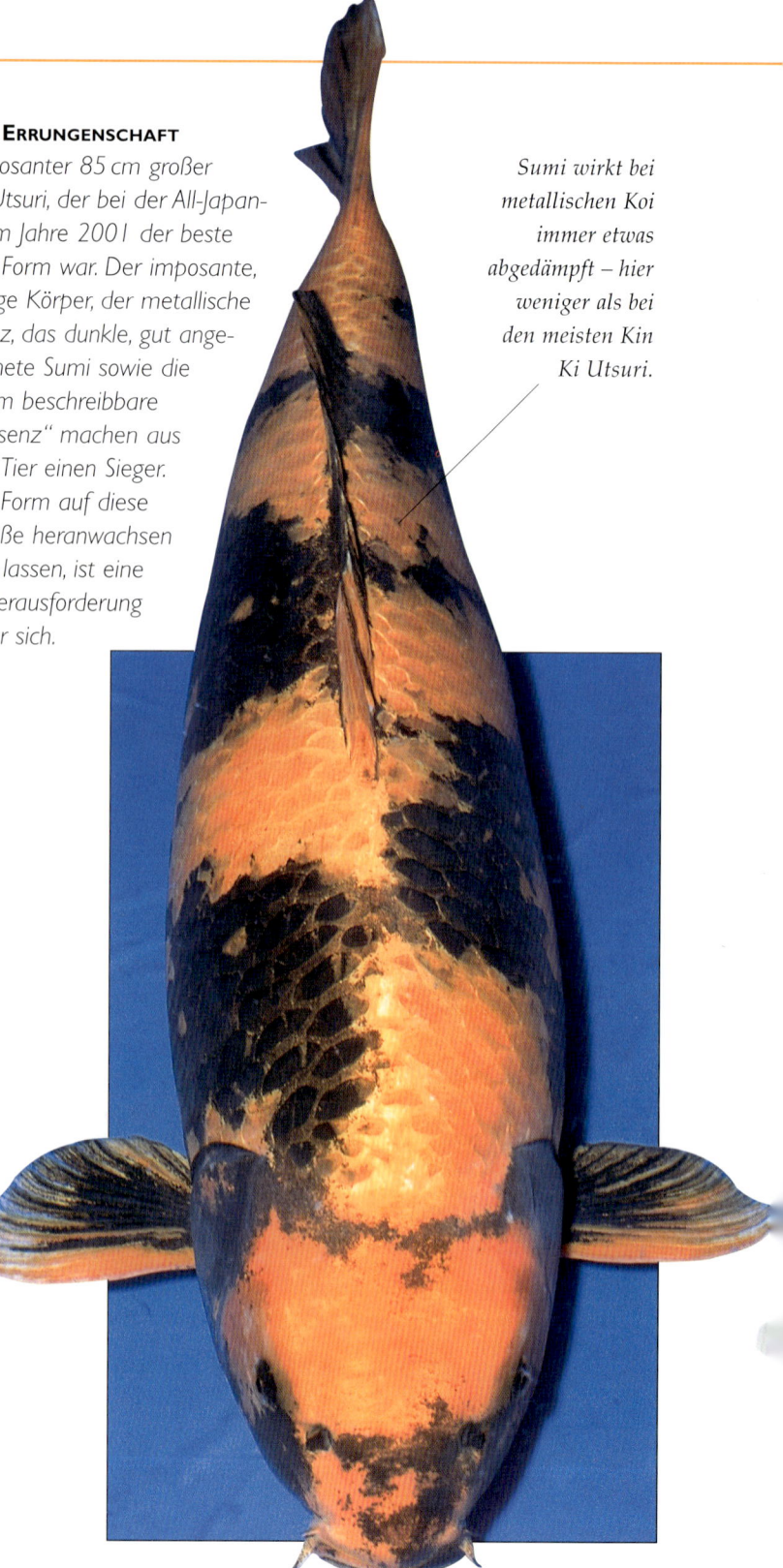

Sumi wirkt bei metallischen Koi immer etwas abgedämpft – hier weniger als bei den meisten Kin Ki Utsuri.

SHOWA MIT FEUER

Ein schöner Kin Showa. Hi und Sumi sind nicht so dunkel wie bei dem metallischen Gegenstück; dies ist immer noch ein heller Koi mit geordnetem Muster, das sich auch bis zum Schwanz fortsetzt. Nur wenig Kopf-Sumi ist vorhanden, doch bei modernen Showa ist das kein Fehler. Die Körperproportionen des Fisches sind überdurchschnittlich gut.

KINETISCHE ENERGIE

Dieser Kin Showa zeigt auf dem vorderen Hi eine Beschuppung, die eher auf einen Kujaku hindeutet, doch die übrigen Showa-Eigenschaften ordnen ihn sicher den Hikari Utsuri zu. Der weiße Fleck auf den Schultern entlastet das ansonsten zu schwere Hi des Kopfes. Vergleichen Sie den Fisch mit dem links abgebildeten – es handelt sich um eine sehr variable Zuchtform.

Motoguro ist nicht auf nicht-metallische Showa beschränkt.

Bei Hikari Utsuri ist das Hi oft eher orangefarben als rot.

Die weiße Nase bildet einen guten Abschluss.

KOI-DEFINITIONEN

Doitsu: Koi, der nur jeweils eine vergrößerte Schuppenreihe entlang der Seitenlinie und auf beiden Seiten der Rückenflossenbasis aufweist.

Gin Matsuba: metallisch silbern mit Kiefernzapfenmuster

Hikarimuji: Klasse der einfarbigen metallischen Koi

Hikari Utsuri: Klasse der metallischen Showa und Utsurimono

Kindai Showa: die weiße Haut überwiegt

Kin Ki Utsuri: metallischer gelber Koi mit Showa-artigem Sumi

Kin Matsuba: metallisch golden mit Kiefernzapfenmuster

Kin Showa: metallischer Showa mit goldenem Glanz

Kujaku: metallischer Koi mit rotem Muster auf weißer Basis und Matsuba-Beschuppung

Motoguro: dichte schwarze Färbung an der Basis der Brustflossen bei Showa und verwandten Formen

Ogon: einfarbiger metallischer Koi

Showa: schwarzer Koi mit roter und weißer Zeichnung

Utsurimono: schwarzer Koi mit weißer, roter oder gelber Zeichnung

▲ **DIE QUALITÄT DES SUMI**
Es ist zwar nicht viel Sumi bei diesem Kin Ki Utsuri vorhanden, doch es ist angenehm dunkel getönt. Der Kopf ist jedoch ein klein wenig „unordentlich".

Metallische Shiro Utsuri sind als Gin Shiro bekannt (Gin Bekko gehören zu den Hikarimoyo). Der scharfe Kontrast zwischen den schwarzen und weißen Flächen des Shiro Utsuri fehlt, doch der dezente Glanz dieser Koi entschädigt dafür. Die Fische sehen am besten aus, wenn sie entsprechend dem heutigen Geschmack nur begrenzte Sumi-Flächen aufweisen. Vollständig weiße oder mit Motoguro versehene Brustflossen bilden einen besseren Kontrast zum Rest des Fisches als dunkle, die sich nicht so gut von dem metallischen Glanz abheben.

Kin Hin Utsuri sind vermutlich die erfolgreichste Mischung von Utsurimono und Hikarimuji. Das Rot leuchtet bei guten Exemplaren, und wenn das Sumi etwas gedämpft ist, bedeutet das auch, dass eventuelle Shimi – die Plage der Hi Utsuri – weniger auffällig sind. Die Brustflossen – wie Zuckerstangen schwarz und weiß gefärbt und mit goldenem Überzug – können nahezu glühen. Das Sumi des Kopfes ist im Allgemeinen nicht so gut ausgebildet wie beim Shiro Utsuri, und dunkle Nasenlöcher in einem ansonsten vollständig roten Kopf sind ein häufiger Fehler.

Der letzte Fisch in dieser Reihe ist der Kin Ki Utsuri – ein metallisch gelber Koi mit bindenartigem Sumi. Ob er eine Kreuzung zwischen Ki Utsuri und Ogon ist, weiß man nicht genau. Wahrscheinlicher ist die Kombination

◀ SCHWARZ AUF SILBER

Metallische Shiro Utsuri werden einfach als Gin Shiro bezeichnet. Hier ein Koi mit bemerkenswert dunklem Sumi; bei diesem Fisch ist die Kopfzeichnung so gut wie die des Körpers.

❖ **BLUTSVERWANDT** ❖

Kin Showa können wie hier Kindai sein oder dem traditionellen Typ entsprechen.

Yamatonishiki (metallische Sanke) wie dieser können mit Kindai Kin Showa verwechselt werden.

Im Zweifelsfall sollte man Anordnung und Typ des Sumi überprüfen.

Das Kopf-Sumi ist beim Kin Ki Utsuri sehr variabel.

Drei metallische Farben ergänzen einander auf dem schuppenlosen Kopf.

Yamabuki Ogon und Shiro Utsuri, da mattschuppige Ki Utsuri heute sehr selten geworden sind, obwohl es sich um eine sehr alte Zuchtform handelt. Das Gelb ist bei diesen Koi ein helles Gold, und das Sumi des Körpers verleiht jeder Schuppe fast ein dreifarbiges Aussehen – dunkel am Ursprung, schwarzgolden in der Mitte und wieder dunkel zum Rand hin.

Die Klasse kann noch weiter in Doitsu- und Kin-Gin-Rin-Formen aufgeteilt werden. Die Kin-Gin-Rin wirken, als ob sie ein Kettenhemd trügen, das die reflektierenden Qualitäten des metallischen Glanzes und der reflektierenden Schuppen vereint. Das Kage-Muster wird ebenfalls anerkannt, hat aber keinen Einfluss auf die Zuordnung.

Kin-Gin-Rin

Im Jahre 1929 entdeckte der japanische Koi-Enthusiast Eizaburo Hoshino einzelne reflektierende Schuppen auf Koi seiner Zucht und nannte sie „Gingoke". Diese mutierten Schuppen wurden später als „Dia" bezeichnet. Heute ist das außerhalb von Japan akzeptierte Wort „Kin-Gin-Rin" – oft abgekürzt zu „Gin-Rin".

Gin-Rin-Schuppen unterscheiden sich von den Schuppen der metallischen Koi. Anstelle eines durch das Pigment Guanin erzeugten gleichmäßigen Glanzes ist die reflektierende Schicht bei Gin-Rin-Schuppen über die gesamte oder einen Teil der Oberfläche verteilt. Die Schuppe kann, abhängig von ihrem Typ, flach oder gewölbt sein. Die Farbe hängt von der des Pigmentes ab, über dem sich die Schuppe befindet – silbern (Gin) im Falle von Sumi oder Weiß, golden (Kin) über Hi (rot).

Typen von Kin-Gin-Rin

Gin-Rin kann in vier Typen unterteilt werden. Bei Beta-Gin reflektiert die gesamte Schuppenoberfläche, bei Kado-Gin nur die Vorderkante der Schuppe. Die neueste Form – Diamant- oder Hiroshima-Gin-Rin – entstand 1969 auf der Konishi-Farm in Süd-Japan. Hier strahlen die reflektierenden Bereiche vom Ansatzpunkt der Schuppe in Form eines Fächers aus. Die Japaner mögen diesen Typ am wenigsten, da er die Koi recht bunt aussehen lässt und die Grenzen des Hi- und Sumi-Musters verwischt. Außerdem

FUNKELNDER CHAGOI
Dieser eher einfache Gin-Rin Chagoi wird durch die funkelnden Schuppen auf dem gesamten Körper aufgewertet. Doch er ist auch als Chagoi ein guter Fisch mit voluminösen Körper, gut proportionierten Brustflossen und zeichnungsfreiem Kopf. Es ist dagegen schwieriger, Gin-Rin-Beschuppung auf einem Go Sanke zu rechtfertigen, der nach Meinung mancher dieser Zierde nicht bedarf.

VERSCHIEDENE REFLEKTION

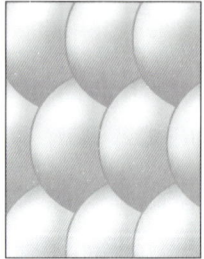

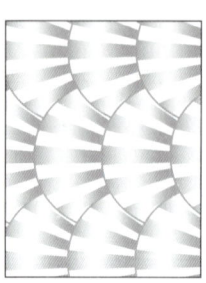

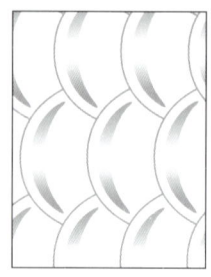

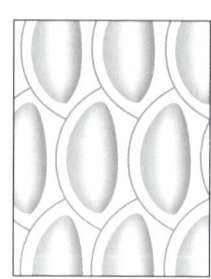

Beta-Gin sind voll reflektierende Schuppen.

Diamant Gin-Rin nennt sich die neueste Form.

Kado-Gin; hier reflektieren nur die Ränder.

Perl Gin-Rin, mit leicht erhobener Schuppenmitte.

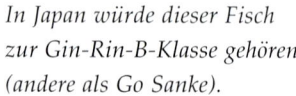

In Japan würde dieser Fisch zur Gin-Rin-B-Klasse gehören (andere als Go Sanke).

ist die Vorderkante dieser Schuppen häufig zackig und in kleine Spitzen ausgezogen anstatt abgerundet zu sein.

Wo die funkelnde Substanz dicht aufgelagert ist, wölben sich die Schuppen etwas auf. Das ist Perl-Gin-Rin, auch als Tsubu- oder Tama-Gin bekannt.

Auf einem Fisch können mehrere verschiedene Gin-Rin-Typen auftreten. Beta-Gin findet sich üblicherweise am Bauch, entlang der Seitenlinie und in einzelnen Reihen zum Rücken hin. Diamant- und Kado-Gin bedecken eher den Rücken eines Koi. Die meisten Liebhaber unterscheiden heute nicht zwischen den verschiedenen Gin-Rin-Typen, sondern akzeptieren sie als Betonung eines bereits wunderschönen Koi.

Obwohl bereits ein schöner zweifleckiger Kohaku, machen ihn die Gin-Rin-Schuppen noch eindrucksvoller.

Metallische Kin-Gin-Rin

Sogar metallische Koi werden nun mit dieser Beschuppung gezüchtet, und ein guter Gin-Rin Ogon ist ein unvergesslicher Anblick. Um sich als Gin-Rin zu qualifizieren, muss ein Koi mehr von diesen Schuppen besitzen, als der Betrachter im Moment des Vorbeischwimmens zählen kann – 20 Stück sind das Minimum. Einzelne Gin-Rin-Schuppen auf ansonsten mattschuppigen Koi können sehr attraktiv wirken und mindern den Wert der Fische nicht.

In westlichen Ländern werden nur Gin-Rin Go Sanke als Kin-Gin-Rin btrachtet, obwohl auch viele andere Formen diese Schuppen aufweisen. In Japan umfasst Kin-Gin-Rin „A" die Go Sanke, Kin-Gin-Rin „B" den Rest.

Die schimmernden reflektierenden Schuppen können den Einsteiger dazu verleiten, über Schwächen eines

Fisches hinwegzusehen. Preisrichter werden sich dagegen bei der Beurteilung eines Gin-Rin-Kohaku zuerst fragen: „Ist das ein guter Kohaku?"

Gin-Rin versus Fukurin

Einige Kontroversen bestehen bezüglich des Status eines Go Sanke mit Fukurin-Beschuppung, die von manchen als Gin-Rin und von anderen als Glanz betrachtet wird.

Das ist eine wichtige Entscheidung, denn Grand Champions sind selten Kin-Gin-Rin, und „falsch" zugeordnete Koi können das Ergebnis in zwei Klassen verfälschen. Die Züchter der fraglichen Fische behaupten, dass sie keine Dia-Zuchtlinien verwenden. Die Auseinandersetzungen werden jedoch noch eine Zeitlang andauern, insbesondere da die Züchter immer mehr Fukurin-Koi produzieren werden, um auf höchster Ebene konkurrieren zu können. Aus der Sicht des Liebhabers ist es vielleicht am besten, einfach zwischen guten und schlechten Gin-Rin zu unterscheiden. Ob diese Beschuppung Go Sanke verbessert oder abwertet, ist Ansichtssache, doch es besteht kein Zweifel darüber, dass Gin-Rin ansonsten einfachen Zuchtformen wie Chagoi, Ochibashigure und Soragoi eine neue Dimension verleiht.

KOI-DEFINITIONEN

Chagoi: nichtmetallischer brauner Koi

Dia: mutierte Schuppen, die über Rot golden und über Weiß silbern erscheinen

Fukurin: Netzeffekt durch die glänzende Haut um die Schuppen (meist) metallischer Koi herum

Gin: Silber

Go Sanke: Koi der Klassen Kohaku, Sanke und Showa

Kin: Gold

Kin-Gin-Rin/Gin-Rin: Koi mit stark reflektierenden goldenen und/oder silbernen Schuppen

Kohaku: weißer Koi mit roter Zeichnung

Ochiba, Ochiba Shigure: blaugrauer Koi mit einem braunem Muster

Ogon: einfarbiger metallischer Koi

Perl Gin-Rin: reflektierende, leicht konvexe silberne Schuppen

Showa: schwarzer Koi mit roter und weißer Zeichnung

Sanke: weißer Koi mit roter und schwarzer Zeichnung

Soragoi: einfacher blaugrauer Koi

Tancho

Tancho sind Koi für den Puristen. Besonders der Tancho Kohaku ist in Japan wegen der Schlichtheit seiner Zeichnung und dem damit verbundenen Symbolismus beliebt. Der japanische Nationalvogel ist der seltene Tancho-Kranich (*Grus japonensis*), der eine rote, runde Kopfzeichnung zeigt. Wie das Muster des Tancho-Koi erinnert sie an die japanische Flagge.

Praktisch jeder Koi kann eine separate runde Kopfzeichnung aufweisen, aber nur Go Sanke mit dieser Eigenschaft – Kohaku, Sanke und Showa – werden als Tancho bewertet. Sie können normal beschuppt sein, Doitsu- oder Gin-Rin-Beschuppung aufweisen; „Tancho" Goshiki werden in westlichen Ländern allerdings als Koromo betrachtet. Zur Zuordnung wird bei Go Sanke Tancho als wichtiger als Gin-Rin betrachtet. Doch damit Go Sanke (Gin-Rin oder andere) sich als Tancho qualifizieren, muss das Hi des Kopfes der einzige Fleck dieser Farbe auf dem Fisch sein. Die Koi mit separatem Kopf-Hi und einem roten Muster an anderer Stelle des Körpers werden beispielsweise als Maruten Sanke oder Maruten Kohaku bezeichnet.

Der klassische Tancho ist der Tancho Kohaku, ein rein weißer Fisch, bei dem sich nur das Hi des Kopfes

PURE SCHLICHTHEIT

Ein klassischer Tancho Kohaku mit nahezu perfekter runder Kopfzeichnung, die sich genau zwischen den Augen befindet. Ein gutes Beispiel dafür, dass die einfachste Form die am schwierigsten zu erhaltende ist. Ein Fisch wie der abgebildete würde daher einen astronomischen Preis erzielen.

Bei Tancho Kohaku ist der makellose Kopf ohne einen gleich fehlerfreien Körper mit schneeweißer Haut nicht von großem Wert.

KOI-DEFINITIONEN

Doitsu: Koi, der lediglich jeweils eine Reihe vergrößerter Schuppen auf der Seitenlinie und auf beiden Seiten der Rückenflosse aufweist

Gin-Rin: Koi mit reflektierenden silbernen Schuppen

Go Sanke: Koi der Klassen Kohaku, Sanke und Showa

Goshiki: Koi mit fünffarbigem Muster, das aus Rot, Weiß, Schwarz, Hellblau und Dunkelblau besteht

Hi: rot

Kohaku: weißer Koi mit roter Zeichnung

Koromo: „mit Robe bekleidet"; rote Färbung, die mit Blau oder Schwarz überlagert ist

Maruten: unabhängige Kopfzeichnung, außerdem Rot irgendwo auf dem Körper

Sanke: weißer Koi mit roter und schwarzer Zeichnung

Showa: schwarzer Koi mit roter und weißer Zeichnung

Sumi: schwarz

HOCHWERTIGER TANCHO SANKE

Ein hochgradig unzulänglicher Sanke oder ein Shiro Bekko mit zusätzlicher Eigenschaft? Es gibt natürlich keinen Tancho Bekko. Dies ist ein Tancho Sanke höchster Qualität, mit dezenten Sumi-Mustern.

AUFFÄLLIGE FARBEN

Bei Tancho Showa wird Sumi, das sich auf dem Kopf fortsetzt, nicht als Mangel angesehen. Dieser Fisch wäre ein annehmbarer Shiro Utsuri, wenn der rote Fleck nicht wäre. Das v-förmige Kopf-Sumi ist wie die gleichmäßig gezeichneten Brustflossen typisch.

VARIATIONEN DES THEMAS

Einzigartige Tancho-Muster weichen oft von dem einfachen runden Fleck ab, und diese wie eine Krone geformte Verzierung fällt in diese Kategorie. Soweit man auf dieser Abbildung sehen kann, könnte der Körper allerdings ein wenig mehr Volumen vertragen.

Verwechseln Sie nicht eine stabile, unregelmäßige Zeichnung mit verblassendem Hi.

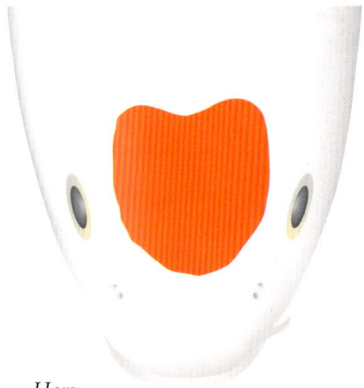

*Herz-
förmiges Hi; ein Fisch für
Verliebte?*

*Richtige Form,
falsche Größe. Dieses Muster
beeindruckt nicht.*

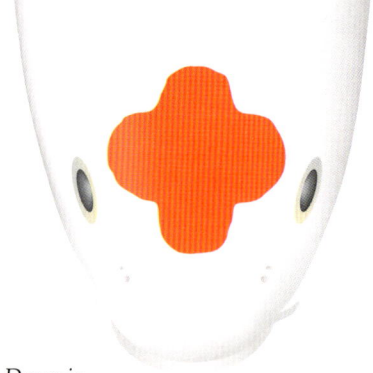

*Das wie
eine Blüte geformte Muster ist
eine akzeptable Variation.*

*Wenn mehr
als ein Fleck vorhanden ist, ist der Koi
kein richtiger Tancho.*

*Rote Lippen
(Kuchibeni) disqualifizieren den
Fisch als Tancho.*

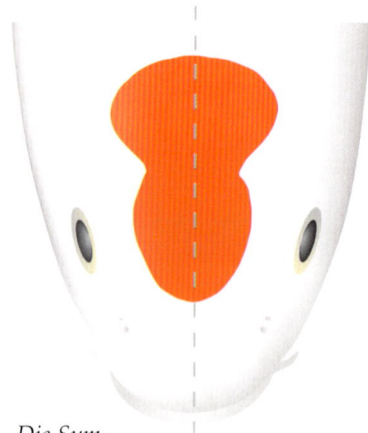

*Die Sym-
metrie verleiht dieser ungewöhnlichen Zeichnung einen Pluspunkt.*

von der schneeweißen Haut abhebt. Traditionell ist das Hi kreisförmig und befindet sich in der Mitte zwischen den Augen. Wenn alle anderen Faktoren wie Hautqualität und Körperform gleich sind, bestimmt die Perfektion des Kreises den Wert eines Koi.

Die Standards sind etwas gelockert worden, so dass Tancho Kohaku mit ovalem, kronenförmigem, herzförmigem oder auf andere Weise interessanten Hi ebenfalls zugelassen sind. Trotzdem ist die Symmetrie, die ansonsten bei Koi keine Voraussetzung ist, bei Tancho von immenser Wichtigkeit. Das Hi sollte sich an einer imaginären Linie in der Mitte des Kopfes spiegeln und zum Beispiel nicht über ein Auge rutschen.

Gute Exemplare eines Tancho Kohaku sind sehr teuer, denn es ist nicht möglich, gezielt Fische zu züchten, die nur das Hi des Kopfes aufweisen. Aus den Verpaarungen entstehen viele wertlose Shiro Muji, und auf jeden klassischen Tancho entfallen hunderte, deren Kopfmuster enttäuschend ist. Noch frustrierender ist es, wenn ein nahezu perfekter Kopf mit einem Körper kombiniert ist, der kleine rote Stellen aufweist. Der Koi ist dann weder ein guter Tancho noch ein gut gezeichneter Kohaku.

Bei Tancho Sanke wird das Kopf-Hi durch das Sumi des Körpers und einiger oder aller Flossen ergänzt. Der Fisch ist im Prinzip ein Tancho Bekko, doch diese Bezeichnung wird nicht anerkannt, da Shiro Bekko niemals Rot zeigen. Obwohl das Sumi sich oft auf dem Kopf eines normalen Sanke fortsetzt, sollte sich das Hi eines Tancho Sanke auf reinem weißem Grund befinden, so dass die erste schwarze Zeichnung auf den Schultern beginnt. Aus den Verpaarungen dieser schwierigen Zuchtform entstehen natürlich auch viele Bekko, die aber im Gegensatz zu den Shiro Muji einen gewissen kommerziellen Wert haben.

Der dritte Typ der Tancho ist im Prinzip ein Shiro Utsuri, der nur auf dem Kopf Hi aufweist. Da auch diese Zuchtform kein Rot zeigen darf, ist jedoch „Tancho Showa" die einzig richtige Bezeichnung. Sie sehen interessant aus, da sich das Sumi des Kopfes oft durch das Hi hindurchzieht, entweder in Menware- oder in V-Form. Das klassische bindenförmige Sumi der Utsurimono und das Motoguro der Brustflossen sind starke eigenständige Eigenschaften, so dass man die Tiere nicht als Showa mit fehlendem Hi, sondern eher als Shiro Utsuri mit einer zusätzlichen Eigenschaft betrachten sollte.

Da gute Tiere aller drei Tancho-Typen so selten sind, kommt es vor, dass die Fische im Herkunftsland manipuliert werden, um ihren Wert zu erhöhen. Das Hi des Kopfes wird gebleicht oder vereist, um seine Symmetrie zu verbessern. Einzelne rote Körperschuppen werden auf gleiche Weise entfernt. Wenn das Hi wiederum an Stellen fehlt, an denen es erwünscht ist, kann es sogar per Tätowierung hinzugefügt werden – potenzielle Käufer sollten gut aufpassen!

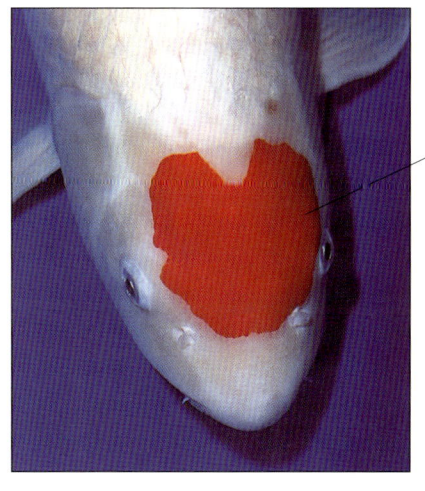

Dieses herzförmige Muster ist auf natürliche Weise entstanden. Leider werden manche Koi kosmetischen Operationen unterzogen, um das gewünschte Resultat zu erzielen.

KOI-DEFINITIONEN

Bekko: schwarze Zeichnung auf weißem, rotem oder gelbem Grund

Hi: Rot

Kohaku: weißer Koi mit roter Zeichnung

Kuchibeni: rote Lippen (Lippenstift)

Menware: durchgehendes Sumi-Muster auf dem Kopf eines Showa, Utsurimono oder Hikariutsuri

Motoguro: schwarze Färbung an der Basis der Brustflossen bei Showa und verwandten Formen

Sanke: weißer Koi mit roter und schwarzer Zeichnung

Shiro Bekko: weißer Koi mit schwarzem Muster

Shiro Muji: weißer, nichtmetallischer Koi

Shiro Utsuri: schwarzer Koi mit weißer Zeichnung

Showa: schwarzer Koi mit roter und weißer Zeichnung

Sumi: schwarz

Tancho: runder roter Fleck auf dem Kopf; kein anderes Rot auf dem Körper

Tancho Sanke: Rot auf dem Kopf des Sanke, nicht jedoch auf dem Körper

Tancho Showa: Rot auf dem Kopf des Showa, nicht jedoch auf dem Körper

Utsurimono: schwarzer Koi mit weißen, roten oder gelben Mustern

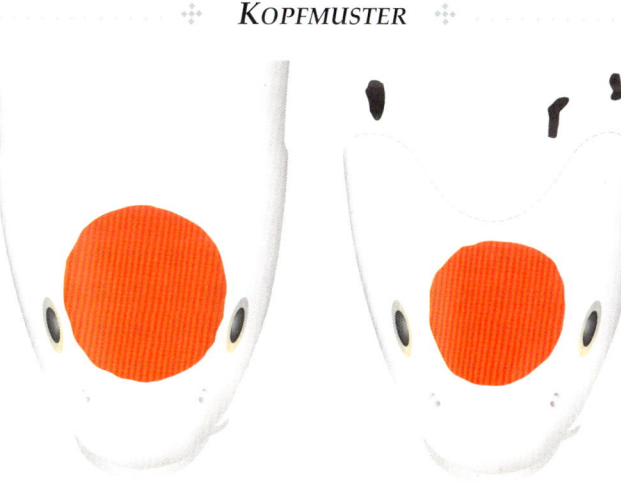

❖ **KOPFMUSTER** ❖

Der ideale, nahezu unerreichbare Kopf eines Tancho Kohaku.

Tancho Sanke – das Sumi bleibt weit genug hinter dem Kopf zurück.

Menware-Sumi auf dem Kopf wird beim Tancho Showa gern akzeptiert.

Ovale Muster werden fast so hoch geschätzt wie ein perfekter Kreis.

Doitsu

Doitsu (Spiegelkarpfen) sind Koi, die außer den vergrößerten Schuppen auf der Seitenlinie und auf jeder Seite der Rückenflosse keine weiteren Schuppen aufweisen. In Japan bezieht sich diese Klassifikation nur auf Go Sanke, wohingegen es in westlichen Ländern lediglich bei den Shusui eine eigene Gruppe für diese Fische gibt. Die wachsende Popularität der Doitsu legt nahe, dass hier eine Revision nötig ist, so dass die Spiegelbeschuppung als das anerkannt werden kann, was sie ist – eine weitere Herausforderung innerhalb des endlosen Themas der Nishikigoi.

Shusui sind auch zusammen mit den Asagi bei Ausstellungen unterrepräsentiert, wohingegen andere Gruppen die unterschiedlichsten Tiere enthalten, so dass die Bewertung sehr schwierig wird. Wie soll man beispielsweise einen Kumonryu mit einem vollständig beschuppten Chagoi innerhalb der Klasse Kawarimono vergleichen? Wenn man alle Doitsu in westlichen Ausstellungen zusammenfassen würde, wäre nicht einmal die Aufstellung einer neuen Gruppe nötig, da die Shusui in diese Gruppe aufgenommen und die Asagi zu den Kawarimono gestellt werden könnten, die nun keine Doitsu mehr enthalten würden. Hier könnten verschiedene alte Zuchtformen wie Soragoi und Kigoi vereinigt werden, deren Reiz in ihrer Einfachheit liegt. Die überfüllten Gruppen Hikarimuji und Hikarimoyo würden davon profitieren, dass die Doitsu nun nicht mehr enthalten wären.

Doitsu Koi mit eigenen Bezeichnungen, wie Midorigoi und Kinsui, könnten sich mit anderen Nachkommen der deutschen Speisekarpfen messen. Wenn man es genau nimmt, müsste „Doitsu" übrigens dem Namen der Form nachgestellt werden, also Kin Matsuba Doitsu oder Hariwake Doitsu. Die meisten Koi-Liebhaber handhaben es andersherum, was aber keine wirkliche Konsequenz hat.

Die Trennung der Doitsu von den voll beschuppten Gegenstücken wäre vor allem da von Vorteil, wo die Fische sehr unterschiedlich aussehen. Beispielsweise zeigen Matsuba Doitsu nicht das Kiefernzapfenmuster, das ja nur bei voller Beschuppung möglich ist. Ai Goromo Doitsu zeigen reines Hi, und nur die blauen oder

NACKTE PERFEKTION
Dieser Doitsu Sanke verfügt über ein wundervolles Kohaku-Zeichnungsmuster, wohl verteiltes unaufdringliches Sumi und eine hervorragende Hautqualität. Das Sumi der Schulter ist besonders gut platziert und lenkt die Aufmerksamkeit auf die gestreiften Brustflossen dieses vermutlich weiblichen Fisches, der sicher noch deutlich wachsen wird.

Das Sumi überlappt sowohl Hi und weiße Haut und führt so die drei Farben des Koi zusammen.

Der Nasenfleck gleicht die ansonsten etwas einfache Kopfzeichnung aus.

FLOTTER ANZUG

Dieser Doitsu Goshiki ist ein sehr klar
gezeichneter Koi, der auf den ersten
Blick für einen Sumi Goromo gehalten
werden könnte. Es wird interessant werden, ob der weiße Sattel während des
Wachstums erhalten bleibt und ob
das Sumi weiter aufbricht.

*Weniger ist
Mehr – die
weiße Haut ist
die Leinwand,
auf der das
Muster gezeich-
net ist.*

INTERESSANT AUF GANZER LINIE

*Ein Doitsu Showa, dessen Sumi so platziert ist,
dass der Blick am ganzen Tier entlanggeführt wird.
Die etwas einseitige Kopfzeichnung schadet nicht
und betont lediglich die weiße Haut der Nase und
der Schulter. Perfekt ausgewogene Brustflossen
betonen einen vollen, aber nicht plumpen Körper.*

KOI-DEFINITIONEN

Asagi: Koi mit bläulichem Rücken
und Netzmuster; rote Zeichnung
auf Wangen, Flanken und Brustflossen

Chagoi: nichtmetallischer brauner Koi

Goshiki: Koi mit fünffarbigem
Muster, das aus Rot, Weiß,
Schwarz, Hellblau und Dunkelblau
besteht

Hariwake: zweifarbiger Koi mit
Orange oder Gold auf platinfarbenem Grund

Hikarimoyo: Klasse aller vielfarbigen metallischen Koi mit Ausnahme von Utsuri und Showa

Hikarimuji: Klasse der einfarbigen metallischen Koi

Kigoi: nichtmetallischer zitronengelber Koi

Kin Matsuba: metallischer Koi
mit Kiefernzapfenmuster

Kinsui: metallischer koi mit
Goldglanz

Kumonryu: schwarzer Doitsu
mit Weiß auf dem Kopf, den Flossen und dem Körper

Midorigoi: grünlichgelber Koi mit
Spiegelschuppen

Sanke: weißer Koi mit roter und
schwarzer Zeichnung

Shusui: Doitsu Asagi

Soragoi: einfacher blaugrauer
Koi

GLEICHMÄSSIGE SCHÖNHEIT

Ein Doitsu Hariwake mit regelmäßiger Zeichnung und dem erforderlichen zeichnungsfreien Kopf. Die Form ist wohl der populärste metallische Doitsu; die Rückenschuppen dieses Tieres reflektieren stark.

KOI-DEFINITIONEN

Ai Goromo: weißer Koi mit rotem Kohaku-Muster; rote Schuppen schwarz oder dunkelblau genetzt

Doitsu: Koi, der lediglich eine Reihe vergrößerter Schuppen auf der Seitenlinie und und auf beiden Seiten der Rückenflosse aufweist

Go Sanke: Koi der Klassen Kohaku, Sanke und Showa

Hariwake: zweifarbiger Koi mit Orange oder Gold auf platinfarbenem Grund

Hi: rot

Kawarimono: Klasse aller nichtmetallischen Koi, die nicht in einer der übrigen Gruppen enthalten sind

Kin-Gin-Rin/Gin-Rin: Koi mit stark reflektierenden goldenen und/oder silbernen Schuppen

Kiwa: Grenze von Rot und Weiß am hinteren Ende des Zeichnungsmusters

Kohaku: weißer Koi mit roter Zeichnung

Maruten: separate Kopfzeichnung und Rot an einer Stelle des Körpers

Shiro Utsuri: schwarzer Koi mit weißer Zeichnung

Sashi: Überlappung der roten und weißen Schuppen am vorderen Ende der roten Zeichnung

Showa: schwarzer Koi mit roter und weißer Zeichnung

Sumi: schwarz

Yamatonishiki: metallischer Sanke

schwarzen Spiegelschuppen verraten ihre wirkliche Abstammung. Und da die Japaner den Doitsu Go Sanke bereits eine eigene Klasse eingerichtet haben, könnte man diesem Beispiel in anderen Ländern durchaus folgen. Bei einer Ausstellung hohen Niveaus könnte ein Doitsu Kohaku niemals ein voll beschupptes Tier gleicher Qualität schlagen, doch das macht aus ihm keinen weniger wertvollen Fisch. Doitsu „A" für die Sanke und Doitsu „B" für den Rest wäre ein Weg aus dem Dilemma.

Alle gemusterten Doitsu sollten eine klar abgegrenzte Zeichnung aufweisen. Was ihnen fehlt, ist „Rafinesse". Die Japaner betrachten sie als zweidimensional und im Vergleich zu ihren beschuppten Gegenstücken als etwas gewöhnlich. Doch ohne die das Licht streuenden Schuppen erscheinen die Farben hell und scharf abgegrenzt. Ein guter Doitsu Showa scheint beispielsweise von innen heraus zu leuchten. Die Käufer haben gegenüber den Doitsu keine Vorurteile, vor allem nicht bei den Kawarimono, bei denen die Umsätze jährlich steigen. Das ist nicht verwunderlich, da nahezu jede Form als Doitsu angeboten werden kann.

DOITSU KOI

Diese seitlichen Schuppen haben nicht alle Doitsu.

Nicht immer erstreckt sich die Beschuppung wie hier auf die Schultern.

DIE RICHTIGE RICHTUNG

Dieser Doitsu Yamatonishiki könnte etwas mehr Hi auf der linken Seite gebrauchen, doch das Maruten-Muster des Kopfes ist erstklassig.

KEINE SCHUPPEN, KEIN PROBLEM!

Doitsu Shiro Utsuri sind recht selten, doch ohne Störung des Sumi durch Kiwa und Sashi zeigt dieser Fisch ein klar geschnittenes, jedoch unaufdringliches Zeichnungsmuster. Das Sumi scheint bei diesem erwachsenen Exemplar voll entwickelt zu sein.

Sachregister

Register der Zuchtformen

Bildquellen

Zusätzliche Fotos von Geoffrey Rogers, © Interpet Publishing.

Die Verleger möchten den folgenden Fotografen für ihre Bilder danken, die folgendermaßen gekennzeichnet sind: unten (u), oben (o), Mitte (m), unten links (ul) unten rechts (ur) usw.

Aqua Press (M.-P. & C. Piednoir): S. 19 (ur), 91 (l [Peter Cole], r)
Shunzo Baba (Kinsai Publishers Co. Ltd., Tokyo): S. 12 (ur), 15 (ol, m), 115 (ul, r), 132, 137, 152, 157, 178, 184, 188
Dave Bevan: S. 76, 77, 86 (ol)
Bernice Brewster: S. 85 (o), 86 (ul), 87 (ol, ml), 88 (ol, ur), 93 (ul, ur), 95 (mr)
Bridgeman Art Library: S. 12 (um)
David Brown: S. 48, 120 (or, m)
David Bucke: S. 82 (m, um)
Nigel Caddock, Nishikigoi International: S. 123 (ml, um), 126, 129 (m), 131 (l, r), 133, 135 (r), 136, 138, 139, 141 (r), 142, 143 (r), 144, 145, 146, 147, 148, 150, 151 (r), 154 (r), 160, 161 (l), 163, 164 (l, r), 165 (l, r), 166, 167, 168, 169 (l, r), 173, 174, 175 (m, r), 176, 179 (o, m), 180 (m, ur), 181, 182, 183 (m, r), 185 (l), 186 (l, r), 189, 190, 191 (ul, m, r), 194, 195 (l, r), 196, 197 (o, u)
Derek Cattani: Impressum, S. 10, 11, 18, 21 (r), 22 (ul), 31 (ul), 36, 37, 49, 55 (o, ur), 56, 57 (l, or, ur), 81, 83, 92 (ol, or, ml, mr), 95 (um, ur), 98 (o), 102 (o, u), 107, 108, 109 (o), 110 (ul, ur), 111, 113 (ul)
Christina Guthrie: S. 112 (ol, mr)
Steve Hickling: S. 13 (ol, or), 58 (ol, m), 68, 117 (ol, or)
Andrew McGill: Titelseite, S. 16, 127, 128, 129 (ol), 134, 135 (l), 141 (l), 143 (l), 151 (ul), 154 (l), 155, 156, 159, 161 (or), 171 (l, r), 172 (ul, ur), 177 (o, u), 185 (om), 193
Stan McMahon: S. 89
Will Moody: 113 (mr)
Tony Pitham (Koi Water Barn): S. 14, 17, 19 (ol), 32 (ol), 96, 97 (o), 114 (ol, or, m), 116, 118 (ol, or, m), 119
Graham Quick: S. 53
Alec Scaresbrook: Titelseite, 34 (or)
Sue Scott: 21 (ol)
Steve Worcester: 69 (m, mr, ul, ur), 71 (ol, or, ml, ur)

Computer-Grafiken von Phil Holmes und Stuart Watkinson, © Interpet Publishing.

Danksagungen

Die Verleger danken World of Koi, Oakley Road, Bromley, Kent für ihre großzügige Unterstützung bei der Fotografie, sowohl in der Geschäftsstelle als auch an verschiedenen Teichbauplätzen. Besonders sei Steve Hickling für seine Beratung und seinen Enthusiasmus für das Projekt gedankt, Mick Martin für das Schreiben und Halten der Stellung, während Steve seine Kapitel abschloss, Billy Stone für seine hervorragenden Ratschläge, Matt Bird für die Aufnahmen vor Ort und die technischen Hinweise, und Kirk Jepson für die Demonstration verschiedener praktischer Techniken.

Die folgenden Firmen und Personen halfen ebenfalls bei der Produktion dieses Buches: Tony Pitham und Mitarbeiter von Koi Water Barn, Chelsfield Village, Kent; NT Laboratories Ltd., Wateringbury, Kent; Tetra UK, Eastleigh, Hampshire; Tropical Marine Centre Ltd., Chorley Wood, Hertfordshire; Andrew Chatten und Chris Giles bei Selective Koi Sales, Norwich; Andy Dixon von DKS, Lincoln; Mike Shaw von Evolution Aqua Ltd., Wigan, Lancashire; James Allison von Aquapic Solutions, Cheltenham, Gloucestershire; Steve Worcester für die Erlaubnis, seinen entstehenden Teich zu fotografieren; Spencer Bell; Alan McDougal; Christina Guthrie, Koi Carp Magazine; Angela Rivers, Koi Ponds and Gardens Magazine; Geoff Kemp und Connoisseur Koi; Derek Henderson; George Rooney; John Peterson; Sally Wilson; Raymond Sawyer; Mario und Pauline Cavozzi; Pat Meecham; Ron Parlour; Denis Carter; Richard Barker für einige Vorlagen für die Grafiken.

Die Informationen und Empfehlungen in diesem Buch wurden sorgfältig zusammengetragen. Insbesondere bei der Dosierung von Medikamenten bitten wir den Leser jedoch um genaue Überprüfung. Autoren und Verlag übernehmen keinerlei Haftung.